LES ILLVSTRES AVANTVRES

PAR PIERRE DE DEIMIER.

Dediées,

A L'Excellence de Tres-illustre & Tres-genereux Seigneur Monseigneur BLAISE DE CAPISVCCO, Marquis de Pogge-Catin, Gouuerneur & Lieutenant General au faict des Armes pour N.S.P. en son estat d'Auignon & Comté de Venisse.

A LYON,

Par THIBAVD ANCELIN, Imprimeur ordinaire du Roy.

M.D.CIII.

(Réserve)

8° B-L 9026

BIBLIOTHEQUE DE L'ARSENAL

A TRES-ILLVSTRE

ET TRES-GENEREVX
Seigneur Monseigneur BLAISE DE
CAPISVCCO Marquis de PoggeCa-
tin, Gouuerneur & Lieutenant General au faict des Armes pour N.S.P.
en son estat d'Auignon & Comté de
Venisse.

MONSEIGNEVR,
*Les merites de V. E.
m'ayant captiué d'au-
tant d'honorables obli-
gations que rendu glo-
rieux de beaux vœux, m'ont accompai-
gné le courage, & assisté le pouuoir à
leur offrir ce present, qui comme des plus
capables de mes moyens se rend propice
à l'affection dont ie suis vostre, & sortable aux deuoirs dont il vous est aquis,
puis qu'Illustre de nom, de cœur, & d'es-
faicts, il s'adresse à vous Tres-illustre*

A 2

d'Origine, de courage & de valeurs.
Aussi ie marche en ces fidelles ardeurs
auec les sinceres & brillantes submis-
sions de ma patrie Auignon, où vous re-
luisez d'vne tant esplendide grandeur
qu'il semble que les cœurs soient amoureux de perdre leur liberté à fin de demeurer auec plus d'occasion plus im-
meublement à vostre seruice : pour la
continuation duquel ils souhaictēt sans
fin vostre fauorable presence à fin de
rendre plus heureux sans mesure leur
affectionné labeur en leur entreprise infinie. Mais ceste Mere Rome, ceste puissante Flandres, ceste Merueille Auignā,
qui se renlustre, qui se decore, qui s'espa-
nouit, de vostre naissance, de vos valeurs, de vostre prudence, me donnent de
nouuelles eleuatiōs de gloire pour admirer par des recherches sans bornes l'infinité de vos honneurs: Ainsi de quel port,
de quel haure, & de quel riuage que
ie vueille desmarer pour m'eslargir en
Adelan

Adelà de nouueau sur l'esteduë de vos
loüäges ie treuue que ma Carte vos vertus, & mon Ourse vostre tres genereux
origine, ne promettet pas vne mer moins
immesurable à ma nauigation, que
l'audace & les desirs infinis à mes sou-
haits: c'est pourquoy ie feray faire alte à
tous les Cieux de mon ame, non pas pour
mieux verser en vnion les rayons & les
influances de mes discours vers l'Horison
de V. E. mais bien pour mieux esleuer
en admiration mes intentions & mes
pensées vers l'Empyrée de vos merites.
Or suiuant la raison du grand Roy des
Perses qui disoit que ce n'estoit point vn
acte moins califié de Royauté de receuoir des petits presens que d'en donner
des grands, il vous sera facille de voir
& d'auoir ce liure à faueur, & veu
mesme que l'immesuration se porte à
l'enflammé desir dont ie vous l'apporte.
Mais au contraire du Roy de Sparthe
qui ordonna des sacrifices de moindre

despence à fin de rendre seruis les Dieux
en tout temps & plus facillemēt, ie vous
offre ce mien ouurage : car il n'est pas le
moins de mes forces, mais bien le plus de
mon sçauoir, à fin que d'vne mesme pa-
ralelle on y remarque au bon heur de
vous seruir, l'extremité de mon pouuoir
& la nompareillité de mes deuotions
sans limites. Receuez donc fauorable-
ment, Monseigneur, ces Auantures qui
s'auanturent courageusement sous vostre adueu au laborieux & triomphant,
Arene de l'Vniuers: elles ne celebrent que
l'esplendeur des beautez & des vertus,
pour ne rendre souffrant sous les voutes
de vos faueurs rien qui ne paroisse
agreable au iour de V. E. de laquelle ie
seray deuotionnément à iamais,

Monseigneur,

Le Tres-humble seruiteur,
DE DEIMIER.

A SON EXCELLENCE.

FLEVR des braues Romains, bel orne-
    ment des armes,
CAPISVCCO, clair Astre au Ciel
    des grands guerriers:
Qui pourroit bien chanter l'honneur de tes allarmes?
Puis qu'autant de tes coups sont autant de lauriers?

Pour dire tes valeurs d'vne voix assez digne
Il faudroit vn esprit, & vn destin des Dieux:
Car si braue, & si haut tou lautier est vn signe
Qu'il se réd mesme à Mars vne merueille aux Cieux.

Le renom par ton los se voyant mieux parfaire,
S'esmerueille de voir qu'en subiect si diuin
C'est le moins qu'il te doit, & le moins qu'il veut faire,
De t'admirer sans cesse, & te loüer sans fin.

Parmy les fiers hasards tu comparus sans crainéte,
Tant Mars en tes valeurs s'estoit du tout transmis:
Aussi l'on voit en toy sans relasche, & sans feinéte,
Pour le cœur plus vaillant les Astres plus amis.

Ta bonté, ta vertu ton ame liberale,
Te rend non moins prisé que grand & desiré.
Et mesme enuers les Dieux ta grandeur si royalle
En te faisant plus voir plus te rend admiré.

A   4

Ceste Rome Auignon, aux rais de ton espée
Se promit le dessus, l'essoie & le respas,
Aussi plus qu'un César, & plus que vn grand Pompée,
En captiuant les cœurs & ne les forces pas.

Les valeurs t'ont soubmis leur plus rare auantage,
Et l'honneur t'a donné ses dons plus precieux :
Car tu ioincts la prudence au plus ardant courage,
Et ce courage au bras le plus victorieux.

Soit en guerre, ou en paix tant d'honneur t'enuironne,
Et d'vn miracle tel tu parois deſſur tous,
Qu'on ne peut pas iuger qui luiſt ſous ta couronne
Ou le laurier plus vert, ou l'oliuier plus doux.

Rome repeinct ſon los du iour de ta naiſſance,
Flandres de ta vaillance honore ſa beauté,
Auignon ſe redore aux fleurs de ta prudence,
Et de ton beau renom ſe plaiſt l'Eternité.

ASTRE des Cheualiers, Soleil brillant de gloire,
N'eſt-ce pas à bon droict que ie t'offre des vers ?
Veu que par tes beaux-faicts on connoiſt la victoire
Comprendre aux champs de Mars l'honneur de l'V-
niuers !

IN ILLVSTRIA D. DEIMERI
AVENIONENSIS OPERA
G. Monthoulieu Massiliensis.

EPIGRAMMATA.

I.

Dvm docte, varios nobis, tua, pandit amores,
  Illustrésque, graui carmine; Musa, vices;
Miratur Galli ingenium, mirantur & omnes,
  Téque Deûm semen voce, manúque canunt.
Cinge caput viridi, meritum, DEIMERIE lauro:
  Nullus in vrbe par est, nullus in orbe tibi.

II.

Sol, velut immenso & duces & gurgite currum
  Aurorae radiis Sydera cuncta fugat:
Sic tua venturis resecans spem vatibus omnem
  Praeteritis lauros mille Thalia rapit.

DISTICHVM.

I.

Si tot Vere micant flores, quot messibus heus tu!
  DEIMERIE, Æstatis tempore diues eris!

II.

Si nûc tot variis Ver floribus emicat, heu quam
  Æstas diuinae spem tua messis habet!

IN EIVSDEM DECEM OPERA ILLVSTRIA TOT *Disticha.*

PHAETON.

Sol potis est solus radiantem ducere Currum,
Tuque potis solus scribere Solis equos.

NARCISSVS.

Qvantvm formosum sese Narcissus in vndis
Tantum animū cernunt, lumina nostra, tuum.

ACTEON.

Qvi sine veste Deam vidit, fit corpore seruus:
Tu cum veste Deas, sis Deus ipse chori.

DAPHNE.

Dvm Phœbo laurum fingis rapuisse puellam
Tu vere Phœbo laurea certa rapis.

DORIMANTIA.

Qvaerentem magicas artes in flumine amate
Dum fingis, numeris nos rapis ipse tuis.

ANGELICA.

Cvspide vt aurata Gallorum Angelica victrix
Tuque niger sacro puluere victor abis.

LAVS AVRIS.

Ivre quidem solui meritis tot laudibus aurum
Effers, cum nobis aurea metra canas.

PYTHAGORAS.

Natvra arbitriū, Samius dicta aurea monstrat,
Tu nobis qua sit voce canendus amor.

PELIDES.

Cervvs demisit culo Pelidem tangit amoris,
Tu nos, eloquio, tangis amore tui.

LIS AMORIS.

Est Amor hic in literatus sine lite sed, iste est,
Indicibus doctis, primus in Orbe, liber.

I.

Lors que ta docte main par douces harmonies
Anime de son Luth ses vers auanturiers,
Qui voyoient leurs suiects ainsi que prisonniers,
Croupir dans le cercueil des vieilles rapsodies.

D'vn chant si haut & doux nos ames sont rauies,
Et treuuans tes labeurs les plus grands & premiers,
Apollon, & ses sœurs te quittent leurs lauriers,
Et chantent à l'enui tes gloires infinies.

Si bien que tout ainsi que ce brillant Phebus,
Seul paroist dans le Ciel, & chasse sous les feux
Aux rais estincellans de sa clairté premiere,

Tel est, DEIMIER, ce liure en sçauoir nompareil,
Qui reluist parmy nous comme vn second Soleil,
D'où les plus beaux esprits empruntent la lumiere.

II.

Non se pouo, non, DEIMIER, d'vn tãt sçauãt lengagi,
D'vn tant bon estrument, d'vn son tant delicat,
Cantar tant douçament que ta Muso a cantat
L'Auenturo, & loã fart d'vn amouroux couragi

Tambén cadun que ves ton glouriuoux oubragi,
Dis que per lou segur tu ti sies amourrat
Dintre la sancta Font d'aqueou Coutau sagrat,
Vounte las noos bioutas prenon lour abeouragi.

De façon que cargat de mays mistes Lousies
Letues tout lou renom as escriuans premies,
Et dins lou Bres tamben enclaues l'esperanço

Deis plus beaux esperits que voudran s'auançar
Embe luibs ben d'açort per la mesmo cadanço
Mays ton Luth à dex rencs tous fara ben toússat.

G. M. M.

AV SIEVR DE
DEIMIER, SVR SES
Illustres Auantures,

SONNET.

C'Eust esté, mon DEIMIER, de la temerité.
  A vn autre que toy, d'ourdir vn tel ouurage,
Où la timidité sert de bride au plus sage,
Et desrobe aux sçauants le laurier attenté.

Maint & maint Phaëton d'esperance porté,
  A marque de sçauoir plustost que de courage,
  Laisse ceste entreprise au plus beau de son aage,
Mais de ces trois, DEIMIER, ayant la qualité

Tu puis monter aux Cieux, foüiller dedans les ondes,
  Grimper les hauts Rochers, parcourir les deserts,
  Les forests, les sablons, voire chercher des Mondes:

Car le haut, bas, moyen, tu attaints par tes vers,
  Les Dieux t'ayants donné, ô grande prouidence!
Le sçauoir, le courage, & la meure prudence.

G. DE PABERAN.

A MONSIEVR DE
DEIMIER, SVR SES
Illuſtres Auantûres,

MADRIGAL.

L'Amour, & les honneurs dont voſtre ame s'ho-
    nore,
Vous acquierent mon cœur d'amour ſans fin premier:
C'eſt mõ mieux plus heureux qu'à voſtre beau Laurier
Royale en grand amour mon Myrthe ie decore.
    En admirant vos feux, & vos beaux vers encore,
Ce grand vaincueur Amour me range à voſtre loy,
Et ſuiuant mes ſouſpirs ie vous offre ma foy,
Vnique en tel amour que mon vœu s'en redore.
    On voit iuſques au Ciel vos vœux & ma penſée,
Sacrez en nos deſirs contre le changement:
Tous les efforts du temps, le ſort, l'eſloignement,
Rendent à noſtre honneur leur puiſſance paſſée.
    Et ſi le fier deſtin trop conſtant à me nuire,
Faiĉt tenir loing de moy vos tours mes plus doux vers:
Ie renuoy voſtre gloire aux Palmes de ces vers,
Dont iuſqu'au plus haut Ciel vos feux ſe font reluire.
    Et pour les heurs plus chers que plus fort ie deſire,
L'Aſtre de ces eſcrits aſſeure à mon amour
Le cours de voſtre flame, & voſtre heureux retour,
En qui me poſſedant c'eſt tout ce que i'aſpire.

MAS DE MAR, MAS DE VELAS
Y DE AMAR.

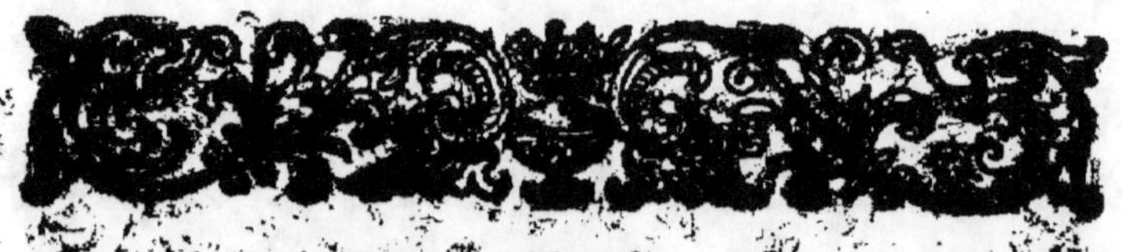

AV SIEVR DE DEIMIER,
SVR SES ILLVSTRES
Auantures.

FLEVRON.

Yant mis dans le Ciel ton courage & ton aile,
Qui pourroit suiure au pas ton audace immortelle?
Et ne s'esmerueiller de ton si beau destin?
Car aux gloires des Cieux, d'Amour & de la guerre,
DEIMIER, tu luis si grand, si braue, & si diuin,
Qu'il semble que le Ciel soit ta natale Terre,

Autre.

Quelle douce Helicon, quelle saincte Vaucluse,
Ta rendu si diuin de ses diuines eaux?
Puis que si bien fecond le Verger de ta Muse
Produit incessamment des miracles si beaux!

I. RVFFI, Auign.

AL SIGNOR
DEIMIERO.

SONETTO.

SE roche voci, é sconcertato suono,
   Poter giamai dotta canzone, o rime
Cantar', si ch' al sogett' alto é sublime
Arriuasser' con dolce é giusto tuono.

Cosi poss' io, cui ne gratia, ne dono
   Fece natura, ne di quelle prime,
Ne tam poc' arte mi concesse lime
Con che l'inutil parte, é resta il buono.

Cosi dico poss' io tentar' in vano
   Sublimar vostre lodi, é alzarle al Cielo,
Sogetto degno di ben' dotta mano.

Si che per lode bastiui del zelo
   Che ho di lodarui, non mi parra strano
Tacer, per non cuoprir il bel son velo.

G. MINVTIANI. M.

SVR LES ILLVSTRES
AVANTVRES DV SIEVR
de Deimier,

FLEVRON.

L'Aube qu'en Margaride, & rosos rou-
   ginello,
Pinto son sen, sa faudo, è sa caro tant bello
Dou temp, dou terradou, de la mar, & dou ceau,
N'es pas mion desirado, è visto, & ben vengudo,
Comment la Glori tent car, preciuoux & beau,
Ton Libre auèntouroux vonte ello es cotengude.

MAS DE MAR, MAS DE VELAS
Y DE AMAR.

SVR LES ILLVSTRES
Auantures du Sieur de DEIMIER,

FLEVRON.

PLVS qu'au beau mois d'Auril on admire les
   plaines
D'herbages & de fleurs se peindre & bouqueter
DEIMIER, ton doux Printemps, heureux, vient
   apporter
Les plus celestes fruicts, les fleurs les plus seraines.

I. H.

A MONSIEVR

DE DEIMIER.

Odelette.

Ces Illustres Auantures,
DEIMIER, que tu t'auantures
De sacrer à nos Neueux;
Nous charment de leur merueille,
Nous desrobent par l'oreille
L'ame, l'amour & les vœux.

Mais pourquoy peins-tu encore
Et Narcisse & Pythagore,
Le Cadmée & Phaëton:
Veux tu que ces morts reuiuent,
Que leurs cendres ils rauiuent
Contre les droicts de Pluton?

Tu feras mourir d'enuie
Plustost ceux qui sont en vie,
Et qui viuront apres nous:
Ne te pouuans pas atteindre,
Et ne pouuans pas esteindre
Tes beaux vers par de plus doux.

Cesse donc, charmeur Orphée,
Quite ta Lyre estoffée
Et laisse les morts mourir:
Ne nous rauis plus nous-mesme
En ceste douceur extreme
Qui semble nous endormir.

Mais non: poursuis ta carriere,
Et t'acquiers ceste criniere
Que tu changes en Laurier:
Apollon qui te caresse,
Voudra bien que sa maistresse
Enguirlande son DEIMIER.

CORBIN, Aduocat

A MONSIEVR DE DEIMIER SVR SES
Illuſtres Auantures,

STANSES.

EN fin ce bel eſprit, ceſte ame genereuſe,
Qui rēdoit à l'amour les cœurs plus valeureux
A marié la Palme à la branche amoureuſe,
Paroiſſant genereux autant comme amoureux.

Ce nouuel Apollon dont l'ingratte maiſtreſſe
Comme vne autre Daphné contraria les vœux,
Decore de Laurier, & de Palme ſa treſſe,
Comme jadis de Myrthe il orna ſes cheueux,

En fin il a produiſt les effaicts de l'attente,
Par les plus beaux eſprits ſi long temps attendus,
Qui rendent la valeur, & la gloire contente,
Combien que des premiers ils ſoient tous eſperdus.

Que des honneurs preſens, que des gloires futures,
Conquerans maintenant vn tour conqueſteront,
Ces beaux vers ſous le nom d'Illuſtres Auantures,
Qui des plus grands eſprits rendent honteux le front!

O vous, qui des Amours traictez la douce rage,
Vous qui de la valeur la Palme enguirlandez,
Iadis vous fiſtes place à ſon premier ouurage.
La Palme, & le Laurier ores vous luy rendez.

A[u] chetif que ie sujet ie cuidois estre braue
Aux mestiers d'Apollon par moy tant exercez!
Mais, DEIMIER, ie m'auoue auiourd'huy ton
    esclaue,
Car par tes beaux escrits, les miens sont surpassez.

Quand il escrit d'Amour il est toute son ame,
Et le feu qui le rend vainqueur de l'Vniuers:
Ie le croy : car ie sens que ie suis tout en flame
De penser seulement à lire vn de ses vers.

Maintenant qu'il entonne vne chanson illustre
Vous diriez que la gloire est son mesme discours :
Aussi bien de la gloire il est l'ame, & le lustre,
Comme le mesme lustre, & l'ame des Amours.

O belle Parthenie, ingratement cruelle,
Au plus parfaict amans & plus diuin [...],
Tu perts en contraignant ton amour mutuelle
L'honneur de ton amour, l'amour de ton honneur.

Mais tandis, mon DEIMIER, qu'vne si feinte
    Dame
N'agite tes esprits d'vn tourment inhumain,
Et ne t'asseure trop sur la foy d'vne femme,
Auiourd'huy desloyale, infidelle demain.

ROSSET.

PREFACE DES ILLVSTRES AVANTVRES.

E s Illuſtres Auantures, auantureuſes & illuſtres de courage & d'eſſence, s'en vont courageuſes contre les diuerſes courſes du temps, & victorieuſes & aſſeurées enuers les orages & les broüillars de l'enuie : car ny l'enuie, ny le temps ne pourront iamais contre ce qui campe courageux de pouuoir, & victorieux & aſſeuré de vertus & d'aſſeurance. Ce Liure animé de ceſte nature s'enuolle ainſi parmy l'aſſiſtance de tant d'honneurs aſſeurez au iour variable du Theatre des humains, lequel y trouuera des ſujects differentement agreables & vtiles. Pour leſquels ie diray à fin de manifeſter vn

peu

peu de mon inuention les fleurs de ces
escrits, que le docte Lecteur y treuuera
dequoy à priser, & le moins sçauãt pour
apprendre. Aussi l'on y verra pour l'ornement de la vertu, l'arrogance interdi-
te, les erreurs punies, le bon conseil au-
thorisé, la necessité du destin supprimée,
l'orgueil chastié, l'ingratitude côdãnée,
la vertu maintenuë inuiolable, & le bon
amour rendu immortel, la deuote priere
exaucée, l'irreuerence & la temerité enuers les Dieux reiettées, le desespoir re-
fusé, & la patience triomphante, la parfaicte affection contente, le peu du pouuoir humain contre la beauté, la force
de l'amour diuin sur l'auantage du terrestre, l'auarice abominée, la jalousie
blasmée, & la puissance de l'or victorieuse, l'amour de la vertu estimé & re-
commandé, le necessitant pouuoir des
Astres reprouué, le franc arbitre preuué,
la vraye amitié remunerée, les peines
des amans & les rigueurs de leur maistre
exigées, & les grandeurs & perfections,
d'Amour manifestées, & ses loix requises mises au iour: ainsi l'on treuuera en
ce Liure des subjects pour contenter les
diuerses

diuerses humeurs des esprits bien nais.
Toutesfois si quelqu'vn iuge cest œuure
despourueu en quelques endroicts des
qualitez requises, pour cela pas moins
de tranquilité en moy : mais pour reuã-
che ie le prieray d'estre aussi doux à la
césure cõme ie tiendrois à lieu de faueur
sa courtoisie, & par ce moyen porté de
doux vouloir à ses valeurs : Car ie ne
marche point auec temerité en ces ouurages, mais c'est par honneste recrea-
tion que ie me rends à ces angeliques
peines de Poësie, à laquelle d'vne part
ie me voy porté de nature, & de l'autre
arresté par eslection, puis que ses richesses bien mesnagées ne sont pas moins
recreatiues, que rares & genereuses, &
de laquelle les grandeurs sont comme
dict le Myrthe Florentin des beautez
de nostre Laure,

Gratie ch' à poc' il Ciel largo destina,
Rara virtu non gia d'humana gente.

Tant ce bel art Apollonhide vne des
quatre fureurs diuines est exquis, haut &
glorieux. Mais laissant à part toutes requisitions & brauades, à fin qu'au lieu
de iustes excuses & defences, ie n'ennuye

pas

pas les loisirs en l'attente de mes legiti-
mes poëssens, ie dresseray des bornes à
ce discours, & mesme suiuant le royal
aduis du Gueuarre quand il dict, que la
*mayor maldad de vn Principe es de ser largo
en palabras, y corto en los mercedes,* donc
aux merites de ce loüable conseil ie donne mon Liure aux vertueux, & de mesme raison mes desirs à mes amis, & mon
affection à mes Superieurs.

L'AVTHEVR A SON LIVRE.

Vis ton zele & ton aile, & d'vn courage ferme
Dés ta fleurande Aurore en lumineux resueil
Voy la Terre & les Cieux comme vn nouueau Soleil,
De qui sans fin le iour & l'honneur se deferme.

Mon Liure en ton enclos royalement se ferme
Vn cœur, & vn thresor si braue & nompareil,
Que sans craindre les ans, l'enuie, & le sommeil,
Ton autel & ton vœu des victoires t'afferme.

Tes Nymphes, tes Fleurons, tes Palmes, tes Lauriers,
Renlustrez sous le nom de l'honneur des guerriers,
D'Illustre aumilieux t'asseruent tres-illustre.

Et par te grand Romain tu conquiers glorieux,
Non seulement icy en Terre vn triomphe, vn beau lustre,
Mais sans nôtre & sans fin des gloires dans les Cieux.

LES ILLVSTRES
AVANTVRES
PAR
PIERRE DE DEIMIER.

AVANTVRE DE PHAETON.

ARGVMENT.

PHAETON fils de Clymene & d'Apollon, eut different auec Epaphus fils d'Io, sur le sujeϛt de son origine, dont offencé des paroles de son aduersaire, il requit sa mere de l'asseurer du vray de sa naissance, laquelle luy confirma sa premiere opinion, & mesme que pour plus de foy qu'il s'en allast au Leuant vers le Palais du Soleil, & qu'il en tireroit les preuues plus certaines. Phaëtõ y alla, où il treuua les champs les plus ardáment printaniers & decorez de toutes les plantes, arbres, pierreries, animaux & oiseaux qui marchent en la dedication du Soleil, & treuuant apres le Palais sortable à la nature & dignité de ce grand Roy des astres, duquel la sale royale est descrite en son paué, murailles & plancher, suyuant que le Soleil le pourroit demander pour l'honneur de sa majesté à la Nature sa fille, son ouuriere & sa thresoriere.

2

La tapisserie est honorée d'vne part de la repre-
sentation des plus antiques & authentiques fables, & de l'estenduë de l'Iliade d'Homere, &
de l'autre part de l'Histoire des anciës Romains,
auec l'ornemēt du quatriesme estat de ceste mere Rome. Or Phaëton ayant treuué le Soleil en
son throsne, fut recognu de luy & l'aduoüant
pour son fils, luy presenta pour preuue de sa
paternité tout ce qu'il luy demanderoit, dont
aussi tost Phaëton le requit de luy donner pour
vn iour la conduicte de son Char, surquoy le
pere l'admonesta de laisser vne si grande &
perilleuse entreprise, dequoy Phaëton rehaussé
d'enuie le demanda plus instāment, dont Apollon luy ayant donné, l'auisa de l'ordre qu'il deuoit tenir en ceste entreprise, où estant porté il
se treuua si confus que laissant aller les cheuaux
à l'esgarée, il embrasa de ses ardeurs Solaires vne
grand' partie de la Terre, & seicha les plus fecondes Riuieres, & mesme la Mer en plusieurs
endroicts, par lequel degast la Terre & Neptune se plaignans font que Iupiter le foudroye.
dont par ceste mesauanture ses parens en sont diuersement afligez, & Phebus en a si grand dueil
qu'il se resoult de ne despartir plus la lumiere:
mais apres quelques auis & requisitions des
Dieux il se range & se remet à la patience & à sa
charge iournalliere.

N o v

Nouveau fils du Soleil ie sens rauir mon ame,
Par le vol plus heureux d'vne celeste flame
A chanter Phaëton, ce ieune audacieux,
Lors que plein d'arrogance au grand Cirque des cieux
D'vn cœur tout bouillonnant de gloire & de ieunesse,
Auec moins de pouuoir que trop de hardiesse,
Hautain, voulut guider le beau Char rayonnant,
Dont le Pere Apollon les iours nous va donnant.

Ie chante aussi le sort, le tourment & l'orage,
Qui par sa dure fin troubla son parentage,
Apres que la fureur du tonnant Iupiter
De son train desastré se venant despiter,
Eut foudroyé sur luy les lances de son foudre,
Qui sur le bord du Pau le ruerent en poudre.

Valeureux CAPISVCCO, Astre dont les clairtez
Sont des mesmes honneurs & les faicts indomtez,
Puis qu'apres tes grandeurs, tes valeurs & tes gloires,
Le Ciel se rend amant à l'enui des victoires,
Et que par tes lauriers de son airain diuin
La gloire va dorant le soir & le matin,
Et l'Affrique, & le Nort & la voute esclairante,
Dois ie pas à ton nom de beauté si fleurante
Consacrer mes souspirs & mon affection,
Autant de mon deuoir, que d'imitation,
Veu que de tes faueurs ou mon sort se redore
A te seruir sans fin tu m'obliges encore?
Luis donc à mes destins, Soleil ardant d'honneur,
Pour rendre ces escrits immortels au bon heur,
Ces escrits que Phebus de mon ame decelle,
A fin de les offrir à ta gloire immortelle,
Et à fin que la France, & Rome, l'vniuers,
Admire mon printemps en tes lauriers si vers,

Et Mars, & Apollon & ses sœurs les Carites,
Mes vers en tes honneurs, mes vœux en tes merites.
     Epaphus fils d'Io douce à ce grand Archer,
Qui d'vn grondier si fier vient ses traicts deslacher,
Amy de Phaëton le chèri de Clymene,
S'esleuoit d'vne humeur brauardement hautaine,
En s'estimant issu de ce Roy si puissant,
Qui gouuerne dans l'air le foudre punissant.
Vn des iours de l'Esté que sous l'obscur ombrage
Des Ormes verdissans d'vn esgayant fueillage,
Ils s'estoient reposez pour repousser l'ardeur
Dont le Ciel iaunissoit la florale verdeur,
Ce ieune Ionien se brauant de sa race
Vit reboucher son cœur par vn parler d'audace,
     Que ce fils de Phebus luy vint donner ainsi.
Hé quoy? mon doux amy, quelle erreur est cecy?
Et quel oser ardant de t'estimer à pere
Ce Monarque des Dieux qui l'vniuers tempere?
Oste, oste moy, vanteur, des peines de ton cœur
Si grande ambition & si venteuse erreur:
Car d'vn degré luisant de si haute semence
Tu ne receus iamais ta mortelle naissance.
Epaphus lors piqué d'vn auis si hautain,
Luy respondit ainsi, Ton discours est trop vain,
Phaëton, de vouloir me faire descognoistre
Pour pere ce grand Roy qui sur tous vient paroistre:
Car ie suis trescertain que ma mere a receu
Les baisers de Iupin duquel ie fus conceu,
Si bien que de vouloir me le faire descroire
C'est me dire la neige & la Lune estre noire,
L'Ocean sans moiteur, & l'air sans mouuement,
Et sans nouueaux effects le cours du changement:
Mais quoy! l'ardante erreur d'vne nuict trop extreme
Nuage bien tes sens, Phaëton, à toy-meme,

                                        De

De croire estre le fils de l'Astre Tymbreau,
Qui resiouïst les Cieux, sortant de l'Ocean,
Et qui pour la grandeur de sa beauté premiere
Est nommé le Soleil, comme seule lumiere
Qui dore l'Vniuers des thresors du beau iour,
Et de qui les regards sont la vie & l'amour:
Despouïlle donc icy ta vaine fantasie
Des feux ambitieux qui l'ont par trop saisie:
Car onques le Soleil ta mere ne baisa,
Ny des rais de ses yeux iamais ne s'embrasa.
Lors Phaëton esmeu au fond de sa pensee
De honte dont l'aigreur la detient oppressée,
Se despartit soudain d'Epaphe en luy disant,
Auiourd'huy ie sçauray si ie vay m'abusant
De tenir pour mon pere Apollon, que la flame
Du Cyprien vaincueur autrefois toucha l'ame
Par moyen des beautez de ma mere dont l'œil
Ainsi que l'on m'a dit fut aimé du Soleil.
En luy disant celà soudain il s'achemine
Espoind d'vn vif soucy qui luy bat la poictrine,
Vers sa mere Clymene & la treuuant aupres
D'vn Sapin orgueilleux & d'vn noirau Cypres,
Luy vint parler ainsi. La celeste puissance,
Ma mere soit tousiours armée en ta defense,
Mais ma mere, dy moy par l'honneur de tes yeux,
Dont l'esclair si diuin à sçeu blesser les Dieux,
Si Phebus est mon pere, ainsi ma douce mere,
S'escarte loing de toy toute fortune amere:
Mais fay m'en asseuré, car non fort loing d'icy
Le fils d'Io m'a mis en ce cruel soucy,
Disant que faucement ie m'enfloy le courage
D'estre issu de la part d'vn diuin parentage.
Clymene alors luy dit, en se pourprant le teinct
D'vn ardant vermeillon dont la honte la teinct,

A 3

Certainement, mon fils, Apollon est ton pere,
Il te conçeut en moy, ta douce & chere mere,
I'en iure par les feux dont ce royal Soleil
Orne les Horisons de gloire & de resueil,
Mon fils, tu es le fils de ce Prince de Dole,
Nous t'auons eu, mon fils, par amour mutuelle,
Pource n'en doubte plus. Phaëton lors espris
D'vn desir qui nouueau luy lie les esprits,
Luy respondit, ma mere, enseigne moy de grace
Où demeure mon pere, & monstre moy la trace
Pour me guider à luy : car mon cœur iusqu'à tant
Qu'il me nomme son fils ne sera pas content.
Clymene en souspirant, & preuoyant crainctiue,
Le sort de Phaëton d'audace trop hastiue,
Luy dit, mon fils, va t'en au fond de l'Orient,
A l'endroict où le iour ouure son œil riant
Au milieu du Printemps, là le palais supreme
De ton pere Apollon de la richesse meme
Que la Nature tient en son plus haut pouuoir
Par grand miracle aux Dieux vnique se fait voir:
Mais garde toy, mon fils, de trop hautaine audace,
En te croyant issu de la diuine race,
N'esgale point ton cœur à la force des Dieux,
Et n'attentes en vain de commander aux Cieux,
,, Car de ne mesurer l'entreprise à la force
,, Par le moindre malheur tout n'est que foible escorce.
Tu en as vu exemple au sort de ces Geans,
Qui furent foudroyez sur les champs Phlegreans,
Pour auoir esleué leurs foles arrogances
Contre l'Ost indompté des celestes vaillances,
Pource mesure toy de n'entreprendre pas
A sortir de raison tes desirs, ny tes pas.
Bien que tu sois le fils d'vn Monarque celeste
Le Destin toutesfois te peut-estre moleste,

Va-t'en donques mon fils, mon aife & mon amour,
Et tu fçauras tantoft de ce Prince du iour
Par fes cheres faueurs & par fon doux langage
Que tu te peux nommer fon enfans, fon cher gage.
    Clymene en larmoyant auec vn lent fouspir
Dit ainfi à fon fils, à qui l'ardans defir
De connoiftre fon pere eftincelloit en l'ame
Les redoublez efforts d'vne enuieufe flame,
Si bien qu'en delaiffant fa mere auec les pleurs,
Et fes fœurs où l'ennuy femoit ia des douleurs,
Pour le voir defpartir pour vn fi long vôyage,
Il s'en va tout flotant en fon ieune courage
Vers le fein du Leuant par le plus promt aller,
Où l'adreffe & le iour fait fes pas deualer,
Et prenant fon chemin au magnifique Louure,
Où le Roy des flambeaux fa maiefté defcouure,
Il arriue en vn champ où le Printemps plus beau
Auec vn doux Iuillet dance roufiours nouueau,
Où cent mille Oifellets à efmail, de voix & d'aile,
Rendent en cent façons les campaignes plus belles,
Et marians leurs voix auec l'acord des Cieux
Non moins que bel & doux ils le font glorieux.
Là frondoye à grand bras, & fleuronne à largeffe,
Maint arbre, & main fleuron d'immortelle richeffe,
    Que ce Dieu perruquier dedie à fon autel,
Comme prix deftiné par l'arreft immortel.
Là fe hauffe le Cedre, & là bourgeonne encore
L'Arbriffeau que le Ciel de rare odeur honore.
La Palme y printanife, & le chafte Laurier,
Et l'arbre qui fournit d'armes Mars le guerrier,
Et qui de fes vertus par ce grand Oeil infufes
Chaffe au loing, valeureux, les forces venimeufes.
Là fe piaffe auffi mufquetant richement
L'Arbre qui du Soleil fuit le clair mouuement,

Et, l'Oranger qui dore en tout temps sur ses branches,
Des fruicts en naist, & meurs, & de fleurettes fraisches
Le Limonier aussi dont le fruict amoureux
Donne de son escorce au goust si savoureux
Et de qui la liqueur aigre à viue poincture
Honore aux teincturiers la plus riche teincture
La bleuë Cycorée y fais paroir aussi
Auec son calme front son amoureux soucy
De suiure incessamment ceste beauté dorée
Et luy monstrer les plis de sa robe azurée,
Et la Lotte d'Egypte au fruict digne des Dieux,
Et dont le tige beau du Soleil curieux,
S'abaisse, & se resserre au coucher de son cache,
Et se redresse, & ouure au painct qu'il nous aproche.
Là se dore le Musc, l'Ambre & le Miel sucré,
Et l'autre plus exquis dans les cannes serré,
Le Poiurier, le Gerofle & la chere Canelle,
Le Gingembre allumant, & la Noix muscatelle,
L'Aromate Calame, & l'Encens odorant,
Et l'amoureuse fleur qui se va reparant
Du plus beau colombin qui tousiours naïf dure
Contre l'aigreur du temps & de la parque dure,
Et qui suit du Soleil les branles radieux,
Auec l'Heliotrope au sourcil glorieux,
Qui tient le mesme train apres ceste cadance.
Mais d'un teinct de fin or à royale abondance
Reluisent les honneurs des Soucis mieux plissez
Dont Flore orna iamais ses paniers d'or clissez,
Et l'Oeillet vigoureux, & la Peonienne,
Et l'honneur des bouquets la douce Mariolaine,
Et le Libannomane heureux parfum sacré
De ce Dieu porte-iour aux Indes adoré,
Et bref: toutes les fleurs & tous arbres de mesme,
Qui suiuent du Soleil le rayant Diadéme
                              S'honorent

S'honorent en ce champ en leur maison beauté,
Comme au sein mieux cheri de ceste Deité.

   Or ceste plaine porte vn fleuue dont la course
Apres son tour en rond se remonte à sa source,
L'Eau pure comme l'or semble donner le iour,
Et bruyant par ses bords porter vn chant d'amour.
L'Hyacinte, & la fleur de l'amant trop superbe
Scintillans sur les bords semblent dancer sur l'herbe.
Le sablon est tout d'or, où se roule à planté
Des gemmes d'Orient la pompante beauté,
La pierre qui la nuict donne tant de lumiere
Y luit abondamment en beautez la premiere.
Celle qui va semblant la prunelle de l'œil,
Et que les Indiens nomment l'œil du Soleil,
Y darde ses rayons auec la Chrisolite,
Qui se peint des beautez à si large merite.
La Topasse dorée, & l'autre dont le nom
Vient de l'enfant qui fut de Phebus le mignon.
Le Rubis flamboyant, & le Balay encore,
Et celle dont le front de tous les teincts s'honore,
Et qui nouueau iardin riche & beaux de ses fleurs
Porte autant de vertus que de belles couleurs.

   Par ces champs si pompeux de richesse si grande
Les plus forts animaux y sont à large bande,
Et mesme des Lyons qui plus qu'en autres parts
Sont grands, & vigoureux, & de front plus hagards.
Et l'oiseau matinier qui si fier se desmarche,
Plus qu'en autre pais arrogamment y marche.
Et les Brebis aussi dont l'heureuse toison
D'vn or blond ondoyant y porte la saison.
L'Oiseau mysterieux l'Espreuier qui s'enuole
D'vn aller si constant vers la beauté du Pole,
Y bat les airs serains, auec le Meandrin,
Qui tient plus beau son chant estant pres de sa fin.

Auſſi le fait Auſtour aux ongles rauiſſantes
Ombrage de ſon vol ſes prées verdiſſantes
Et l'Oiſeau le plus cher aux faueurs du Soleil,
Oiſeau ſeul à ſoy-meſme & fecond, & pareil,
Et qui vieux, & batu des traicts de deux cens luſtres
Refait en ſe bruſlant ſes Printemps plus illuſtres,
Par les rais de Phebus qui d'vn pouuoir ſi beau
Change en berceau tres-doux ſon enflamé tombeau,
Autant braue en ſa mort qu'admirable en ſa vie,
Et qui de ſon beau cœur nomme la Phenicie,
  En ce païs ſi beau Phaeton arriua,
Où le royal-Palais à ſon œil il treuua,
Dont allant curieux, & montant à la Sale.
Où ce clair Apollon ſes puiſſances eſtale,
La richeſſe plus rare, & l'art & la beauté,
Rendoit comme à l'enui ſon eſprit enchanté,
Et ſes yeux eſblouis de grace & de lumiere,
Tant l'ouurage eſtoit riche, & belle la matiere.
D'or, & de fin argent le plancher eſtoit faict,
A grands fleurs de relief, où l'artiſan parfaict
D'vn ſçauoir admirable auoit ſemé de perles,
Et des rubis plus vifs de claires eſtincelles.
La muraille eſtoit d'or où de chaſque coſté
Luiſoient d'eſgal eſpace à diuerſe chainé
Maints piliers de cryſtal ceincts à diuers branchages,
Enlacez l'vn en l'autre à meſurez fueillages
Des Meuriers, des Lauriers & du doux Bromius,
Et du ver Prouençal l'heureux Paladien.
Les chapiteaux flambloient de fleurettes eſcloſes,
Et les durs piedeſtals de viues Paſſeroſes
Les baſes d'eſmeraude en verdoient le cryſtal,
Du Plinte dilaté d'vn droit fil à l'eſgal,
  Qui ſe courbant le bord d'vne moulure ronde
Teignoit ſon blanc au teint du Printemps & de l'onde,

La frife de faphirs brilloit toute en attraicté,
Et la fiere corniche auec mille beaux traicts,
Ornoit fon front de iafpe & de rubis enfemble
Qui la force & l'amour faifoient paroit enfemble.
La frife fur la bande au bel azur brillant,
Portoit haut ceft efcrit comme feux fcintillant
A lettres de topaffe & enfemble d'opale,
D'vn ligne efgalée enuironnant la Sale.
    FORTVNE' Demi-dieu, puis que l'heureux deftin
T'a donné libre entrée en ce Palais diuin,
Admire tant d'honneurs dont ce beau lieu s'honore:
Mais en les admirans vn plus haut, & adore
Le donneur de ces biens, qui d'amour non-pareil
En voulut enrichir le glorieux Soleil,
Second donneur celefte, & le luifant image
De fon diuin pouuoir, & de fon beau vifage.
    Le faphir, l'efmeraude à diuers tracement
Couuroient l'vni paué de leur embraffement,
Auec le beau criftal, & les pourprines pierres,
Dont il fabouquettoit de mefurez parterres,
En rondeur, en quarrure, en ouale, & encor'
En front pyramidal, où pour nouueau threfor
Fleurs, arbres animaux, & differentes ondes,
Poiffons, oifeaux & feux des arches vagabondes,
Luifoient diuerfement par de fi beaux raports,
Que les pieces fembloient fe tenir tout d'vn corps.
    D'vne colomne à l'autre au deffous de la frife
Pendoit, & s'eftendoit de façon tres-exquife
Vne tapifferie, où le fecond brodeur
De l'art, & des threfors auoit mis la grandeur,
Sur les compartimens viuoit la portraicture
Des Ouurages viuans de la mere Nature,
Et de tout arbre auffi qui peinct le renouueau
Dés le Cedre plus haut iufque au moindre arbriffeau

Leurs

Leurs bords estoient quarrez de deux lignes dorées,
De palme, & de laurier tout auronд decorées,
Et les franges pendans du bord bleu & vermeil,
Ressembloient les rayons que donne le Soleil
Lors qu'en clignant les yeux on regarde sa face,
Tant elles abondoient en richesse & en grace.
Iusqu'au bord du pavé ces franges s'estendoient.
Or le champ des tapis où les yeux se rendoient
Auec l'entendement par ses rares merueilles,
Representoit au vif par graces sans pareilles,
  Qui sur autant de poincts portoient autant d'amours
Des antiques saisons la fortune & la cours.

     Ces tapis immortals d'vne sale diuine
S'imageoient aux beautez de l'vnique machine,
On y voyoit tournant l'escumeux Ocean,
  Qui ceignoit de ses bras le beau sein Cerean,
La Terre y paroissoit auec toutes ses plaines,
Isles, forests, Citez, & montaignes hautaines.
L'Amphitrite, & Prothée & Neptune & Dorie,
Thetis, & Parthenope, & Diane & Clairis,
Et le reste des sœurs & Cypris & Narée,
Et les Tritons bourgeois de la vague azurée,
Flottoient en clair triomphe au sein des flots turquins
Sur des conques & chars trainez par des Dauphins,
Et par des noirs Cheuaux qui de bouche escumante,
Et de naseaux venteux & d'haleine fumante,
Grisonnoient le vert-bleu des guerets ondoyans,
Et puis le blanchissoient de leurs pieds baloyans.

     Le Ciel flamboit des rais de quarãte & huict signes,
Dont l'escharpe en portoit les douze plus insignes,
Le reste des flambeaux luisoit diuersement
Et les autres semez sous le clair firmament
Y marchoient radieux à diuerses manieres,
Et beaux suiuans le cours de leurs belles lumieres.
                                        Ailleurs

Ailleurs on admiroit dressez d'un air tresfoüté
Les Païs dediez à ce royal flambeau,
La fertille Chaldée, & la belle feuille,
La Terre du Phenix si riche & ennoblie,
Et l'Orchenie, & l'isle où la mere Ceres
Tient son siege enrichi des esprits mieux dorez.
  Mais puis auprés des Boeufs mangeans de vefches oustre,
Des bouueaux, & d'Aras & de brebis plus oustre,
Long des prez, de bocage & de coustaux divers
Hesiode honoroit sa maistresse & ses vers.
  Apres venoit en rang divin d'ame & de geste
Orphée au beau penser si ardant & celeste,
Et qui dans une plaine à fleurettes d'amours
Animoit à son luth mille dorez discours,
Charmant des animaux la bande plus farouche,
Et humble l'attachant aux zephirs de sa bouche.
Ce grand fils de Phebus, chantre des Dieux,
Par ses airs si puissans de charmantes beautez,
Formoit ainsi les coeurs, & les rendant ciuilles
Les retiroit des bois pour habiter les villes.
  Apres laissoit d'un front doux ensemble & hautain
Le chantre aux graues airs, le Lyrique Thebain,
Qui surdore en ses vers nõ moins braues qu'aimables
Des hommes, & des Dieux tant de mystiques fables.
  Le trompette diuin de la Grecque beauté
Le suit tout rayonneux de celeste clairté,
Homere aux vers si beaux, aux Carites si chaires,
Des Poëtes le Prince, & peinctre des mysteres:
Les neuf sçauantes soeurs, & Minerue & Amour,
Et la belle Venus luy rayonnoient le iour,
Et cheri de ces Dieux sur l'herbe qui fleuronne
Le Soleil luy donnoit une belle couronne
De laurier immortal embellie des fleurs,
Que la mere d'Amour a pris pour ses couleurs

Beau laurier dont l'honneur sans fin se printanise
Belles fleurs dont l'amour sans cesse s'adonise.
    Ces Tapis si pompeux estoient historiez
Des honneurs que ces Grecs aux vers ont despliez,
Le Caos y trembloit que la dextre diuine
Separoit des honneurs d'vne guerre mutine,
Et comme elle ordonnoit par reigle, nombre & poids,
Aux clairs astres du Ciel siege, vertu & loix,
Et aux bas elemens mouuemens & puissance,
Lieux, ornement, grandeur, discord & iouïssance:
Le Monde estant parfaict, on veyoit Promethé
De celestes discours d'vn'audace porté,
Des-rober, curieux de la flame diuine,
Et comme il en cachoit la nouuelle poictrine
D'vn homme faict d'argille à fin que par son feu
Il l'anima d'esprit qui le fit comme vn Dieu:
Mais Iupiter fasché de ce larcin celeste,
Le venoit attacher, plein de courroux moleste,
Sur vn mont, & meme donnoit à son oiseau
Son foye renaissant pour desiré morceau,
Iusqu'à temps que le fils de l'amoureuse Alcmene
Autant vaillant que doux l'ostoit de tant de peine,
    Iupin luisoit ailleurs à qui Themis disoit
Vn Oracle diuin qui son ame embrasoit
De peurs & de fureurs contre Metis sa femme,
Dont par ambition brandonnant tout en l'ame,
Cruel, la deuoroit, dont apres ce meschef
Il sentoit d'vn enfant auoir enceinct le chef,
Qui pour prendre naissance, & sortir de sa teste,
Vulcan estant alors en l'olimpique feste,
Alloit ouurant le front à Iupin d'vn couteau,
Dont aussi tost l'enfant naissant de sorcereaux
En sortoit tout armé de pique & de rondache,
De harnois, de salade, & d'espée & de hache,
                              Combien

Combien qu'il fust du rang du sexe feminin,
Dont alors par l'advis du sainct conseil diuin
Il fut nommé Pallas & encore Minerue,
Où le droict de vaillance & d'esprit se conserue.
  Puis icy le Tapis se paroit, orgueilleux,
Brillant d'estofe & d'art du grand fait perilleux,
Que ce Dieu forgeron fit au poinct de son naistre,
Lors que si laid aux Dieux au Ciel il vint paroistre,
Dont les Dieux par despit, le voyant si mal faict,
Le deschassoient du Ciel: or l'ouurage parfaict
Representoit si bien sa cheute desastreuse,
  Qu'on luy voyoit des-ia vne iambe boiteuse,
En roüant parmy l'air, & tombant sans repos,
Dans les champs enfermez de l'ardante Lemnos,
Où il se des-uanchatombant sur la carriere,
  Qui de son choc ardant se troubloit de poussiere.
Or l'adresse de l'art auec vaine valeur
Auoit si bien meslé les formes & les couleurs,
  Qu'en peine y fust esté le splus fin Philosophe
De iuger l'ars plus braue, ou plus riche l'estofe.
  Mais plus bas iet Iupiter des traicts d'Amour blessé,
Par moyen de sa sœur paroissoit fort pressé,
Et puis il la prenoit par la main d'Hymenée
Et la rendoit des Dieux la Reine couronnée.
Vn festin des grands Dieux chez l'Ocean luisoit,
Où tandis qu'en nectar la troupe se plaisoit,
Penie s'en aimoit, & se rendoit aimée
Du monarque abondance, où d'amour enflamée,
En ayant de faueurs, il sembloit que l'Amour
En naissoit tout soudain, & que ce mesme iour
Venus naissoit aussi de Dione la belle,
Et tantost sur les eaux de l'escume immortelle,
Et ailleurs il sembloit qu'elle enfantoit aussi
Ce doux Archer, Soleil de l'amoureux soucy.

En autre part trembloit la fuyante Latone,
Redoubtant d'un serpent la poursuite felonne,
Qui la suiuoit ardant, par l'enuieux courroux
Dont Iunon la haïssoit à mille feux ialoux,
Latone alors enceincte, en fuite pitoyable,
Fuyant deuant les pas du serpent effroyable
Arriuoit à la fin vers l'Isle que Neptun
Portoit comme vn vaisseau sur son dos opportun,
Et la sur le doux poinct du deliurer propice
Elle se rendoit mere & ensemble nourrice
De deux diuins iumeaux dont l'vn est le Soleil,
Et l'autre la Deesse au teinct d'argent pareil,
Des enfers, des forests, & des Cieux honorée:
Mais ce vengeur Phebus d'vne trousse dorée
Prenant les traicts plus forts, ayant l'arc en la main
Poursuiuoit courageux ce Python inhumain,
Et de cent coups ardans de ces volantes flèches
Il luy donnoit la mort par cent diuerses breches:
Or en si beaux tapis on y voyoit au long,
Au Ciel, en mer, en terre, en mont, & en valon,
Les valeurs, les amours, le cours & la naissance,
De tous les autres cœurs de l'immortelle essence,
Mais lon voyoit apres comme des durs caillous
Pirrhe & Deucalion les fortunez espoux,
Repeuplerent d'humains la Terre desertée.
Puis parmy la fureur & l'audace indomtée,
La peine, & la sueur, l'enuie & la rancueur,
Les orgueilleux Geans, qui grands de trop de cœur,
Sur l'Olimpe serain assembler mainte croupe,
Pour addresser la guerre à la diuine troupe,
On voyoit Iupiter auec son camp diuin
Perdre iusque aux enfers cest escadron mutin.
A qui le faudre aigu gros d'orage & de rage
Pirouëtoit fumant sur le sanglant visage,

Encela

Encelade, & Typhon sous deux monts vomissoient
Des souspirs enflammez qui les mers rougissoient.
Apres marchoit en rang l'entreprise de Thebes,
Et les monstres cruels, & les Tyrans superbes,
Que l'Harpe Orphean sous sa dextre dorra,
Et comme plein de gloire en l'Ether il monta.
En autre part brilloit le celebre voyage
De la celeste Argon, Galere au sourd langage,
L'Amour, l'enchantement, la valeur, la toison,
Le change, & la rigueur de Medée & Iason.
　　Les Combats renommez, & la funeste flame,
Au bord de Simois pour l'amour d'une Dame,
Y paroissoient affreux & ensemble plaisans,
Et comme les bourgeois des Astres reluisans
Entrerent au combat poussez de la querelle
Qui branloit tant d'harnois pour Heleine la belle.
On voyoit le despit qui le plus fort Gregeois
Poussa contre le Chef des Argolides Rois
Et que lors qu'il restoit en paix en son Nauire,
Hector dessous le fer bouillant d'ardeur & d'ire,
Chassoit brave vainqueur les guerriers Argiens,
Et guidant le bon heur auec ses Phrigiens
Forçoit leur forteresse, & vers leurs vaisseaux larges
Alloit, preux, deliurer les plus sanglantes charges,
Et lancer, furieux, les affamez flambeaux
Dans le sein defendu des empoissez vaisseaux.
　　Patrocle apres venoit animé sous les Armes
Du chef des Myrmidons, & hardy aux vacarmes
Repoussoit les Troyens, & pres du mur sacré
Renuersoit Sarpedon sus le sablon pourpré,
Le grand fils de Priam porté de l'auantage
De l'auis de Phebus renforçoit son courage,
Et fort, & courageux ainsi qu'auparauant
Les Grecs apres ses coups chassoit comme le vent,

Et

Et donnant gloire au fer de sa pique fresniere
Du fils Menetien sanglantoit la poussiere,
Patrocle en aprochant de la mammelle fin
Menaçoit son vainqueur d'vn semblable destin,
Et sembloit haleter, mourant à grosse haleine,
Et verser à bouillons son sang dessus la plaine.
Le combat pour auoir son corps & son harnois,
S'y voyoit brauement alarmé des Danois,
Et du fort Diomede, & du vaillant Atride,
Que l'amour & l'honneur à la vaillance guide.
Puis deçà paroissoit, acablé de douleurs,
Le valeureux Achille, & tout fondant en pleurs
Gemir sur son amy que la parque moleste
Auoit mis par Hector dans la barque funeste,
    Thetis venoit apres ayant à son costé
Les Nymphes de la Mer en belle maiesté
Et donnant à son fils le harnois admirable
Que Vulcan luy forgea pour present fauorable.
On le voyoit ailleurs receuoir les presens,
Des cheuaux, de l'argent, des trepiez reluisans,
Et des Dames encore & Briseis la belle,
Du Prince Agamemnon pour finir leur querelle,
Il venoit furieux, hardiment assaillant
Les escadrons Troyens, & comme vn Mars, vaillant,
Les donnoit à la fuite, & pour leur sang respandre,
Cruel, les poursuiuoit iusque dans le Scamandre.
Le fleuue estant amy du fuyard Phrigien
S'esleuoit pour noyer le vaincueur Pelien,
Lors que ia le pressant de ses coleres viudes
Vulcan le secouroit de flames vagabondes,
Et le choquant fumeux de ses feux deuorans
Alloit changeant ses flots à piteux demourans.
Iris venoit d'en haut, qui de Iunon mandée
Apaisoit de Vulcan la fureur desbandée:

B   Mais

Mais cependant Achille au pied victorieux,
Poursuivit furieux les Troyens sans repos,
Et hardy les chassant jusqu'à la porte Scée,
Rendoit sous ses grands coups toute vague froissée,
Le sang qui rougissoit sur le chemin poudreux
Monstroit le beau tapis en cest endroit affreux,
Auec rage de corps morts sous le vaillant Pelide,
Tandis que courageux le braue Priamide
Resté seul hors des murs où l'attendoit le sort,
Et trompé de Palas qui l'abusa si fort,
Le venoit attaquer d'vn genereux courage,
Luy tournant ses efforts autant que le visage.
Mais son pere en pleurant estoit dans vn Greneau,
Qui sembloit le prier d'esteindre le flambeau
De son ieune courage, & n'attendre cest homme,
Qui si fort, & cruel tant de Troyens assomme.
Iupin estoit au Ciel sur vn nuage d'or,
Qui pesoit les destins d'Achilles & d'Hector,
Lors que celuy d'Hector portoit bas sa balance,
Laissant celuy d'Achille en haut en asseurance,
Le Roy des Myrmidons sur Hector s'auançoit,
Et au chinon du col d'vn grand coup le perçoit,
Par le choc de sa pique au sanglanté frangeage,
Qui nuageoit le camp d'vn menaçant ombrage.
Hector sembloit crouler auec gemissement,
Et ses harnois craquer d'vn retentissement,
Imprimant de son long la campaigne natale,
Lors qu'encor braue & fier en son heure fatale,
Les Cheuaux radonnez qui par trop de rigueur,
Deuoiet trainer son corps sous leur maistre vainqueur,
S'effroyant de le voir si farouche & superbe,
Tout mouillé de son sang renuersé dessus l'herbe.
Le guerrier Pelien apres auoir foulé
Son courroux sur le chef du Troyen desolé,

Se de

Se despoüilloit du feu des ireuses batailles,
Et au cœur de son camp faisoit les funerailles
De son plus doux amy le Menetide Heros,
Que prés des murs Troyens auoit pris Atropos,
Et par des tenx du prix de royale deshence
Il honoroit apres la mort en son absence.
Priam venoit pleurant vers le camp des Gregeois,
Auec presens en main, & souspirs en la voix,
Pour rachepter son fils du glorieux Achille,
Il le faisoit apres porter dedans la ville,
Et à le voir aller on eust dit que le dueil
A chasqu'un de ses pas le mettoit au cerueil,
Tant il semble à le voir qu'il pleure à large veine,
De voir ainsi Hector sous la mort inhumaine.
Dans le palais royal le corps estant porté
L'air de tous les endroicts, funebre, est lamenté,
Des longs cris de ses sœurs, & des clameurs du Pere,
Et du noir desespoir qui tourmentoit sa Mere,
Et des fouspirs ardans de ses vaillans germains,
Qui nommoient en sa mort les destins inhumains,
Et des pleurs que le peuple afligé vient respandre
Pres du triste bucher qui met le corps en cendre,
Sacrifians aux Dieux pour le grand guerrier mort,
Maintenant leur desastre, & iadis leur suport.
   Ainsi tãt de beaux faicts, & d'hõneurs & de gloires,
Remplissent richement de leurs belles histoires
Ces precieux tapis qui vers la gauche main
Couuroient le Mur doré d'vn thresor sur-humain
Car la Reine Nature & la docte Minerue,
Y sement tout le beau qui plus cher se reserue
Soit de richesse, ou d'art en leurs riches Palais,
Qu'elles ont du grand Dieu sur les champs estoilez,
L'autre flanc de la Sale à la tapisserie
De pareille grandeur, où rien que pierrerie,

Or,

Or, & argent & soye estalent à qui mieux
D'vn art aussi diuin, que rare & precieux,
La parfaicte esplendeur de la terre & de l'onde,
La Reine Des Citez, Rome mere du Monde,
Qui superbe y triomphe auec ses bastimens
Des Rois & des ouuriers les pompeux ornemens.
Ses sept Monts si fameux la Croupe Saturnale,
Le sacré Celien, la braue Quirinale,
Le riche Viminal, & le fort Auentin,
La douce Squilienne, & le haut Palatin,
Y paroissoient hautains auec la perse bande
Du Tibre qui trauerse vne Ville si grande,
Fortune, & la vertu, la victoire & l'honneur,
A l'enuy l'vn de l'autre y gardoient le bon-heur.
Tant de diuers combats, & d'heurs & de triomphes,
Et de thresors des Rois, & de guerrieres pompes,
Et les braues Romains qui les auoient dressez
Estoient en ces tapis au naturel tracez.
Son heureux fondateur le grand fils de Siluie,
S'y voyoit enflamé d'ardeur toute aguerrie,
Et plantant valeureux contre les forts Sabins,
Et sur les Volces fiers ses enuieux voisins,
Son septre printanier, où Mars & la fortune
Respandoient à l'esgal leur faueur oportune.
Numa Roy pacifique & doux Legislateur,
Et Pontife sçauant suiuoit ce fondateur.
Et Seruius tant cheri de l'inconstante Dame
si legere de voile, & de regard & d'ame,
Et les premiers Consuls, Valere surnommé
Publicole du peuple & des Dieux, tant aimé,
Et Lucrece le pere à Lucrece la belle,
Lucrece qui plaignant sous l'amitié cruelle,
A fin de faire foy de sa pudicité
D'vn glaiue rigoureux se perça le costé:

Tant

Tant plus qu'vn Roy amant l'honneur fut son enuie,
Et tant moins que l'honneur elle prisa sa vie.
　　　Aussi les Martiens, & les forts Deciens,
Et les cœurs indomtez les graues Fabiens,
Le hardy Curce, & Muce & le puissant Horace,
Et les autres vaincueurs qui vont à mesme trace,
Le redoubté Regule, & Torquate cruel,
Et iuste enuers son fils vaincueur & criminel,
Et Cassie qui meurt par la main de son pere,
Et Fuluc enuers son fils si fier & sanguinaire,
Et Catiline aussi Parricide en son cœur:
Mais encor' tous les Rois de ce throsne vaincueur,
Et les fameux Tribuns, Consuls & Capitaines,
Qui commanderent Mars sous les aigles Romaines,
Et les Dames aussi dont l'honneur & le nom
A despuis repeinct Rome au Temple du Renom,
Ont leurs portraicts icy, & leurs faicts plus notoires,
Tant comme en Terre au Ciel Rome esleue ses gloires,
A se faire admirer par merite & bon-heur
De la Terre & des Cieux la merueille & l'honneur.
　　　Aussi lon y voyoit le Dictateur Camille,
Apres Quinte Flamine & le prudent Emille,
Deuancé des Lauriers du premier Scipion,
Et le bouclier Romain clair de ferme rayon
Fabie le tresgrand, & l'espée Romaine
Le courageux Marcel indomtable à la peine,
Les Catons, les Metels, & le vaincueur destin
Du bras carthaginois, & du cœur Numantin
　　　Marius ame de Mars, & qui par grand prouesse
Soy-mesme s'esleuant à la vraye noblesse
Fut Consul par sept fois, semble remplir ces lieux
Des guerroyans aspects de son front furieux,
Et bruire dans la guerre, & vaincre par prudence,
Lors que plein de valeurs en la belle Prouence

Et

Et au front de l'Itale en Chef sage & vaillant,
Deffit des larges camps de l'Ambron assaillant.

Sertorius vient apres qui de geste & de face,
Semble monstrer son cœur son esprit son audace,
Sa main, sa diligence à braver l'ennemy,
Et blasmer les rigueurs d'vn desloyal amy.

Lucius qui se surnomme heuteux par la fortune,
Icy par ses efforts en son cœur s'importune:
Car on le veut icy blasmer plus sa fureur,
Qu'il ne prise son heur, & son destin vaincueur.

Luculus grand guerrier vaillant de preferance,
Et heureux en attente & braue en diligence,
Luit icy brauement pres de Crasse estonné
D'estre vaincu des traicts d'vn fuyard empenné.

Celuy qui triompha par vn honneur vnique
En trois fois de l'Asie, & d'Europe & d'Affrique,
Se glorifie icy de son beau nom de grand,
Qui parmy les plus grands admirable le rend.

Mais le braue Nepueu de la belle Cyprine,
Le Cesar indomté plein d'audace diuine,
Paroit icy couuert des plus hautains lauriers,
Qui chargent les cheueux des renommez guerriers,
Par ses effaicts si grands, par sa main liberale,
Et par vne ame promte en grandeur sans esgale,
Par escrits, & discours, estats & dignité,
Auoir fait plus d'amis, & d'ennemis domté,
Et bref : par ses valeurs, son heur & son bien dire,
Auoir fait grand sus tout le Romulide Empire.

Non guiere loing de luy marchent de mesme main
Les trois grãds Gouuerneurs du beau sceptre Romain,
Les puissans Trium-virs, qui sus l'aueugle engeance
De ses ingrats meurtriers rougirent la vengeance:
Marc Lepide y paroist d'vn diuers brauement,
Et Anthoine qu'Amour va si fort consumant,

Et

Et le rend des plaifirs tellement idolatre,
Et ſi bien enchanté des yeux de Cleopatre,
Qu'oubliant ſon païs , ſa femme & ſon honneur,
Des feux de ſon amour conſuma ſon bon-heur.

　　Auguſte enuironné de Lauriers & de palmes
Et qui rend par la paix les peuples doux & calmes,
S'eſleue apres ces deux, & plus qu'eux ieune d'ans:
Mais plus vieux de fortune, & d'adreſſe & de ſens,
Nepueu du grand Ceſar commande à tout le Monde,
Et le tient en ſa main par gloire ſans ſeconde.

　　Son Poëte admirable apres en maieſté
Porte le vert rameau de l'immortalité,
Par ſes vers merueilleux dont la graue manie
En tant d'affections pouſſe, eſleue & manie.
Le Venuſin Horace, & le chantre amoureux
Aux vers ſi beaux, & doux, nombreux & ſonnoreux,
Marc Varron, & Saluſte au langage ſi graue,
Et le grand Orateur ſi diſert & ſi braue,
Et pere du parler des eloquens Latins,
Font apres ces Guerriers briller leurs fronts diuins.

　　Ainſi la droicte main de ſi ſuperbe Sale
La Romaine grandeur royalement eſtale,
Auec le front dernier qui porte largement
Les clairs tableaux ſacrez à celeſte ornement
De ſon quatrieme Eſtat, qui regne & qui eſclaire
Comme vn nouueau Soleil ſus le double Hemiſphere:
,, Car tel qu'eſt dans le Ciel le SOLEIL Roy du iour
,, Telle eſt l'Vnique ROME en ce mortel ſeiour.

　　Ainſi l'heureux threſor d'vne Sale ſi rare
De ces honneurs futurs s'eſmerueille & ſe pare,
Clairs honneurs de l'Hiſtoire où les ſiecles futurs,
Et les paſſez grauoyent leurs diſcours non menteurs,
Que l'ouuriere Pallas & les heures diuines.
Par l'auis de Phœbus de leurs mains auerorines

Auoient

Auoient elabourez d'vn art plus que Flamand,
Pour seruir à sa Court de diuin ornement:
En sa Sale Royale, où de grands pas nonnante
Mesuroient glorieux la longueur rayonnante,
Et trente la largeur, la hauteur vingt & vn,
Où par tout rien n'estoit de vain, ny d'importun.
    Or Phaëton y vit sa fortune portraicte,
Et comme il pouuoit bien par raison plus parfaicte
Se gauchir du malheur qui menaçoit ses iours,
Mais en s'outrecuidant de mille vains discours
De connoistre son pere, & par vn grand courage
Se faire meriter d'vn si braue lignage,
Et d'ailleurs s'esmeuuant plus fort audacieux
Il pensoit se trompant d'vn penser tout des Cieux,
Qu'estant le fils d'vn Dieu, mesme d'vn si celebre
En luy ne pouuoit rien nul desastre funebre,
Dont il blasma l'auis de tout ce qu'il voyoit,
Qui plus fort à raison sa ieunesse auoyoit,
Et mesme encore autant les sentences notoires,
Qui dehors, & dedans d'escrits flambans de gloires
Alloient dorant la porte en ses frises ardàns,
Dehors, Connoy toy-mesme, & puis vers le dedans,
Rien trop, & tout d'vn train apres, Qui respond paye:
Mais outre ces auis la chanson docte & gaye
D'vn mignard Perroquet, vert, iaune, incarnatin,
Orangé, vert de Mer, violet, Colombin,
Au bec noir aquilin, aux ongles noircissantes,
Qui muguetant la Sale à volades pressantes,
Mais lors sur vn Tapis son doux vol retirant
Chantoit de la façon Apollon admirant.
    CHANT DV PERROQVET.
O Phebus, grand Archer, saincte courriere Lampe,
De ces Temples diuers où l'Vniuers se campe,
O Dieu Cyrenean, Pythien, Cyrrhean,

                                        E

Qui te pourroit chanter d'vn assez beau Pæan?
    Toy, Pæan, Delien, Musean, Paranymphe,
Qui tiés pour beau miroir les Cieux & la grãd' Lym-
Tymbrean, Cynthien, Delphien, beau Soleil,   (phe,
Qui peut voir tes beautez d'vn assez brillant œil ?
    Mais qui pourroit louër ta diuine influance,
Et ta clairté qui marche en si large afluance?
Sans estre transformé de tout poinct en tes feux,
Et te voir tout de l'ame aussi bien que des yeux!
    Admirable Apollõ, guide-dãce, & grãd Maistre,
De tout ce que la Terre & le Ciel tient en estre,
Image reluisant de la Diuinité,   —
Que tu tiens des hauts Cieux de gloire, & de beauté!
    Les plus celestes Dieux du sur-celeste Monde
Ayans sous eux les Cieux comme vne boule ronde,
En adorans, heureux, la supréme Grandeur
Se plaisent d'admirer ta royale splendeur.
    C'est par toy, clair flãbeau, que le terrestre Empire,
Et l'autre radieux où la belle ame aspire,
A vigueur, mouuement, clairtez, desirs, discours,
Et qu'il dure sans fin par ton infiny cours.
Tout ce qui luist au Ciel, qui par les airs bricole,
Qui rampe sur la Terre, & qui les eaux acole,
S'esmerueille & se plaist de ton œil si plaisant,
Où tout marche en merueille, où tout est reluisant.
    Mais pour tãt de beautez, de gloire & de lumiere,
Que tes yeux ont receu de la beauté premiere,
Tu ne t'orgueillis pas : mais tousiours humble enfant,
Tu n'es pas moins loyal que braue, & triomphant.
    Tu poursuis nuict & iour ta lumineuse charge,
Suiuant l'ordre diuin qui te l'a mise en charge,
Sans iamais aspirer le train des plus hauts Cieux,
Ny de guider ton char plus pres de ces bas lieux.
    Mais, Ornement du Ciel, ô beauté nompareille,
                                        Plus

Plus ie veux te reuoir plus ie voy de merueilie !
Beau Titan, à iuger, mes vœux sont surmontez,
Si les vertus en toy precedent les beautez !
  Ainsi alloit donnant d'vne voix nectarée
Ce merueilleux Oiseau sa chanson etherée,
Qui l'ayant acheuée aussi tost al'entour
D'autres mignons Oiseaux les delices d'amour,
Chanterent vn concert, & de telle musique
Que ce sembloit le doux d'vne troupe Angelique,
Car maints beaux Roßignols, & gracieux Pinçons,
Serins, Chardonerets Rois en doctes leçons,
Linotes, & Verduns, & precieux Canaires,
Constants à bien chanter comme pensionnaires,
Animoient leur chanson du doux air Phrigien,
Meslé de l'Heroique, & du bas Lydien:
Et d'vn chanter si beau, si sçauant & si graue,
Ils essençoient leur chœur d'harmonie si braue,
Qu'au son de leurs acents l'Orlande renommé,
Garnier, & Intermet de Phebus tant aimé,
Rauis, eußent quicté leur palme à ces merueilles
Tant leurs douceurs des Cieux resonnoient nõpareilles:
Mais n'y seroyent-ils pas de merueilles rauis?
Puis que tant de souspirs de gloire entre-suiuis,
Charmoient Apollon mesme auec toute sa troupe!
Et de plus leur vertu tant elle alloit en poupe,
Sembloit tenir charmez, fermez & acroupis
Les portraicts qui peuploient l'histoire des tapis !
Or ces chantres ailez perchez sur les corniches
S'adonnoient lors, ardans, en leurs nottes plus riches:
Mais ceux qui des Tapis habitoient les accords
Par vn art si diuin auoient formé leur corps,
Qu'ils sembloient naturels, & de la compaignie
De ceux qui souspiroient si celeste harmonie.
  Or Phaëton treuua sur le sueil radieux,

Qui d'Iuoire bandoit le portail glorieux,
Cent minutes pour garde, ou par douce demande
Estant interrogué de la brillante bande,
L'Heure dite Eunomie on apella soudain,
Qui puis le vint mener vers l'Astre Souuerain.

En ceste belle Sale en maiesté diuine
Estoit ce Roy du Ciel qui les airs illumine,
Vers le front du Leuant son throsne s'esleuoit,
Qui sur douze degrez ses cornes esleuoit,
Degrez allants en rond, & de ronde émolure,
Où l'ebene, & l'iuoire, & la riche parure
D'vn or sept fois purgé comme de belles fleurs
En façon mosaïque esmailloit leurs couleurs.
En ce throsne si beau forgé d'or & d'iuoyre,
S'asseoit Apollon tout pompeux en sa gloire,
Tenant en sa main dextre vn clair sceptre d'or fin,
Que la belle verdeur de son rameau diuin
Composé d'esmeraude entortilloit, guerriere.
Sa gauche s'apuyoit d'vne façon altiere
Dessus le gauche flanc, qu'vne robe à long plis,
A fond d'or affubloit, où la rose & le lis,
L'Oeillet, la marguerite & les Clytes tres-belles,
Desployoient richement leurs beautez naturelles,
Par mainte pierrerie où leur doux renouueau
Empruntoit le portraict de son auril plus beau.
Soixante boucles d'or espaissement couuertes
De perles, de rubis & d'esmeraudes vertes,
La fermoient toute au long, son front estoit couuert
Du radieux bandeau d'vn laurier tousiours vert,
Atourné d'vn ruban ou de mainte escarboucle
Le thresor nompareil qui mille esclairs desboucle,
Marioit ses esclats aux rais de ses cheueux,
Et d'vn iour frais-naissant mõstroit les nouueaux feux.
La face de Phebus estoit tant radieuse,

　　　　　　　　　　　　　　　　　　　　Et

Et de tant de beautez si douce & glorieuse,
Que l'enfant Phaëton à ses esclairans dards
Ne pouuoit pas hausser vn seul de ses regards,
Tant le front piafant de lumiere immortelle
D'vne riue esplendeur luy couuroit la prunelle.
    A ses pieds reluisans, sur le plus haut degré
Nature estoit assise à vestement doré,
Et tenant aupres d'elle en airs rians, & sages,
Le Temps, vieux gouuerneur des saisons, & des ages:
Mais en bas penadeux comme des Courtisans
Estoient les iours, les mois, les sepmaines, les ans,
Les heures au pied d'or, & les minutes souples
A chasser des moments les fugitiues couples.
Les siecles y luisoient, & pesans, paroissoient
D'vn age diferans, des pieds ils se pressoient
Sans se toucher des mains, les saisons de l'année
Marchoient apres en rang à dance couronnée,
Le Printemps amoureux doux ennemy des pleurs
Y brauoit habillé de ses plus riches fleurs,
Et l'Esté le suiuant qu'vne gase dorée
Couuroit le corps ardant, sa teste decorée
De cheueux erespelus, clairs de teinct aurorin
Suportoit vn feston du Ceréan butin,
Et pour nouuel honneur il auoit les mains pleines
Des fruicts plus delicats dont il sucre les plaines.
Automne apres venoit couronné des fruicts doux
Du bon pere Bachus, & de gloire ialoux,
Il monstroit à l'Esté deux cornes d'abondance,
Des treilles, & des fruicts de l'arbre de prudence.
L'Hyuer vieillart grison, tremblant & froidureux,
Les suiuoit frissonnant sous les glas rigoureux,
Qui luy chargeoient la main, auec la neige espaisse,
Qui mescontoit les pas de sa foible vieillesse,
Du saule printanier les rameaux palissans

Cernoient d'vn double tour ses cheueux blanchissans.
   Or ainsi sur les fleurs de tant de rares choses
En ceste heureuse sale vniquement encloses,
Phebus estoit assis de gloire enuironné,
Qui voyant Phaëton de merueille estonné
A des obiects si beaux & nouueaux à son ame,
Et venu tout au front de sa celeste flame,
Luy dit ainsi, Beau fils, pourquoy si fermement
Demeures-tu pressé parmy l'estonnement?.
Puis que tu viens icy chez moy, Phebus ton pere,
Ton support, ta grandeur & ta douce lumiere?
A ces mots Phaëton fut esmeu de nouueau,
Mais par le traict hardy d'vn courage plus beau,
Luy respondit ainsi, Mon pere, Astre du Monde,
Pere qui vois ce Tout en ta carriere ronde,
Et qui de tes cheueux si papillans d'amour
Donnes l'honneur au monde aussi bien que le iour,
Ie ne m'estonne pas si le peuple t'apelle
Le reluisant portraict de la face eternelle,
Si l'on dit que tes yeux des rais si reuestus
Sont parez, & feconds de toutes les vertus!
Puis que tant de beauté, de gloire, & de lumiere,
Rayonne de ton front en sa grandeur premiere!
Mesmes que tant de rais te couronnent le front
Qu'en ce lieu tes regards les ombrages deffont,
Et font vn iour tres-beau reluire en ceste sale,
Bien que nulle clairté de dehors n'y deuale:
Car sans nulle fenestre on voit ses murs dressez,
Et d'vne & d'autre part tout au long tapissez:
Mais le feu de tes yeux, & ta tresse si claire
L'œilladant au dedans d'vn tres-beau iour l'esclaire,
Mais, pere, si tu veux que i'aye tant de foy
De me croire le fils d'vn si grand Dieu que toy,
Donne que par vn signe, ou bien de quelque grace

                                                  Que

Que si haute creance en moy treuue sa place,
A fin que ta parole,& ce que i'en attens
Illustre de tout poinct l'honneur de mon Printemps.

  Lors Phebus retira ses rais darde-lumiere,
Et le doux or flottant de sa belle criniere,
Au silence cachant leur esclairant effort,
A fin que la clairté dont ils brillent si fort,
N'esblouït Phaëton,& ne priua son ame
Du iour de ses beautez pour y voir trop de flame.
Et puis allant vers luy doucement l'embrassa,
Et d'estroites faueurs ses ioues caressa,
En luy disant. Mon fils,ma douce ame demie,
Crois que tu viens de moy par ma fidelle amie
Clymene aux yeux si beaux,crois-le ainsi,Phaëton,
Et ie iure les eaux de l'auare Pluton,
Que ie te donneray tout ce que ta demande
Voudra tirer de moy tant soit-il chose grande.
L'audacieux enfant au son de ce parler,
Sentit soudainement son courage voler
Au dessein rodomont d'vne ardante ieunesse,
Attiré des douceurs de si grande promesse,
Dont il luy vint respondre. A l'honneur de ce bien,
Qu'ores tu m'as promis fay que ie sois si bien
Honoré du present dont ie fairay requeste,
Comme à me nommer tien ta volonté fut preste,
Fay de grace,mon pere,honore moy de tant
Que i'aille tout vn iour par les Cieux m'esbatant,
Sur ton char donne-iour à dorer l'Hemisphere,
Ainsi que tu le peints en ta course ordinaire.

  Quand Phebus eut connu ce demander si haut,
Soudain le repentir luy liurant maint assaut
Auec des froids ennuis luy glissa par les veines,
Voyant le mal prochain par requestes si vaines.
Et luy dit, Mon cher fils ,si ie pouuois changer

La promesse où ton cœur me vient si engager,
Ie le fairoy bien tost ! mais comme as tu l'audace
En ce dessein si haut qui tout autre surpasse?
Au lieu d'aimer le droict tu recherches le tort,
Et dedaignant l'honneur tu demandes ta mort:
Car iamais ta vertu ne sera suffisante
De conduire à bon port la course reluisante
De ce Char nompareil, tant les trauaux & l'art
Y rsquierent tousiours leur tout en toute part !
Nul des hommes mortels tant soit il fort & braue
N'oseroit s'empoudrer en Arene si graue,
Non pas mesme Iupin nostre Roy souuerain,
Son bras bien que si fort ne seroit que trop vain!
Il ne sçauroit conduire vne heure en asseurance
Ce Carrosse si fier, combien qu'en preferance
Il marche entre les Dieux, & que ses fortes mains
De foudres indomtez le font craindre aux humains?
			Lors qu'en ce train ardant ie compasse mes erres
Voyant d'vn lieu si haut les ondes, & les terres,
Il se faut de bien peu qu'vne effrayante horreur
Me despouille du tout d'artifice & de cœur,
Tant l'espace est profond entre la terre basse,
Et le ciel où mon Char ses ornieres repasse.
Et pour plus me rauir aux horreurs du trespas
Le Ciel sans cesse tourne au dessous de mes pas,
Et traine apres son train diuers à cent trauerses
Les Astres tournoyans par escadres diuerses,
Mais encor pour ce branle à train si variant
Ne faut pas que mon Char s'aille rien des-uiant:
Ains que porté par poids, par mesure & par nõbre,
l'escarte le discord, la frayeur & l'encombre.
Dy moy donc cher enfant, comme d'vn art si beau
Cerneras-tu le Ciel auec si grand flambleau ?
Sans qu'vn chemin diuers à tant de differance

					Ne

Ne conduiſe ton train à toute diſcordance!
Meſmes que les Cheuaux ſont ſi fiers & rebours,
Et ſi roides, & promts à galoper leurs cours,
Qu'il faut à forte reſne vne incroyable peine
Quand ils ſont eſchaufez : car alors leur haleine
Ronfle à bouillons de feu comme le Mont-gibel,
Qui vomit de ſa bouche vn braiſier eternel,
Et ronflans de la ſorte vne clairté ſi drue
Se iaillit de leurs flancs qu'elle bat, rompt & rue
Les regards plus hardis, & poſtans en ardeur
Ils conſomment le froid, & toute autre eſplendeur.
Ah! qu'ils ſeront biē taſt les maiſtres de leur maiſtre
Si pour le commander tu main veut comparoiſtre!
Ah! qu'ils t'auront bien toſt de la vie deſtruict,
Et changé ton clair iour en la mortelle nuict!
Encore ie t'auiſe, & te declaire en pere,
Qu'il te faudra paſſer par l'orniere ordinaire,
Tout aupres des horreurs des cornes du Taureau,
Qui reluiſt furieux de main rogant flambeau,
Tu paſſeras apres tout aupres de la bouche
Du terrible Lyon, qui ſans ceſſe desbouche
Cent feux & cent fureurs, & ton train pourſuiuant,
Tu viendras, tout en peur, comparoiſtre au deuant
De la queuë ſanglante, & aſprement hagarde
Du traiſtre Scorpion qu'vn fier Archer regarde.
Ces ſignes flamboyans d'effrais comme de feu
De leur horrible aſpect ne t'eſmeuront pas peu,
Et meſme les Cheuaux, que ſi la reſne forte
Ne contrainct leur fureur d'vne plus viue ſorte,
Ils ont acouſtumé de trembler, de fremir,
Et par la froide peur hideuſement gemir,
Tant les affreux regards de ces monſtres celeſte
A leurs ſens delicats ſont facheux & moleſtes,
Moy-meſme en ce chemin qu'ils ſont tant irritez

B 5

I'ay grand' peine, & trauail d'apaiser leurs fiertez,
Tât s'en-faut qu'vne audace & qu'vne main mortelle
Peuſt conduire à l'honneur ceſte charge ſi belle!
     Mais lors le fils hautain ſe releuant le cœur
Par le plus chaud deſir d'orgueilleuſe vigueur,
Luy dit. Seroit il vray qu'entrepriſe ſi belle
Peuſt-eſtre à mon deſtin ſi faſcheuſe & cruelle?
Et que ie n'aye pas vne agreable ſin
En deſſein attenté d'vn oſer ſi diuin!
Et puis que d'autre part ie ſuis de l'origine
Des rameaux plus vantez de la race diuine,
Veu que ie ſuis le fils de toy, Pere luiſant,
Qui d'vn heur ſi heureux ce Char vas conduiſant:
,, Car volontiers l'enfant ſuit la trace du pere,
,, Et ſuiuant ſes vertus il eſleue ou tempere
,, Ses pas & ſes deſſeins, au Cirque de l'honneur,
,, Or pouſſé de diſgrace, & tantoſt de bonheur:
Tellement, que mon Pere, en imitant ta trace
Tu me dois fauorir l'entrepriſe & l'audace,
Et me donner bien-toſt ſans plus le refuſer
Ce Char où par grand cœur ie me veux expoſer:
Car ſi le dur haſard y eſt grand & terrible,
Auſſi i'ay le courage en vigueur inuincible,
Mais ſi contre mes vœux ie treuue le malheur,
Ie manqueray de ſort & non pas de valeur,
Et parmy cent honneurs contre ce ſier orage
I'auray moindre la force & non pas le courage,
,, Il n'eſt rien de ſi cher aux cœurs audacieux
,, Que chercher, courageux, les honneurs en tous lieux,
,, Et parmy les haſars porter les pas & l'aile,
,, Où plus la peine eſt fiere & plus la gloire eſt belle.
Mais Phebus luy replique. Ah! Phaëton, ton cœur
Sous l'erreur & l'orgueil ſe pert en ſa vigueur!
Ton audace t'aueugle, & l'honneur de ta race

Ne

Ne te peut pas sauuer de l'amere disgrace!
Si mal entreprenant d'vn oser perilleux
Tu veux au rang des Dieux te monstrer sourcilleux
,, *Il faut selon sa main donner & entreprendre,*
,, *A fin que le bon-heur au dessein s'aille rendre,*
,, *Bien que les cœurs hardis à l'honneur aspirans*
,, *A trauers des perils leurs iours vont souspirans:*
,, *Mais pour esperer trop on pert par trop de peine*
,, *Les honneurs asseurez pour la gloire incertaine.*
,, *L'ardante ambition est de si grand pouuoir,*
,, *Qu'elle fait mieux aimer & poursuiure d'auoir*
,, *Les richesses d'autruy auec mille destresses,*
,, *Que de iouïr du sien en repos & liesses.*
,, *Iamais l'ambition ne partit de bon lieu*
,, *Si elle n'eust sa flame au seruice d'vn Dieu,*
,, *Au bien de sa patrie à l'honneur de ses freres,*
,, *Et pour, vaillant, domter les vices aduersaires,*
Mais icy, mon enfant, ce dessein entrepris
Sans fruict, & sans suiect t'esperonne & tient pris,
Car tes mains à ton cœur sont par trop diferentes
Pour conduire mon Char en ses courses errantes.
   Helas! si tu sçauois de quelle aspre roideur
Ces Cheuaux vont fondans deuers la profondeur
Du braueur Ocean alors que par la pante
Du Ciel des Rochellois l'Hemisphere t'arpante,
Tu changerois bien tost d'auis & de conseil:
Car ton volant dessein ainsi que sans pareil,
N'est pas moins hasardeux en pertes asseurées:
Car en postans au bord des vagues azurées
Ces Cheuaux vont si viste, & de pieds flamboyans
Ils fendent d'vn tel choc les cristals ondoyans,
Qu'il semble que Thetis s'en reflotte & renflame,
Et que l'air rougissant vueille esblouyr ma flame.
   Si lors ie ne tenois les resnes bien en main;

Ces flameux roulemens qui tombent ſi ſoudain
Apres le cours ardant de mes courſiers farouches,
Qui tendent heriſſez aux Nereïdes couches,
Me fairoient aquerir eſteignans mon flambeau
Au lieu d'vn lit d'hōneur vn malheureux tombeau.
Et ces Cheuaux außi dilatans leur carriere,
Ont bien plus de beſoing pour vne gloire entiere
Non d'vn homme ſans art: mais d'vn Dieu ſouuerain,
Et plus que d'eſperon, de reſnes & de frein.

  Or ſi tu vas montant en céſte ſphere blonde,
Pour redonner le iour aux Dieux & puis au Monde,
Le cirque radieux que tu auras paßé
Te rendra peſamment d'eſtonnement preßé,
Et par vn nouueau mal l'autre chemin à faire
De mortelle frayeur tes ſens viendra deffaire,
Alors que tu verras d'vn œil foible & peureux
Le reſte d'vn chemin ſi grand & dangereux,
Et meſmes que du Ciel les campaignes pendantes,
S'heriſſent de brandons dont les troupes ardantes
Sont la plus grand' partie vn ſuperbe eſcadron
D'Animaux monſtrueux dont l'œil, le port, le front,
Affreux, hideux, rogant, & cruel redoubtable
Aux cœurs plus indomtez ſe rend eſpouuantable.
Si bien que pour celà, mon fils, auiſe toy,
De ce faix que le Ciel rend ſeulement à moy,
Soy piteux à toy-meſme & non pas aduerſaire,
Puis que tu tiens encor' le loiſir de le faire,
Et le chois de fuïr les aſſeurez malheurs,
Et d'eſloigner de moy les regrets & les pleurs.
Ie ſçay bien que tu portes vne fort grande enuie
Pour ſçauoir de certain à contenter ta vie
Si tu es mon vray fils: mais ne le voy tu pas,
Puis que ie te conſeille à fuïr le treſpas,
En te deſconſeillant de la haute entrepriſe

Où ton ame volage est trop prise & esprise!
Et que si constamment ton ame te requier
De se des enflammer de ce dessein trop fier,
Comme si le malheur qui menace ta vie
Eslisoit d'vn mesme traict le bien que plus t'enuie.

Mais si vers toy si fier tu n'as mercy de toy,
Aye aumoins par deuoir quelque pitié de moy!
Mais non pas de moy seul : mais aussi de ta mere,
Et de tes cheres sœurs & de ton aimé frere!
Helas! pense à part toy, quel torrent de douleur
Nous viendra rauager par ton cruel malheur!
Las! ta mere, & tes sœurs & ton frere, ô disgrace!
Apres le dueil en l'ame, & les pleurs à la face,
Et les cris à la bouche en treuueront la mort!
Et moy, vers qui l'ennuy se roidira plus fort,
Possible, ô grief malheur! ma destresse cruelle
Se rendra comme moy de nature immortelle!
Et lors d'vn tel effort mon tourment sera tel
Que ie voudroy mourir pour le rendre mortel!
Mais outre ces malheurs pense vn peu quel rauage
Gastera l'Vniuers par ton mauuais mesnage,
Dont aussi tost les Dieux en me donnant le tort
Me viendront reprocher ce desastre & ta mort,
Dont alors opressé de nouuelle infortune
Ils rendront ma douleur plus aspre & importune,
Et pour plus voir d'ennuis en mon ame transmis
Possible ils se rendront mes mortels ennemis,
Et voudroient s'ils pouuoient par leur haine intestine
Descendre au bas neant ma nature diuine!

Mais n'as-tu pas connu presque tout ce destin,
A clair sur les tapis de ce Palais diuin!
Aussi n'as tu pas veu les plainctes, & les larmes,
Les ennuis sus la face, & le dueil sus les armes,
Au chasteau d'Ilion sur ce mesme pourtraict,

Pour la fin du Guerrier du sang Troyen extraict?
Qui paroist blesme, & mort estendu sus la lame,
Sous le fer Pelien ayant versé son ame,
Pour n'auoir creu la voix, & l'vtile conseil,
Dont les souspirs au sein, & les larmes en l'œil,
Andromache sa femme, & le Prince son Pere,
Craignant pour le bonheur qui trop tost se tempere,
Le prieront vn iour d'amoindrir son grand cœur,
Et de ceder le champ à l'Argien vaincueur:
Or de ces durs ennuis, de ces peines seueres,
De ces pleurs, & souspirs, & complainctes ameres,
Que tes yeux ont apris que l'afligé Troyen
Souffrira pour l'Heros qui viuant fut son bien,
Ta mere, auec tes sœurs en gemiront de meme,
Auec ton frere aussi tourmentez à l'extreme:
Et sur tout moy plus fort qui voyant leur tourment
Formeray de mes yeux mes douleurs doublement.
Changes donc ces desirs à meilleure iournée,
Et ne m'allegues pas que c'est ta destinée
De conduire mon Char, & sa belle clairté:
,, Car rien ne peut forcer la sage volonté.
Ensuis donc mon auis, mon doux fils, ie te prie,
Aimes mieux tes parens, & prises mieux ta vie:
Mais si tu t'est cruel, & ne crois point en moy,
Qui me voudra blasmer, qui sera doux à toy?
*   Ainsi d'affection, d'exemple & de prudence,*
Phebus persuadoit à son fils l'attrempance,
Mais tousiours Phaëton plus ferme en son desir
Le conseil de son Pere il tient à desplaisir,
Et tousiours esuenté d'vne enflammée audace
Ce qu'il a demandé plus ardant il pourchasse,
Et si bien que Phebus le voyant si constant
A poursuiure le vœu qui deuoit nuire tant,
Luy dit, puis que ton cœur ferme si fort l'oreille
*   A l'honneur*

A l'honneur dont ma vnix instamment te conseille,
Quoy qu'il t'en puisse prendre, ou me puisse couster,
Tu l'auras pour certain à fin de contenter
Ta ieune ambition, & rendre ma promesse
Autant pleine de foy que toy de hardiesse.

Lors Phebus descendit sans plus le langager,
Et l'emmena soudain vers vn riche verger,
Pour luy monstrer le Char dont sa dextre diuine
Le guidant par le Ciel l'vniuers illumine.
Pres du bord de la Mer ce beau Carrosse estoit,
Et dans vne grand' Tour qui ses creneaux plantoit
Vne autresfois plus haut que cest air où la place
Du grisonnant Hyuer incessamment se glace.
Elle est faicte carrée où de chasque costé
Vn bel arc triomphant d'orgueilleuse beauté
Tresgrand & sumptueux d'albastre s'enuironne,
Portant de mesme au front vne ferme couronne
A Rameaux de laurier, & de myrthe gaillard,
De rosier, & de fleurs du pauot sommeillard.
En bas dans vne sale où quatre portes luisent
Estoit le puissant Char dont les iours se conduisent,
Auec les fiers cheuaux aux pieds d'or rayonnans,
Qui d'vn aller si beau vont le Ciel couronnans.
Phebus en luy monstrant luy disoit la richesse
De tous ses attirails, à fin que sa ieunesse
Oublia le desir de le vouloir guider,
Et tant de beaux thresors au peril hazarder.

Or de ce char sans pair en richesse & en grace,
De Cedre estoient les ais qui mantelloient leur face
Sous des platines d'or: mais le ferme Brancard
Sur qui se reposoit ce char si piafard,
Brilloit diuersement des honneurs que la Terre
Par la force du fer de ses veines desserre:
L'Argent, le plomb, le marbre & l'estain resonnant,

Le

Le Cuiure marieur, & l'acier rayonnant
Et l'or imperieux y bluetoient à veines,
Comme vn Iaspe rayé de formes incertaines.
Le Four estoit tout d'or de beaux lis esmaillé,
Et de perles au long grauement en fueillé,
Le Timon d'or aussi:mais sans ordre,& sans nombre
Couuert de clairs rubis qui disparoient toute ombre.
Le bras & les Talars de ce mesme metail
Rayonnoient,& tintoient en leur hautain trauail,
Estofez hautement d'esmeraudes verdantes,
A façon de fleurette & de roses ardantes,
Qui portans les fers d'or que grimpoient les Cheuaux
Charmoient par leurs beautez leurs penibles trauaux.
Les Rouës d'or aussi, & les bandes courbées,
De leur or couurant l'or estoient fermes clouées
De clous d'or qui portoient a beaux enchassemens
Maints rubis,& saphirs,& maints clair diamans,
Auec le doux esclat des opales plus belles.
Les Rais se parangoient aux images isnelles
Dont se monstre le feu quand il flotte a long plis,
Ils estoien d'or tres-pur esmaillé de beaux lis.
De cristal tressaillant les Rouëlles germaines
Presentoient leur rondeur,que les beautez seraines
De leurs Cheuilles d'or bordoient dedans l'essieu,
Formé d'or & de cedre,où brillant comme feu
Des saphirs entaillez par Estoilles gentilles,
Chargoient superbement le doux bord des Cheuilles.
   Or les faces du Char qui beau de toutes pars
Auec tant de grandeur captiuoit les regars,
En Ouale,en quadrangle,en rondeur en losange,
Se paroient d'vn chef d'œuure autãt riche qu'estrãge,
D'Histoires à relief,où le Prince des iours
Lisoit des ans futurs les plus royaux discours,
Et de ceux du passé les actes plus notoires,

                                        Et

Et de ceux du present les fuyantes memoires.
De Palme, & de laurier ensemble entrelassez,
Les quadres couronnans autour estoyent pressez,
Ayant pour entredeux les images bruslantes
De l'Oyseau renommé Roy des bandes volantes.
La corniche, & la frise, & la bande d'em-bas,
Se bordoient pleinement du fleuronnant amas,
Et sur le haut des bords entourez de balustre
D'or, rampez d'Aigles d'or le Char doubloit son lustre.
  Les beaux Harnachemens qui paroient les Coursiers
Suiuant ces raretez ne luisoient pas moins fiers,
Tout souspiroit sous l'or esmaillé des images
Des plus doux animaux par excellents ouurages,
Les ornemens gemeux du thresor le plus beau,
Que l'Orient estale en son riche berceau
L'enrichissoient par tout, les sangles & les houpes
D'honneurs & de beautez portoient les douces troupes.
Tout marchoit embasmé de musc, & d'ambre gris,
Qui d'immortelle odeur rendoient les airs espris.
Et piafant en gloire aux vertus de la veuë
Rendoit de ses thresors l'ame esprise, & esmeuë.
  Quatre escarboucles grands flamboient sur les frêteaux,
Et autant de rubis sur les croisans poictraux,
Que mainte belle geme en façon d'vne rose
Encernoit la beauté par ses fueilles enclose.
Les resnes d'anneaux d'ambre & d'argent engemmé
Dardoient à tous momens maint esclat allumé,
La partie où Phebus sa main tenoit chargée,
S'estoit par rare vsage en tres-bel or changée.
  Les cheuaux se paissans d'herbage sans-pareil,
Par les Heures cueillis aux vergers du Soleil,
Haussoient ja leur courage, & leur iambe asseurée
A courir le pourprix de la plaine Etherée,
Et cognoissans leur maistre hautains ils henissoient,

Et

Et d'escumeux ronflans leur bouche ils blanchiſſoiēt,
Batans du pied la terre, & d'vne queuë eſpaiſſe
Eſuantilans leurs flancs, & ombrageans leur feſſe,
Et d'vn train penadeux, leurs crins desbagoulans
Alloient leurs longs cheueux hauſſans, & deualans.

Phaëton regardoit d'vne ferme penſée
Ce Char & ces Cheuaux, dont d'audace preſſée
D'inuitemens nouueaux lors il ſouhaita mieux
D'auoir en ſon pouuoir vn bien ſi glorieux,
Et de ſe faire voir à toute œillade humaine,
Errant, & triomphant en grandeur ſi hautaine,
En ſe faiſant paroir l'vnique de beauté,
Meſme iuſques aux Dieux le donneur de clairté,
Et meſurer par gloire en ſa carriere blonde
Les beaux murs flāboyans qui cernent ce grād Mōde.

Tandis labelle Aurore auec ſes doigts perlez,
De fleurons colombins à blancheurs riolez,
Peignoit l'air Indien, & d'vne accorte gracé
Aux regimens du Ciel faiſoit quiſter la place,
Et fermant la derniere au celeſte pourpris
Le bel Aſtre ſi doux de la belle Cypris,
Quand le doré Phebus voyant l'Aube ſi claire
Annoncer du beau iour la pourſuite ordinaire,
Il commanda ſoudain aux Heures d'atteller
Les Cheuaux à ſon Char à fin de s'en-aller:
Les Heures à ſon dire heureuſement ployables
Attellent auſſi-toſt les Dextriers admirables.
Ces Heures ont le tēinct comme de diamans,
De perles, de ſaphirs, de rubis allumans,
D'Opale, d'eſmeraude & de topaſſe encore,
Tant leur rare beauté de raretez ſe dore:
Ces Nymphes du Soleil ſont trois, dont les trauaux
S'emploient au traictement de ces blōdans Cheuaux,
Et d'ouurir, & fermer les portes aymantines

Aux Chars encarquellez des armes cielines:
L'accordante Eunomie, & la pure Dicé,
Et l'amoureuse Irene au beau front d'or preßé,
Sont ces claires beautez dont les dextres pucelles
Seruent dedans les Cieux ce Prince des Estoilles:
De leurs habits de pourpre à fond d'or & d'argent,
Où maint present Indois va ses beautez rangeant,
La rosée deuale en la plaine flairante,
Ainsi que de leurs mains la rose & l'amaranthe.
  Phebus oignit tandis d'vn exquis oignement
Le hardy Phaëton haut, & bas largement,
A fin que la chaleur de sa flame diuine
Ne luy brusla le front, les mains ny la poictrine,
Puis à l'entour du chef il luy mit les rayons
Qui dorent l'Vniuers de leurs diuins crayons:
Beaux rayons immortels que la dextre eternelle
Gardoit en l'Arsenal de sa gloire immortelle.
Comme l'heureux tableau tout luisant, pur & fin,
Du parfaict infiny de son beau front diuin.
L'ayant ainsi paré de si belle couronne
Qui de si beaux esclats l'vniuers enuironne,
Il luy vint dire ainsi parmy des bas souspirs,
Mon fils, pour t'en-richir d'honneurs & de plaisirs
Aux hazars que tu vas, tiens les resnes bien roides,
A fin que librement sans errer tu possedes
Ces Coursiers si fougoux, ains que ton mouuement
S'accorde au triple cours de l'Argus firmament.
Ne les incites-point d'aller plus fort, mais ferme,
D'vn train doux & cõstãt fay que leur cours se ferme:
Car d'vn trauail trop grand tes bras seroient preßez,
Si selon leur ardeur leurs pieds estoient dreßez:
Car ils te traineroient par cruelle inconstance
A trauers du malheur, & de la discordance,
Ne va point au chemin que les celestes dois

Dits

Diuiſerent eſgal en forme d'vne croix
Vers trois ceintures d'or, & ne prens point de meme
Le Chemin qui conduiĉt vers la froideur extreme,
Ny deuers Aquilon: mais au chemin royal
Traſſes touſiours l'orniere en ton courant loyal,
Les traces de mon Char y ſont tres-manifeſtes
Toutes riches du teinĉt de ſes rouës celeſtes:
Mais pour ſuiure la reigle, & l'ordre glorieux
Ordonné du grand Ciel à la dance des Cieux,
Fay que vers la main droiĉte vn peu haut tu t'auãces,
Plus que ie ne fis hier en mes iuſtes cadances.

   Ny trop bas, ny trop haut n'atteus point le meilleur,
Pour rendre heureuſement au Monde la chaleur:
Car ſi ton Char couroit trop aupres de la terre
Tu bruſlerois par tout ce fleuronnant parterre,
Et s'il alloit au Ciel eſleuer trop ſon cours
Tu bruſlerois auſſi les celeſtes ſeiours,
Et les bas Elemens lors trop loing de ta flame
Se glaceroient ſoudain ſous la mortelle lame,
,, Marche donc au milieu pour aller touſiours bien:
,, Car les heureux Eſprits ont tenu le moyen.

   Ne guide point le front de ma belle Planette
Vers le dextre cartier où le Serpent bluette,
Ny deuers l'Antartic: car en trop de grandeur
Tu luy redoublerois les traiĉts de mon ardeur:
Mais au conſtant milieu de ſes luiſantes bornes
File touſiours le train de tes Solaires cornes.
Va donc, que la vertu faſſe auiourd'huy pour toy,
Nous n'auons plus de temps, le temps nous fait la loy
De parler plus enſemble, icy l'ordre ſupreme
Fait ceder au beau iour la nuiĉt obſcure, & bleſme,
Monte au Char & bien toſt, tiens les reſnes en main:
Mais bien meindre de cœur ſois d'eſprit plus humain,
Change ce vain courage, & mon auis honore,

                                    Tan

Tandis que le loifir te le prefente encore,
Laiſſe-moy ce beau Char fous moy ſi triomphant,
Dieu le fit pour vn Dieu non pas pour vn enfant.
    Mais le Clymenien fans muer le courage
Parmy ce doux confeil s'orgueillit d'auantage,
Et vint monter au Char, & s'aſſit, glorieux,
Dans le ſiege honoré du Monarque des yeux.
Il tient la reſne en main, & content il s'eſgaye
D'vn bien dont le malheur luy preſpare vne playe,
Apres il rendit grace à ſon pere Apollon:
Mais les ennuis poignans d'vn glaceant acquillon,
Que du malheur prochain enialouſoient ſon ame
Deſdaignoient ſon langage, & d'vne ardante flame
D'amour & de pitié, dolent il fouſpiroit
De voir qu'ainſi ſon fils à ſes maux aſpiroit.
    Les Cheuaux lumineux attellez à la bande
Faiſoient voir leur poſture autant belle que grande,
Auec mille façons de longs henniſſemens,
Battans du pied la terre à diuers preſſemens:
Pyrous eſtoit du teinct de la roſe vermeille,
Eous de l'alme fleur en blancheur nompareille,
Ethon comme vn foucy drilloit reſplendiſſant,
Et Phlemon comme œillets de corail bruniſſant.
Ces Cheuaux mis au champ, de geſtes, & d'audace,
Vont foudain menaçans la celeſte furface,
Et promts à leur labeur de leurs blonds paturons
Ils battent le cledis des aſtrez Lamperons,
Faiſans tinter le Char comme petites cloches
Au branlement premier de ces douces approches.
L'Amoureuſe Thetis ſes portes leur ouurit,
Et le cirque du iour à plein leur defcouurit:
Mais Phebus cognoiſſant la fortune cruelle,
Qui fuiuoit ſon enfant en ſa charge trop belle,
Voulut tenter encor' par vn moyen nouueau

                                        De

De retirer son fils du desastré tombeau:
Car il fit que Pyrous en la bande premiere
Passant les riches fers de la claire barriere,
Du pied gauche deuant s'aheurta rudement
Vers vn fer, dont si tost vn noir traict de tourment,
Luy donna dans l'esprit si bien que par contrainĉte
Il fit vn cry tremblant comme vne triste plainĉte.
Cest augure estonnant attrempa Phaëton,
De passer plus auant, & d'estre le Charton
D'vn Char si digne & beau, sur vn chemin si rare:
Mais le ieune desir qui le geine & l'esgare
Le fit aller plus fort à son cours attenté,
Si bien que le Carosse estant soudain porté,
Luy contenta l'audace, & soula son courage
Des honneurs attendus d'vn si rare auantage.
　Quand les ardans Cheuaux furĕt au grãd chemin,
Ils cogneurent bien tost que leur maistre diuin
N'estoit pas dans le Char, à cause que les resnes
Leur estoient sans propos ore roides & vaines,
Ils vont donc s'esmeuuans d'vn diuers galoper,
Et hors du beau chemin le clair azur frapper,
Et en se des-uoyant de l'equitable Orniere
Ils bannissent le soing de leur droiĉte carriere.
Alors le Char tremblant, vint sauter à grands bons,
Et trouble, chanceller sous les reins vagabonds
Des Cheuaux desuoyez, qui d'ardeur trop hautaine
Le trainoient çà & là d'vne course incertaine,
En luy donnant le tremble à branlemens diuers
Comme vn foible nauire au front des sillons pers,
Sans patron asseuré durant vne tourmente
D'vn aller sans mesure en cents parts se tourmente.
Phaëton lors atteinĉt d'vne pressante peur
Se sentit defaillir de puissance & de cœur,
Quand il cogneut sa main si peu forte & bastante

A se

A tenir ſes cheuaux en la courſe conſtante:
Car ils alloient ſi fort d'vn pas diuers & promt
Qu'à luy meſme l'aller luy baignoit tout le front,
Et le ſein, & les bras d'vne ſueur fumeuſe,
Tant ils luy tourmentoient la chaire lumineuſe,
Où ſans ceſſe tremblant, rudement agité,
Il eſtoit à trauers inconſtamment porté,
Sans que pour toute force, & toute ame bandée
Il leur peuſt moderer la fureur desbandée:
Car en prenans aux dents les freins d'or enflammez,
Ils rendoient ſes trauaux vainement conſommez.

      Le glaçeant repentir luy greſlant dedans l'ame
Luy des-roboit du tout la courageuſe flame
Et luy blaſmant le cœur, & le vol trop ardant
Luy alloit la raiſon mais trop tard reſpandant.
Quand il ſe vit ſi haut ſur la celeſte voute
Tenir ſi loing d'icy ſi perilleuſe route,
Il en eut telle peur, & tant il s'eſtonna
Qu'à peu pres le diſcours du tout l'abandonna:
Il eſtoit esblouy de ſa propre lumiere,
Sans ſe pouuoir cognoiſtre en ſi viſte carriere:
Car les heureux rayons dignes des yeux diuins
L'eſclairans de ſi pres couuroient ſes rais plus ſins,
De ſorte qu'à grand' peine auec tant de martyre
A voir le beau chemin ſes yeux pouuoient ſuffire.
Lors Phaëton penſoit qu'il luy fuſt eſté mieux
De n'auoir iamais veu ce pere radieux,
Ou du moins qu'il euſt creu ſon conſeil ſalutaire,
Et non ſuiure ſon cœur trop vain & temeraire.

      L'effray couurant ſes yeux, ſon cœur l'eſtõnement,
Priuoit d'ardeur ſon ſein, ſon front de iugement:
Car il voyoit aux Cieux à longues oppoſites
Les flames que nos yeux eſtiment ſi petites,
Eſtre d'vn corps ſi grand, & de ſein eſpany

                                        ſembler

Sembler coüurir l'Azur par vn voile infiny,
Et briller ta tant de feux & des clairtez diuerses
Roulans si violans en ces campaignes perses:
Mais lors que du haut Ciel il s'escartoit les yeux,
Et qu'il les renforçoit au vert de ces bas lieux,
Las! il voyoit la Terre & l'onde qui l'arrose
N'auoir pas plus de front qu'vne fueille de rose!
Tant l'espace est horrible, & comme immensuré
De la Terre au beau ciel de cest Astre doré.
En ce lieu redouté non moins que haut & rare,
Phaeton de soy-mesme estant flot, rame & phare,
Imaginoit douteux, & repensoit peureux,
S'il tresbuchoit en bas d'vn lieu si dangereux,
La Terre pourroit estre assez large & de butte,
Pour mesurer son saut, & supporter sa cheute:
Ou bien s'il tomberoit à trauers par les Cieux,
Bien loing hors de la terre, & des flots furieux.
Puis d'vn autre penser il repensoit en presse,
Voyant si peu ce Monde & la mer qui le presse
Si d'vn lieu si petit son corps estoit venu,
Et s'il auoit iadis fermement soustenu
Luy, qui se voit si grand au respect de ce globe,
Qu'il en cuideroit mettre à milliers sous sa robe,
Tant il iugeoit petit ce Palais des humains,
Tandis que chancellant d'asseurance & de mains,
Ses enfumez cheuaux à variante course
Faschoient tantost la cheure, & or la petite Ourse.

   Il regardoit parfois le trafiqueux Leuant,
Puis tantost le beau ciel où Zephir va leuant
Ses doux souspirs d'amours, & tenant là sa veuë
Vne espaisse frayeur le print à l'impourueuë,
Par l'horrible regard d'vn grand Dragon bruslant,
Qui rougissoit les airs hideusement volant,
Cest obiect si farouche auec telle tempeste

Luy vint troubler les mains, & le cœur & la teste,
Qu'il oublia, chetif, sa charge & son grand cœur,
Et souffrit que l'effray en demeura vainqueur,
Donc demy-mort de peur sans ardeur & sans force,
N'ayant plus pour oser ny vigueur, ny amorce,
Les resnes il lascha lors que mieux son deuoir
A les tenir plus fort le deuoit faire voir,
Lors les Cheuaux postans sans arrest, ny maistrise,
Se connoissans laschez en la targe franchise,
Coururent plus hautains, & plus loing du chemin
Ils marquerent le Ciel d'vn galop plus mutin,
Et sans tenir sentier, ny reigle moderée
Ils posterent, errans, par la lice Etherée.
Le Ciel tremble & fremit soüs le cours inconstant
Dont le Char esgaré va son dos tourmentant,
Et d'vn bruict secondant le brauadeux tonnere
Il canonne grondant, l'air, la mer & la terre,
Et mesme les grands Dieux qui s'estonnent d'ouyr
Ce bruict qui l'vniuers semble faire enfuir,
Ou bien d'Ate in-nouuer l'enuie criminelle,
Ou bien des fiers Geans refraischir la querelle.
Et d'ailleurs par ce train si fier & discordant
Le iour ne se va plus à l'esgal respandant,
Ains ore gris, or rouge, or bleme & tantost sombre,
Il peinct confus au monde or la lumiere, or l'ombre.
   Or durant ce destin si cruel & diuers,
Les Cheuaux trainans trop vers ce bas vniuers,
Par la guerriere ardeur de leurs charges luisantes
Embraserent ces lieux de flames tres-nuisantes,
Mainte ville, & forest alors s'en consomma,
Et grand part de la mer mesme s'en enflamma:
Alors se vint brusler des flancs iusque à la teste,
Comme vn mont de Sicile à si chaude tempeste,
En perdant les honneurs de son front sourcilleux,

                                        C

L'audacieux Athos, que le Perse orgueilleux
Voulut trencher au pied par trop haute entreprise.
Thaure se voit aussi par ses longs flancs esprise
De ces feux desbordez, qui iusques vers la mer
De l'indique Orient vont son sein allumer.
Et Cyllene où Iupin aima Maye la belle,
Et Tmolle l'ombrageux , graue iuge fidelle.
Oete qui veit mourir sur son dos le Guerrier,
Qui des plus forts Tyrans honora son laurier.
Le fameux Helicon honneur de la Phocide.
Heme terme de Thrace, & du fort Thessalide,
Et le sacré Parnasse, & ses pucelles eaux
Pâlirent sous ces feux auec leurs verts rameaux,
Mesmes le mont Etna qui sans fin se renflame,
Eut à ce iour sa croupe, & sa soulphreuse flame
Pleine de feux nouueaux de plus fieres grandeurs,
Et le bruslant Vesuue auec mesmes ardeurs
Veit ses feux rehaussez, & l'autre Mont encore,
Qui du nom de Vulcan vers Sicille s'honore.
    Le cyprien Erice aussi sentit ces feux
Courir parmy ses bois & par ses pres herbeux.
Le Delien si haut Cynthe aux croupes si belles,
Le fatal Cytheron, & les cornes immelles
De Caucase, & Othris, & Pinde le doré,
Et les fronts esleuez d'Olympe l'etheré,
Honneur de Macedoine, & de la Thessallie.
Osse, & la rare croupe heureuse & ennoblie
D'vne part des presens de Flore, & de Palas,
Et de l'autre si aspre, & infertille, & las
A donner rien de bon, la Thracienne Ismare,
En bontez, & deffaut sur toutes belle, & rare.
    Les madrez Leucathois, & le Geant pressé
Si souuent des flambeaux de Iupin courroucé
Le superbe Rhodope, & Mimas, & Dindyme,

                                        Pelian

Pelion, & le mont de si flottante cime
Imaus, qui donne source au Ganges planturreux,
Et les monts escarpez de ce païs heureux
Sept fois ceincts de la mer les Isles fortunées,
Connurent par ce feu leurs roches basanées,
Si bien la visue ardeur de cest embrasement
Pressa leurs beaux coutaux d'vn ferme pressement.

    L'Astronomique Atlas que la Mauritanie
Voit cacher dans le Ciel l'eschine si garnie
D'herbages, & de bois, & l'autre son germain
La Carenne au grand front espreuuerent la main
De ce pesant Soleil, qui voisinant la terre
Ataqua la verdeur d'vne si chaude guerre.

    Les sourcils verdoyans de tant de puissants Monts,
Qui separent, remparts, de leurs fronts rodomonts
La France de l'Espaigne, eurent les branches vertes
Par leurs aspres coutaux de mille fleurs couuertes,
Et par vn feu si chaud leurs rocs s'amolissans
Comme fondus metaux s'en alloient iallissans.

    L'Apenin frondoyant, & les Acrocenaures,
Et les diuers Coutaux qui different les Mores,
Brusloient fumeusement sous l'effort obstiné
De ces Solaires feux, & mesme en Dauphiné,
Les Aspes sublimez d'vne neige immortelle
Treuuerent de ces feux l'aproche trop cruelle,

    Leurs neiges se fondans par ces feux animeux
Enfantoient des Torrens bruyamment escumeux,
Mais aussi tost seichez sous l'ardeur si durable
Ressentoient vn Esté de force insupertable,
Leurs hauts sapins venteux laschans plustost la poix
Estoient sans deualer enflammez à la fois,
Et aussi tost en cendre, ainsi que le bocage
De toy, sainct Mont-ventous, qui paroy d'vn visage
Si superbe, & si haut iusques au Ciel planté,

A tant de beaux ſeiours du plus heureux Comté,
Tont front ſi eſleué ſur toutes les Montaignes,
Qui ſemblent pres de toy de tres baſſes campaignes
Fut alors tout bruſlant de la celeſte ardeur,
Et d'vn luſtre nouueau rechauſſant ſa grandeur
Vint ſeruir aux Nochers des rais d'vn nouueau phare,
Tant ces feux te pouuoient rendre admirable, & rare,
Puis qu'encor maintenant & ſi loing de Neptun
Tu luis aux mariniers ſi grand, & oportun.

     Alors de toutes parts on entendit les plainctes,
Des Nymphes des rochers, & des forets plus ſainctes,
Et de toutes les eaux contre ces feux cruels,
Qui ſi ſiers ataquoient leurs ſeiours paternels,
Lors le vaſte terroir de la longue Libie
Son antique fraiſcheur veit blaſarde, & roſtie,
Et au lieu de ſes pres, & de ſes beaux ſillons,
Elle eſt maintenant ſeiche, & pleine de ſablons.
Et ceux de Prete-jan par ardeur ſi notoire
Prindrent alors l'obſcur de leur couleur ſi noire,
Pluſieurs ſources & Lacs auſsi virent leurs eaux
Tarir ſous la rigueur de ces ardans flambeaux:
Thebes perdit ſon Dirce, & Argos Amimone,
Et le vieux Tholoſain ſa meuniere Garone,
En Ephyre manqua Pirene aux flots ſi doux,
En Sicille Arethuſe, & ſon amant ialoux.
Alpliée dans Eſdoe en Meſopotamie
Le Tigre ſuporta ceſte route ennemie,
En Lacenie Eurote, & les fertilles flos
Qui de ſix en ſix mois ſont reiglement deſclos
Sur l'Egipte alterée eurent leur longue treſſe
Eſteincte ſous l'effort de la chaleur maiſtreſſe,
Dans leur moite reſſource ils calmoient leurs reflus,
Et comme par auant ils n'en reſſortoient plus.
Et le Niger auſſi ſon doux honneur du Libique

Demeu

Demeuroit alteré sous cest effort Delphique,
Et celuy qui separe auec ses courbes eaux
L'Europe de l'Asie, & les plaisans ruisseaux
D'Ismene, & le beau cours de l'indique Erimanthe,
Et les guerrieres eaux du priamide Xanthe.

Le Meandre cornu roy des oiseaux plus blancs,
Sous ces feux rigoureux veit consommer ses flancs,
Et les diuers Melois par ardeurs si profondes
Furent espouuantez iusque au fond de leurs ondes,
Le Phase espacieux grand lustre de Colchos
Veit ces hautes ardeurs couurir son large dos,
Et le plaisant Caystre, & son frere qui pousse
Tant de riches grains d'or sur son arene douce,
Tarirent leur azur sous ces bruslans combas,
Mesme à l'endroict fatal où se baigna Midas,
Et Oeagre le pere à l'admirable Orphée,
Veit par mesme destin sa carriere estoufée,
Et l'Arne l'amoureux honneur des Florentins
En vint gemir aussi pour ses cristals diuins.

L'Euphrate en Armenie, & aux Indes le Gages,
Et l'Inde matinier & les fleuues estranges
En mille rares biens de la Chine au grand front,
Sentirent de ces feux le trop ardant affront:
En la riche Sirie Oronte, & en Espaigne
Le Tage precieux, le Rhin en Alemaigne,
Et le hautain Danube, & le Pau glorieux
En la belle Italie, & aux flancs radieux
De toy Rome admirable, vnique honneur des armes,
Ton Tybre ressentit ces celestes allarmes,
La Seine au grand Paris, & l'illustre Auignon,
Au Rhosne, en la Durance, au cristal si mignon,
Et ensemble si grand de Vaucluse la blonde
Veit seicher le courant sous l'ardeur vagabonde.
Ceste nymphe Vaucluse au beau poil de saphirs,

Sortant de son rocher laschoit mille souspirs
Contre les cruautez de ce Charton volaire,
Et de ses yeux d'azur larmant son beau visage,
Et son doux sein de lis, dressoit au Ciel maint vœu
Pour garentir ses eaux des fureurs de ce feu,
Et ne laisser du tout à flame si cruelle
Les thresors si feconds de fontaine si belle.

    Neptune d'autre part tremblant en son giron
Se pense voir enclos aux termes d'Acheron,
Tant la peur le trauaille aperceuant la Terre
Brusler en tant de parts sous la flambante guerre,
Dont ce Soleil trop pres parmy son moite dos
Fait mesme braisiller ses flambeaux sans repos,
Or en se lamentant d'vne ataque si forte,
Au Monarque des Dieux il prioit de la sorte.

    O Pere Iupiter, Empereur souuerain,
Qui tiens ton heureux throsne au Ciel le plus serain,
Puis que ton grand pouuoir, & ta saincte prudence
Composa ce grand Monde en si iuste cadance,
Ne soy point inclinant à ce traistre malheur,
Dont vn cruel garçon traine tout en douleur,
Ne permets que ce Tout que Beau le Grec apelle.
Par vne erreur si laide, & faute si cruelle,
Perisse par les feux, & contre le destin
Que ta dextre à couché dans son decret diuin.
Mais si tant de fureur t'irrite la poictrine,
De changer ce grand Tout au poinct de la ruïne?
Hé! darde ie te prie au cours de ces horreurs,
Sus moy tant seulement les traicts de tes fureurs!
Brusle moy de ta flame, & tous mes flots brandonne,
Mais au reste du Monde au moins pour moy pardône:
Car ne sçay tu pas bien que ie suis ordonné,
De la mere Nature, & par toy destiné
A porter tout le fais de ceste Masse ronde?

Et

Et que ſi i'y manquois on verroit que le Monde
Periroit auſſi toſt : Car ſans moy ceſt Atlas,
Pour le pouuoir ſouffrir ſeroit trop foible & las.
Aide donc à ce Tout, ô Pere debonnaire,
On te dit Iupiter tout ainſi qu'aidant pere:
Car tu donnes touſiours comme vn pere fort doux
Par la douce priere, aide, & confort à tous,
Ie ſuplie de meſme à m'oſter de la peine
Ton eſpouſe Iunon, noſtre chere germaine,
Elle aide à tout le Monde, ainſi que ſon beau nom
Le dit, & ſes effaicts qui forment ſon renom.
   Ainſi ſe lamentoit Neptune auec la Terre,
Qui de maints long ſouſpirs exhalez à grand erre
Enuoyoit auec luy iuſque au rond eſtoilé
Les plainctes de ſon ſein preſque par tout bruſlé.
Iupiter le tonnant eſcoutant ceſte plaincte,
Soudain d'ire, & d'amour en la penſée atteincte.
Dire à punir la main qui tramoit ces malheurs,
Et d'amour à finir tant de griefues douleurs,
Dont Neptune & Crez teſmoignoient leur diſgrace,
Lors il darda ſes yeux vers ceſte humaine trace,
Et il veit qu'vn grand mal la venoit eſtriuer,
Et qu'encore vn plus grand luy pourroit arriuer,
Si par vn promt ſecours, & par ſa force meſme
Il ne chaſſoit bien toſt vn malheur ſi extreme
Il voit maincte foreſt craquer en ſcintillant,
Sous le feu deuoreur qui la va braiſillant,
Et puis maints grãds poiſſons trainãs dehors des ondes
Languir, demy-bruſlez, ſur les arenes blondes,
Et anguilles, brochets, carpes, cabots, barbeaux,
Bruſler ſanglantement dans leurs natales eaux,
Et les villes fumer ſous les flames cruelles,
Qui ſe font aux-humains de parques trop nouuelles,
Et par les champs poudreux, & par l'obſcur d'vn bois,

Cent diuers animaux braisillez a la fois,
Tant cest embrasement rare autant que terrible
S'espardoit en tous lieux horriblement nuisible:
Mesmes tant d'astres beaux qui sus le Firmament
Acomplissent le Monde en leur bel ornement,
Pastirent de la peur quand cest ardant Carrosse
Les chaufoit de trop pres courant en haut en brosse.

  Lors le Pere des Dieux à part soy repensoit
Vn moyen, pour finir le feu qui menaçoit
De brusler tout le Monde, au vol de sa furie,
Qui portoit iusque au Ciel sa chaude baterie,
En son chef azuré tout fiat auoit faillit:
Car le feu qui le haut auoit ja assaillit
L'Auoit seiché du tout, mesme la vague bande,
Où l'Hyuer en tout temps tient sa froideur plus grãde,
Demeuroit sans moiteur, tant ce feu deuorant
S'Estoit rampé par tout superbement courant:
Mais le Pere puissant lors vsant de sa force
De courage & de main diuinement s'efforce,
Et prenant courroucé des pieds de son oiseau
Les traicts pirouëtans d'vn foudroyant flambeau,
Il feit bruire le Ciel d'vn esclatant tonnerre,
Et d'esclairs renaissans vint resclairer la terre.
Phaëton à ce bruict, à ces esclairs, brillans,
Eut le cœur, & les yeux des nouueaux tressaillans
Sous le choc de la peur, tandis qu'à vine peine
Pour ne tomber du Char sans relasche il se peine,
A se tenir des pieds, & des mains s'agraffer
Ore contre la chaire & tantost sur le fer,
Qui crenelloit le Char de sa bande emperiée,
Tandis que de sa course autant desbagoulée
A fuir le chemin que promié à s'aprocher
Du pas où par le foudre il deuoit tresbucher,
Le Ciel bruyoit confus sous ses rouës bruyantes,

qui

Qui se precipitoient çà & là rodoyantes.
	L'Ardant foudre dardé du canonier dés Dieux
De son effort ronflant fit esbranler les Cieux:
Car hauffant haut le bras,& se ployant l'eschine,
Et le chef de trauers en baiffant la poictrine
Il branla son Egide, & de sa roide main
Defferrant contre bas son traict plus inhumain,
Il attint Phaëton sus la teste honorée
Des crefpillons ondans d'vne toifon dorée,
Dont à ce coup si grand faifant vn nouueau faut,
Sanglant,bruflant,rodant il deuala d'enhaut:
Et fus le riche Pau tombant à l'auanture
Treuua mort & noircy sa moite fepulture,
Par l'onde,& le fablon que les flots confommez
Auoient laiffé griflant fus les bords enflammez.
	Apres ce traict grondant de l'Archer du tonnerre
Qui roula Phaëton foudroyé fus la terre.
Le Pere amaffe-nue exerçeant tout foudain
Ses vertus à l'honneur de ce globe Mondain,
Vint careffer Iunon sa germaine & sa femme
Auec dix mille efclairs de sa tonnante flamme,
Et conceuant en l'air d'vn baifer de rumeur
Cent nuages enflez de pluuiale humeur,
Il rendit d'abondance auffi toft deualée
La pluye à cent torrens fus la terre bruflée,
Qui finiffans ses feux en tant de parts si fiers
La mit par ses humeurs en ses honneurs premiers.
	Le foudre puniffant lancé de tant de force,
Parmy le feu,le fouphre,& le bruit & l'amorce,
Apres auoir frapé le charton malheureux
S'eflança tout d'vn vol grondant & flammereux,
Sur le Char glorieux qui belle œuure diuine
Se gauchit inuaincu de la blefme ruïne,
Bien que le traict flambant d'vn incroyable effort
				A	5

Au milieu de son sein le canonna si fort:
Mais toutesfois le feu des fleches foudroyantes
Qui l'embrassoit par tout à flames ondoyantes,
En bruslant mit en deux les cuirs riches brochez,
Qui tenoient les cheuaux au Carrosse atachez,
Combien que ce grand coup, ce nompareil orage,
A ces heureux Coursiers ne fit point de domage:
Mais par l'effray glaçeant qui les saisit au corps
Tirans diuersement sous les troublans discords,
Ils rompirent, puissans, leurs esgales attaches,
Courans libres ça bas en leurs craintifs relaches:
Et le char plus soudain faisant vn saut plus promt
Des campaignes du Ciel vint deualer en rond,
Et cheut en l'Eridan dans vn goulphre superbe,
Abordé, surgeonneux, de iong, de saule & d'herbe,
Où dans les flots profonds il cacha ses beautez,
Iusque à ce que Palas pour l'honneur des clairtez
L'alla prendre, & courtoise à sa richesse blonde
Le remit à Phebus pour resclairer le Monde.

    Ainsi fut Phaëton foudroyé par les Cieux,
Et punit, & bannit d'vn lieu si glorieux,
Par son desuoyement, & par son arrogance
Autant pleine d'ardeur que vuide d'asseurance.
Pres du flot Piedmontois son tombeau fut dreßé,
Et sur le clair sablon des ondes repoußé,
Où lon graua ces vers pour monstrer son naufrage,
Et ensemble le vol de son hautain courage.
    ICI GIST PHAETON, qui d'orgueil nom-pareil
Voulu conduire au ciel le beau Char du Soleil:
Car ainsi que le fils du grand Astre du monde
Il osa d'vne audace en grandeur sans seconde:
Mais si le le fier destin surmonta sa valeur
Le Ciel son beau suiect honore son malheur.
    Clymene ayant apris ceste fiere auanture,

sentit

Sentit tout auſſi toſt l'impiteuſe pointure
Des dueils, & des regrets, & de telles douleurs
Qu'à peu pres le tourment la noya de ſes pleurs,
Et de cris, eſclatant vne immortelle plainčte
Elle rendoit de dueil toute penſée atteinčte,
Et courant le païs pour treuuer le tombeau
Où ſon fils giſoit mort pour le tonnant flambeau,
A ceux qu'elle treuuoit en ſa route eſplorée
D'vne autant foible voix que dolente eſgarée,
Elle alloit demandant de ſon fils Phaëton
L'hiſtoire du malheur dont l'auoit pris Pluton.
En fin de tant de pas elle preſſa la terre,
Qu'elle treuua l'endroičt où le cruel Tonnerre
Auoit renuerſé mort d'vn long traičt enſoulphré
Le deſplorable corps de ſon fils deſaſtré,
Elle y leut les eſcrits qui ſus la ſepulture
Teſmoignoient ſon audace & ſa perte ſi dure,
Dont elle en ranima d'vn eſprit douloureux
Ses Douleurs, & ſes pleurs & ſes cris langoureux.
Les Heliades, ſœurs du Charton miſerable
Alors arriuant là de maint pleur lamentable
Rehauſſerent le dueil qui leur mere oppreſſoit,
Et qui touſiours plus grand à la mort l'auançoit.
Phaëtuſe, & Phœbé tout ioignant Lampetie,
L'vne à regret de l'autre afligée & tranſie,
Se plaignoient ſans repos: mais la fureur du dueil
Les rebleſſa ſi fort pres du triſte cercueil,
Que d'ennuis rigoureux trop peſamment chargées
En Peupliers pres du fleuue elles furent changées.
Lors la mere ayant veu ce piteux chargement
Soudain de ſes ennuis doubla le chargement,
Et par le dur ſouci qui ſans mercy l'entame
Elle anima plus fort les douleurs de ſon ame,
Et les ennuis peſans & les triſtes regres,

Comme le frais herbage en Auril dans les pres.
Elle les embraſſoit d'vne ardeur maternelle,
Comme pour les forcer à retourner vers elle:
Mais en les embraſſant, & rompant des rameaux,
Elle voyoit que l'arbre à pleurs coulans iumeaux
Diſtiloit vn criſtal de façon larmoyante,
Et les rameaux froiſſez vne humeur rouſſoyante,
Qui reſſembloit du ſang, ſi bien qu'en ce tourment
Que leur donnoit la mere en ſon embraſſement
Les arbres affligez crioient de grande angoiſſe,
Et paliſſoient le vert de leur rameuſe treſſe.

   Ainſi vers l'Eridan les pitoyables ſœurs
Sucumbans ſous le faix des ennuis meurtriſſeurs,
Se changerent en arbre, où maintes claires larmes
Ont encore leur ſource en ſigne des allarmes,
Dont le ſort fraternel les affligea ſi fort
Qu'en arbre il les changea par trop cruel effort.
Ces larmes diſtilans ſus le vagabond cambre
De ce fleuue de ciel ſe transforment en ambre,
Dont les ieunes beautez du puïs des Latins
En ornent puis apres leurs viſages diuins,
Comme pour diſcourir que l'amour de leurs flammes
Contraire à Phaëton bruſle & nourrit les ames.

   La mere cependant renouuellant ſon dueil
Autour des arbres frais & du triſte cercueil,
Se donna toute aux pleurs les plaignans violente,
Mais le reſte futur de ſa vie dolente
Elle employa ſans trefue à les plaindre touſiours,
Paſſant en ces ennuis ſon deſtin & ſes iours.

   Mais Cygne d'autre part Roy de Lombardie,
Du radieux Phebus ayant l'eſtre & la vie,
Et de la belle Nymphe Stelene eut le cœur
Pour la mort de ſon frere ateinct d'aſpre langueur.
Quand il veit Phaëton ſon doux bien-aimé frere,

eſtendu

Estendu roide mort par vn fort si contraire,
Et que le foudre aigu du plus puissant des Dieux
L'auoit si sierement precipité des cieux,
Il en eut si grand dueil, & d'anguisse profonde
Il larmoya des pleurs à si large feconde,
Qu'il sembloit composer de ces dolentes eaux
Deux fleuues orgueilleux de deux tristes ruisseaux,
Et de souspirs profonds & de plaincte immortelle
Il faisoit voir sa peine incessamment cruelle,
Mais venant admirer les arbres transformez
Du beau corps de ses sœurs d'esprit des-animez,
Il en eut tant de peur, & de frayeur si fiere
Son cœur fut assaillit par la craincte meurtriere,
Qu'il en fut eschange sur le champ en oyseau,
Qui s'aime de nature au doux coulant d'vne eau:
Son premier nom de Cygne il se retint encore,
Et tousiours de ce nom en tous lieux il s'honore.
Et pource que son frere eut le cœur trop hautain
De vouloir aller haut & qu'il cheut si soudain,
Il se tient tousiours bas comme froid & timide,
Et tousiours pres des eaux il va cherchant l'humide:
A son mol changement son long col s'estendit,
Et le plan de ses pieds en rond se respandit,
Et ferma ses arteils, & la main de Nature
Luy vint teindre les pieds d'vne noire teincture,
Son corps se piola d'vn plumage si blanc,
Qu'il s'esgale à la perle & au lis le plus franc,
Et tousiours clair, & net d'vne peine tresblanche
Il recherche l'azur de l'onde la plus franche.
Et d'autant que son frere eut le coup de la mort
Pour aimer trop le feu, luy le fuit tousiours fort,
Et se tient pour cela pres des eaux en partie
D'autant qu'enuers le feu l'eau porte antipathie.
Mais lors que le trespas luy semond le destin

Ainſi que bien content d'aprocher de ſa fin,
Il chante aupres d'vn fleuue ayant contente l'ame
De mourir pres des eaux & bien loing de la flame,
Dont il blaſme en ſon chant l'effort trop inhumain
En regrettant encor' Phaëton ſon germain.

   Mais Phebus tout en dueil & en courroux enſẽble,
Mille ennuyeux deſpicts en ſes ennuis aſſemble,
Pour la mort de ſon fils le hardy deſ-voyé,
Que le Pere tonnant luy auoit foudroyé,
Et lors d'vn tel deſdain le vint poindre la rage
Qu'il ſouhaite le Monde en eternel ombrage,
Dont lors il ſe couurit d'vn long voile ennuyeux,
Et d'oſcurciſſement il troubla ſes beaux yeux,
Dont ce bel Vniuers lors entrant en tenebres,
Demeuroit languiſſant ſous les horreurs funebres
Des palpables noirceurs, & de l'ennuy ſi fort,
Qui ſembloient au Soleil donner la dure mort.
Or en ſe lamentant de ſi rude diſgrace,
Il diſoit meſlangeant les pleurs auec l'audace.
Ie vis touſiours en peine, & iamais aucun iour
Ie n'ay pour mon repos vn aſſeuré ſeiour,
Ains il faut que touſiours ſans voir la recompence
De mon trauail fini vne autre ie commence,
Pour redorer du iour par eternel ſoucy
Ore ceſt Hemiſphere, & tantoſt ceſtuy-cy:
Si bien que deſ-ormais haineux de telle peine,
Ie ne veux plus auoir vne charge ſi vaine.
Ie ne veux plus ſeruir le Monde, ny les Dieux,
,, Tout trauail ſans profict eſt par trop odieux:
,, Mais quand on reconnoiſt par merite vn ſeruice
,, Le guerdon eſt receu comme vn doux ſacrifice,
Or qui voudra meiner le char au iour trainant,
Qu'il le meſme à ſon gré du Leuant au Ponant,
Et du Ponant ſerain aux claires portes cloſes,

Que

Que l'Aurore defcouure auec fes doigts de rofes.
Et qu'il porte le iour fans fe manquer d'vn pas,
Quand à moy ces honneurs ie n'ennieray pas!
Mais quoy! fçay-ie pas bien que nul ne fçauroit faire
Six pas bien à propos pour vn fi grand affaire!
Que ce Dieu qui m'a mis en ce cruel efmoy,
Vienne tout maintenant efpreuuer contre moy
Sa fcience & fon cœur, en faifant vne ronde
A conduire mon char fus l'vn & l'autre Monde!
Ie fçay que tout fon art & fon plus grand pouuoir,
Plus d'honneur qu'à mon fils ne fairoient pas auoir
En trauail fi hautain, fi haute eft cefte charge,
Qui dignement pour moy à moy feul fe defcharge!
Ah! fi ce Dieu fi braue en la terre & aux cieux,
Eftoit tant iufques la fuperbe & glorieux
De prendre le labeur qui porte la iournée!
Il aprendroit bien toft fa force terminée,
Et fon diuin ofer fous vn fais fi pefant,
Et lors de fes rigueurs il feroit auifant,
Prenant pitié de moy, d'auoir en fa furie
Meurtrit mon cher enfant, le feul bien de ma vie!
　　Mais autour de Phebus tandis de tous coftez
Arriuoient à l'enui les grandes Deitez,
Qui d'vne douce chere & d'vn humble vifage
Le prioient d'apaifer fes ennuis & fa rage,
Et d'ardante requefte imploroient fon amour
De n'aueugler ainfi ce beau total feiour.
Et Iupiter luy mefme auec mainctes prieres
L'incitoit à quicter ces bouillantes coleres,
Et en le fupliant il excufoit fa main
De tout acte cruel, iniufte & inhumain,
En la mort de fon fils, qui de fa propre audace
Auoit feul inuenté fa peine & fa difgrace,
En luy difant encor' que le fort eft plus doux.

De

De perdre vn homme seul que de perdre tous.
Mais vsant puis apres de sa saincte puissance,
Et de sa Maiesté rehaussant la presence,
Il luy vint dire encor'. Phebus, cesse ton dueil,
Et pour aimer vn corps qui gist dans le cercueil,
Ne soy point ennemy de la vie des hommes,
Et du vouloir de nous qui comme toy Dieux sommes:
Mais moy plus que tout autre, & terrible & puissant,
Et qui va ce grand Tout sous mes loix regissant,
Ie t'en suplie encore, or si plus tu t'arreste,
A desdaigner l'honneur de ma iuste requeste,
Tu sentiras combien d'offencer son seigneur
Vn seruiteur rebelle a de pertes d'honneur:
Car ne sçay tu pas bien que ie suis le grand Maistre
Des hommes & les Dieux? & qui tousiours vien estre
Si redoubtable & fort aux rebelles espris,
Et si doux à tous ceux qui n'ont point à mespris
Ma gloire, & mes arrests? & que ma main diuine
Donne l'honneur aux bons & les mauuais ruine!
Et bien qu'aux yeux de tous ainsi que sans-pareil,
Tu parois tout de gloire estant le beau Soleil,
Neantmoins ton pouuoir au mien de beaucoup cede:
Car comme sauuerain tous les Dieux ie precede,
Et suis si bien puissant que ie ne pourroy point
Amoindrir mon pouuoir, ny l'enfler d'vn seul poinct!
Et si par nouueaux faicts posez en euidence
Ie vouloy faire voir combien peut ma puissance,
Ie prendroy sus ma main la terre & son tenant,
Et ainsi qu'vne paume en l'air les demenant,
Ie les fairoy rouler à passades isnelles
Sur le brillant paué des celestes chandelles.
Phebus, retourne donc ainsi qu'auparauant
Honorer de tes feux le soir & le Leuant,
Et le Nort & le Sud, refaisant les iournées

Comme

Comme ton œil les li au front des destinées.
   A ce commandement Apollon obeït,
Et d'vn nouueau printemps son teinct s'espanouït,
Et hastif, rassembla en diligence grande
Ses cheuaux esgarez, qui faisoient vne bande
Chacun deçà delà de la peur escartez,
Et de craincte nouuelle aussi tost agitez,
Voyant venir leur maistre a qui leur rude course
Auoit de tant de pleurs ouuers l'amere source.
Ils demeuroient tremblans de flancs & de genoux,
L'apperceuant encore agité de courroux.
Lequel en les tançant de coups & de menace,
Blasmoit leur fiere route, & leur trop fole audace,
Leur reprochant aussi le trespas de son fils,
Dont ses plaisirs plus doux se veirent desconfis.
   Minerue cependant deualant du haut throsne,
Où la perfection se ceinct de son beau Zone,
Luy apporta son char, qui tousiours riche & beau
Esclatoit de thresors, & d'etheré flambeau,
Et luy donna de mesme vne ampoule garnie
D'vne liqueur flambante en vertus infinie,
Pour se lauer la face & s'arroser les yeux,
Et pour chasser bien loing tous pensers ennuyeux,
Et luy rendre à iamais l'ame forte & constante,
Contre le souuenir de sa perte sanglante.
Il luy mit puis aprés les beaux rayons diuins,
Tout à l'entour du chef aux beaux cheueux dorins,
Beaux rayons qui diuins de force & de lumiere,
Au poinct que Phaëton veit son heure derniere
Par les traicts foudroyans qui deualoient d'en-haut,
Ne le voulant pas suiure en ce mortel deffaut.
S'en volerent legers vers le Ciel en reserue
Assistex de la main de la belle Minerue.

A V A N

AVANTVRE
D'ECHO ET DE
NARCISSE.

ARGVMENT.

Echo la Nymphe des Forests est amoureuse de Narcisse le beau Chasseur, lequel la refuse
tousiours, & cruel ne daigne mesme d'escouter
ses plaintes, dont l'amante en fin tourmentée à
l'extreme par ses refus est transformée en rocher, apres luy auoir discouru son amitié par
moyen d'Amour. Quelques iours apres Narcisse en chassant arriue aupres d'vne fontaine, où
alteré y veut boire : mais s'estant rendu attentif
à s'admirer plus qu'autresfois, il vient amoureux de soy mesme en son image. Et apres plusieurs discours adressez au suiect qu'il pense aymer, il cognoist son erreur, mais estant si bien
pressé de son amour qu'en cognoissant le mal,
& ayant en main le remede son desir ne luy concede point la guerison : si bien qu'affligé de la
mort autant que de l'amour, il meurt d'ennuis
& d'amour ensemble sus le bord de la fontaine,
où son corps est changé en vne fleur qui porte
encore le nom de Narcisse.

N v u

YMPHES qui bien-heurez ces monts,
  & ces bocages,
  Et ces sombres valons, & ces doux pa-
  sturages,
Et ces eaux de Vaucluse où Venus, & l'Amour
Elisent si souuent leur plus aymé seiour:
Prestez moy vos faueurs: & vos Muses gentilles,
Pour chanter à ces fleurs les amours infertilles
De l'amoureuse Echo, & de l'enfant si beau,
Qui puny de l'Amour par le miroir d'vne eau
Vint aueugle en soy-mesme amoureux de soy-mesme,
D'vne amour en rigueur autant rare, qu'extreme,
Dont il fut transformé se fondant tout en pleur
Au bord d'vne fontaine en vne belle fleur.

  Que la Nymphe d'amour dont l'heureuse victoire
Par mes feux, & mes vers éternise sa gloire,
Remire en ces escrits que rien tant que l'Amour
Ne transporte les cœurs, & ne guide leur iour,
Et que l'ingratitude, & l'humeur trop cruelle,
Porte le plus grand mal à la beauté plus belle:
Mais que par son amour, comme par sa beauté,
I'asseure mon triomphe, & ma fidelité.

  Amour auoit graué de sa flesche plus dure,
Dans le beau sein d'Echo la viue portraicture
Des beautez de Narcisse, en qui les Cieux amis
Mille fleurs de beauté liberaux auoient mis.
Sa perruque estoit d'or qui par flots annellée
Estoit esparsement par ondes deualée,
Sur l'espaule iumelle, & tout au long du col,
En douceur, & blancheur vn beau lis doux & mol,
Sa face estoit de lis & de roses vermeilles,
Où luisoient par amour deux parfaictes merueilles,
Ou bien deux beaux Soleils, si ce n'estoient des yeux,
Ses yeux qui de beauté brauoiĕt les plus beaux Cieux,
          Son

Son corps estoit formé de taille droicte & belle,
Bref c'estoit des beautez vne image nouuelle.
Aussi ces dons des Cieux le rendoient si hautain,
Que s'esleuant d'vn cœur trop orgueilleux & vain,
Il mesprisoit cruel, iusques aux plus belles Dames,
Qui brusloient pour ses yeux des amoureuses flammes.
    Echo la reparlante estoit de ce destin,
Qui mouroit pour aimer ce mignon adonin,
Et le suiuoit tousiours soit que la belle Aurore
Ouurit la porte au Dieu qui le Monde redore,
Ou soit quand ce bel œil brille au milieu du cours,
Qui diuise a l'esgal l'estendue des iours,
Soit que ce clair flambeau poursuiuant sa carriere
Mouilla ses beaux cheueux en l'onde mariniere
Tousiours l'ardant amour qui luy presse le cœur
Luy fait suiure les pas de son amant vaincueur,
Comme on voit que les fleurs à Phebus consacrées
Suiuent d'vn front ouuert ses lumieres dorées,
Ou plustost comme au Ciel le doux Astre d'amour
Marche tousiours aupres du grand flambeau iour,
Et n'a point autre vœu que de chercher Narcisse,
Et luy donner son cœur en piteux sacrifice,
En admirant ses yeux & son teinct si douillet,
Esgal aux belles fleurs d'vn rosier vermeillet.
Mais la froide rigueur, & la cruelle audace,
Dont le cœur de Narcisse estoit couuert de glace:
Luy fait tousiours suir les souspirs langoureux
Dont Echo tesmoignoit ses tourmens amoureux.
Et pour plus de malheur l'amante infortunée
Ne pouuoit plus parler, par l'ire destinée
De la mere Iunon, qui luy osta la voix,
Pour estre trop langarde à l'amuser aux bois.
Or seulement le mot quand le parler se bouche,
Peut encore sortir à plein son de sa bouche.

Quand

Quand on luy va parlant: car sa voix autrement
Demeure sans esprit, foible & sans mouuement:
Car tout ce qu'elle dit n'est rien qu'vne redicte
De la fin de la voix en son ame conduicte.
Ainsi la belle Echo, si mal propre en amours,
Pour n'auoir le pouuoir des propices discours,
Suiuoit tousiours Narcisse, & de mainte caresse
Elle alloit baisotant l'or ondant de sa tresse,
Et ses rosines mains & or' le doux des bords
Du printanier habit qui paroit son beau corps:
Mais luy la reiectant comme son ennemie,
D'vne humeur de desdains & de haine affermie
La fuyoit rigoureux, mesprisant ses beautez,
Et de tous ses desirs les flambeaux indomtez,
Et luy vint dire ainsi ce froidissant langage,
Quand elle le suiuoit au long d'vn verd riuage.

 Tu t'abuses Echo, de me poursuiure tant,
En vain pour me cherir tu te vas tourmentant,
Car le vaincueur Amour si redoutable & braue
Ne me verra iamais tant soit peu son esclaue,
I'en deffie ses traicts & ses plus vifs flambeaux.
Pour me rauir le cœur ses yeux qu'on dit si beaux,
Ne sont pas assez pleins de gloire & d'estintelle,
Quand il les va monstrant à la troupe immortelle
Sãs voile, & que les Dieux admirãs leurs beaux iours
Demeurent enchantez de merueille & d'amours,
Pource oste de ton cœur ceste erreur trop extreme
Par ta constante amour d'esperer que ie t'aime.
Que ie t'aime, respond l'amante à ce discours
De son aimé cruel trop ennemy d'amours.
Lequel luy dit encore, En vain tousiours ta peine
Plus elle durera plus elle sera vaine,
Et pour voir à tes pleurs esteincts les chauds ressus,
                              Resous

Resouls toy desormais de ne me chercher plus,
Au lieu de m'esiouyr ton desir me deuore,
Mon cœur parlant à moy dit tousiours ie t'adore.
Ie t'adore, respond la Nymphe a ce discours,
De l'aymé trop superbe & ingrat en amours.
Qui reparla ainsi, Hé pourquoy tes paroles
S'en vont en l'air si vaines & friuoles!
Plus tu me prieras plus tu m'endurciras,
Et plus tu m'aymeras moins tu m'adouciras,
En l'amour de moy-mesme est tout mon exercice.
Narcisse au grand iamais n'aymera que Narcisse.
Narcisse, alors respond Echo bruslant d'amours
A son aymé tyran au bout de son discours.
Qui repartit encore, ô Beauté trop aymante,
Que ie me plains d'Amour qui si fort te tourmente,
Et qui te rend si ferme à suiure & requerir
Vn cœur qui ne sçauroit t'aymer, ny secourir,
Pourquoy dy-tu le nom d'vn cœur plus dur que roche
A reboucher tes traicts & glacer ton approche?
Approche, alors respond en souspirant d'amours
L'Amante au fier Narcisse au bout de son discours.
Qui portant des ennuys l'ame asprement despite
De la Nymphe, & des airs de sa longue redite,
Luy dit, Ah! ie voy bien que plus i'entreprendrois
A te vaincre en parlant, que plus ie te rendrois
Bandée à reietter mon conseil secourable,
Et te rendre en amour plus ardante & durable!
Car plus ie te conseille à finir tes amours,
Plus tu vas repliquant que tu m'aymes tousiours.
Ie te veux donc fuyr, & en ma douce fuicte
Vaincre le cours ardant de ta vaine poursuicte,
Et ne te parler plus, ains partant de ce lieu
Pour n'ouyr plus ta voix te dire Echo, Adieu.
   Adieu, respond alors l'amante infortunée,

Qve

Que Narcisse quictant d'vne fuyte empennée,
Par rigoureux defdains, cruel, l'abandonna,
Et à toute rigueur fon courage donna.
La laiffant fans confort, qui trifte & efplorée,
Et du moindre foulas du tout defefperée,
Se laiffa fi bien prendre au mortel defefpoir,
Et aux regrets plus fiers, qu'il fembloit à la voir
Que fes yeux de leurs pleurs enfantoient des fontaines,
Et qu'elle ne viuoit que d'immortelles peines.
Or le dueil rigoureux toucha fi bien fon cœur,
Et d'vn effort fi grand l'oppreffoit de rigueur,
Voyant fans nul efpoir fon amour abufée,
Et fa douce requefte au loing fi mefprifée,
Que froide, & ne pouuant plus mouuoir ny marcher,
Peu à peu fon beau corps fe transforme en rocher,
Ses pieds, fes bras, fes mains, fon fein, fa belle face,
Eftans lors en rochex vindrent froids comme glace,
Et demeurant depuis par les plus fermes rocs
De rien que de la voix qui luy donne les chocs
Elle ne fe repaift, & fa voix ne fe monftre
Qu'en la fin d'vne voix qui fon ame rencontre,
Il eft vray que l'Amour comme l'ame & la fin
De fon dur changement, & de fon fier deftin,
Luy presta la parole au poinct que la Nature
Alloit changeant fon corps en matiere fi dure:
Car elle dit ainfi pour la derniere fois,
Au rigoureux Narcis' qui fuyoit dans le bois.
  O trop cruel enfant, qui d'ame fi cruelle
Vu fous les doux appas d'vne face fi belle,
Pourquoy n'as-tu le cœur autant facile & doux,
Que tes beaux yeux rians font aymables à tous?
Pourquoy m'es-tu fi fier, puis que ton beau vifage
Va fi fort dementant ton inhumain courage?
Ah! rigoureux enfant, les Lyons, & les Ours

On

Ont beaucoup plus que toy de raison, & d'amours,
Car ils ne sont cruels sinon pour se repaistre,
Et deffaisant autruy entretenir leur estre.
Mais toy, plus inhumain & iniuste en rigueur
Sans profit tu te plais de me voir en langueur,
Et consens rigoureux au mal qui me deuore,
Sans espoir que ma fin d'aucun loyer t'honore.
Ah! tres-iniuste cœur, enfant de cruauté,
A chasser par les bois ton cœur est arresté!
Mais pour estre chasseur en plus belle entreprise
Que ne conserues-tu Echo ta chere prise,
Qui prise en tes liens par les feux de Cypris
Te donne en mille honneurs ses fidelles espris!
Voy-tu pas que l'Amour si viuement m'enflamme
Qu'il me sert dans la bouche ainsi q̃ d'vne autre ame?
Pour m'honorer encore en ma premiere voix,
Et parler à mon veu pour la derniere fois,
Pour la dernière fois si ton ame si fiere
Se plaist comme deuant à frauder ma priere!
Mais reuien beau Narcisse, & prens quelque pitié
De ton cœur trop seuere, & de mon amitié!
   Ah! iamais Lyriope en beauté si diuine
Ne t'a nourrit son fils en sa douce poiëtrine,
Ny son mary Cephese aussi ne fut iamais
Ton Pere, ains quelque monstre ennemy de la paix
Te donna l'origine, & la mere Nature
Pour monstrer vn miracle en plus rare auanture
Te fit naistre si beau: mais las! au lieu de cœur
Il t'anima le sein d'vn froid roc de rigueur:
Car si ton cœur estoit de chair comme le nostre
Au son de nos souspirs il seroit ya tout autre,
Et transformant son sang en flambeaux amoureux
Il prendroit à pitié mes ennuis douloureux:
Mais volage Chasseur, ains voleur de ma vie,

Si tu crains en aimant le sort de Thirefie,
Qui d'vn fein efchaufé du predifant fçauoir
Chanta que tu deuois t'engarder de te voir,
Afin que ton deftin fut de plus de durée.
Hé! chaffes ie te pri' beau fils de Cytherée,
Ce doubte de ton cœur, car tu ne pourras pas
Te feruir de miroir en vn fuiect fi bas
Comme font mes beautez, au prix de tant de gloires,
Dont tes perfections vont par tout en victoires!
Non, tu ne fçaurois voir le moins de ton portraict,
En miroirs, ou tableaux fi diuins en beau traict,
Tant tes rares beautez fi diuines & belles
Volent haut loing du rang des autres naturelles!
Si tu eftois au Ciel, à grand peine tant d'eaux
Dont la perfe Thetis pare fes flancs fi beaux
Pourroient vn peu feruir à mirer ton vifage,
Qui de toutes beautez tient l'vnique auantage.
Auffi, ie ne fuis plus en rien capable à voir
En moy ton beau portraict, & ta femblance auoir:
Car mon amour trop ferme, & ta froideur fi grande
Comme vn rocher pefant me froidit & me bande:
Reuien donc, beau Narciffe, & prens quelque pitié
De ton cœur trop feuere, & de mon amitié!

  Ne crains point beau mignõ, de te voir en ma face:
Car ton refus amer fi rudement me glace,
Que ie n'ay plus en moy ny l'humeur, ny le teinct,
Que i'auoy quand l'Archer qui tous penfers atteinct
Me bleffa de ta veuë en mon cœur tant aimée,
Mais en vn froid rocher ie me fens transformée!
Mes beaux cheueux frifez en teinct pareils à l'or
Roidiffent en vn gris leur ondoyant threfor,
Et mon front où le lis printanifoit fans ceffe
Se ternit froidureux fous la mefme rudeffe,
Et mes yeux où l'Amour prenoit tant de beaux feux

D

Eclipſez d'vn rocher ſans luſtre ore ſont veux,
Et mon ſein où les yeux voletoyent comme abeilles
En vn iardin nouueau, tariſſent leurs merueilles,
Et au lieu de douceurs & de beaux teincts de fleurs,
Il a d'vn vieux rocher l'eſſence & les couleurs!
Et bref: ie ne ſuis plus ceſte belle amoureuſe,
Que touſiours ta rigueur à rendu malheureuſe!
Toutesfois ſi tes yeux ſe retournent vers moy,
I'ay mis en leur beauté tant d'amour, & de foy,
Que leur diuin amour & leur douce lumiere
Me pourroit retourner en ma forme premiere!
Reuien donc, beau Narciſſe, & prens quelque pitié
De ton cœur trop ſeuere, & de mon amitié!

   Mais combien que mon cœur porte au naif l'image
De ton maintien ſi doux & de ton beau viſage,
Toutesfois tes Soleils ne t'y pourront pas voir:
Car tant de pleurs ardans mes yeux y font pleuuoir,
Et de tant de flambeaux Amour ſans fin l'opreſſe,
Qu'il demeure caché ſous l'amoureuſe preſſe
De leurs torrens d'amour & de leurs feux ſi beaux,
Comme vn vaiſſeau perdu dans la fureur des eaux:
Ainſi me venant voir, & m'eſtant ſecourable,
Tu ne te pourras pas rendre en rien miſerable,
Reuien donc, beau Narciſſe, & prens quelque pitié
De ton cœur trop ſeuere & de mon amitié!

   Mais pourquoy malheureuſe en mes maux obſtinée,
Suis-ie apres te prier ſi ferme & deſtinée?
Veu que ie connoy bien en mon propre malheur
Que ie n'auray de toy que deſdain & douleur!
Car ne ſçait-on pas bien par longue experience
Que ce vainqueur Amour marche en ceſte ſcience
De bleſſer les eſprits par vn traict mutuel,
Lors qu'il les voit viuans d'vn meſme naturel,
Et de changer l'amant par ſon pouuoir extreme

                                              Au

Au suiect desiré comme vn autre soi-meme!
Tu es tout de rocher le sein, le cœur, le sang,
Et vn esprit de roche aussi te bat le flanc,
C'est pourquoy en t'aimant d'vn amour qui m'efforce,
Et me changeant en toy par l'amoureuse force,
Ie deuien vn rocher de froid vent animé,
Comme toy fier amant vainement trop aimé:
Toutesfois tu me fuis encore à moy contraire,
Tant que peut ton desir mon cruel aduersaire:
Car puis qu'ainsi que toy la Nature m'a faict,
Que ne vas tu prisant mon amour si parfaict?
Et que ne fermes-tu ta presence si belle
Aupres de ton amie où le destin t'apelle
D'vn arrest empierré par sympathique loy,
Qui te doit arrester de mesme arrest que moy?
Si tu n'as dans le sein moins humain que les arbres,
Vn cœur plus aceré que les rocs, ny les marbres!
Reuien donc, beau Narcisse, & prens quelque pitié
De ton cœur trop seuere, & de mon amitié!

    Ah! i'acuse mon cœur, mes yeux & mon langage,
De faire à tes beautez cest inhumain outrage!
De l'estimer de roche, ah! Narcisse mon cœur,
De trop de diuins traicts luist ton bel œil vaincueur,
Au beau portraict d'Amour belle immortelle essence,
Les grãds Dieux t'ont dõné la forme & la naissance,
Ainsi par trop indigne à gaigner ton amour
Le destin me punit dans ce vaste sejour,
Et me va transformant en vne roche dure,
Pour m'estre abandonnée à si haute auanture,
Que d'aimer si bruslante en tant de fermeté
Vn suiect à l'amour des hauts Dieux merité,
Non pas à moy chetiue, infortunéé amante,
Qui me voy mieux fuir plus ie suis poursuiuante!
Que donc ie me lamente à l'Amour & au sort,

De ce ferme desir qui me donne la mort,
Non point à toy, Narcisse,où les Dieux fauorables
Ont versé les douceurs des biens plus admirables,
Mais pour le moins Narcisse,auec tant de thresors
Dont les beautez du Ciel parent si bien ton corps,
Que ne m'honores-tu d'vn regard d'amourettes?
Phebus regarde bien les plus basses fleurettes,
Reuien donc , beau Narcisse,& prens quelque pitié
De ton cœur trop seuere,& de mon amitié!
    Mais q̃ ie pers en vain mes souspirs & mes plainctes!
Elles sont à tes vœux plus feinctes que les feinctes,
Non non,ie croy, Narcisse, ennemy tres-parfaict
Que d'vn rocher plus dur ton cœur doit estre faict!
Non non,tu as sucé d'vn Tigre d'Hircanie
Auec le laict sanglant l'orgueil, la felonnie!
De donner à l'amant non l'amour mais la mort,
C'est bien estre en rigueur autant cruel que fort!
Mais va peruers Chasseur,enfant sans connoissance,
Le Ciel te va punir de ton indigne offence,
Par le mesme instrument dont tu me fay mourir:
Mais d'vn sort plus fascheux il te faira perir,
Ne crain pas qu'aux erreurs ces discours sympathisẽt,
Sçais-tu pas que souuent les mourans prophetisent?
Va donc,cruel Narcisse,où le destin t'attend,
Pour t'aller plus que moy de l'amour tourmentant,
Car par vn nouueau traict tout cruel,& aimable
Tu languiras d'vn coup du tout insecourable,
Et comme ie t'aimois en toute extremité
Ton amour sans proffict suiura sa vanité,
A dieu donc,fier Narcisse,ame rude & sauuage,
A dieu l'iniuste amant,à ce mot le langage
Se retira d'Echo. Amour s'en retirant,
Et laissant froid le corps qui vers la fin tirant
Se changea de tout poinct en roche roidissante,

Et

Et par diuers endroicts rougeastre & blanchissante,
Ainsi finit Echo finissant ses discours,
Au superbe Narcisse haineux des loix d'amours.
   Or en chassant vn iour les forestieres bestes,
Comme l'aise & seul prix de toutes ses conquestes,
Le trauail, & le chaud l'vn sus l'autre amassé.
Le rendit de la soif ardamment opressé,
Et conduict dans vn bois suiuant la destinée,
   Qui l'attendoit soigneuse à si fiere iournée,
Il treuue vne fontaine où l'eau fraische sortant
Du fond de blancs cailloux s'alloit pure argentant,
Et du bord couronné de lis, & d'amaranthe,
Et paré de rosiers à la fleur odorante,
De soucis, & des fleurs les aimées de Mars
Esmailloit son azur par mille amours espars,
L'amour, & la douceur & la grace plus belle,
Sembloient faire en ce lieu leur demeure eternelle,
Maints arbres hauts fueillars la cernant à l'entour,
La deffendoient des rais du bel Astre du iour,
Mesme au poinct que cest œil plus haut en sa carriere
Nous verse comme à plomb ses feux & sa lumiere.
Narcisse tout flotant de chaud, & de sueur,
Et de soif qui le poind d'vne ardante vigueur,
   Aborda chaleureux ceste belle fontaine,
Où pensant y noyer sa soif auec sa peine,
Il se pancha lassé sur le bord azuré
Pour apaiser sa peine & son sein alteré,
En boiuant de l'eau belle, & à si doux ombrage
S'endormir doucement sus le frais du riuage.
   Mais helas ! en tirant à maints traicts redoublez
La cristaline humeur des beaux flots riolez,
Et s'apaisant la soif, vne soif plus estrange
En son cœur par les yeux s'achemine & se range,
Voyant son beau semblant reluire dedans l'eau

D 5

Il fut foudain efpris d'vn vifage fi beau,
Et de trop peu d'efprit ne penfant voir foi-meme,
Penfant aimer autruy rien que foi-mefme il n'aime.
Mais las ! que feroit-il de la forte amoureux
Si le Ciel le veut rendre ainfi fi malheureux?
Et fi mefme l'amour defpité de fon ame
Auec fes propres yeux le punit de fa flame?
Car auant que fe voir en ce tremblant miroir,
Amour qui grand vaincueur en tous lieux veut pa-
Dit ainfi,s'irritant contre le beau Narciffe,   (roir,
C'eft maintenant le iour qu'il faut que ie puniffe
Ce ieune audacieux ceft Adoneau morgant,
Qui fait fi grand eftat de paroiftre arrogant,
Et qui feul des humains & des diuins encore
Veut mefprifer mes loix que tout le monde honore,
Et cruel defdaigneux ennemy des amours
A mon pouuoir fans fin veut limiter le cours!
Qui pour quelques beautez qui luy dorent la face
Prend pour bel ornement le mefprix & l'audace!
Qui amant inutile en n'aimant rien que foy
En mon eftat diuin veut faire vne autre loy,
Et qui fus tout cruel en fe faschant qu'on l'aime
Donne pour recompence vne haine à l'extreme!
Bref: en fin mefprifeur des plus rares beautez,
Qui fentent pour fes yeux mes flambeaux indomtez,
Et trop mefconnoiffant des graces fauorables
Dont les Dieux l'ont fait beau fur les plus admirables!
Or par vn art nouueau tout incroyable & fort,
Ie veux punir ce cœur qui s'orgueillit fi fort,
Car ie veux q̃ mes traicts dardez d'vne onde fraifche
Luy forment dans le fein vne bruflante breche,
Et pour plus l'afliger d'amour de nouueauté
Ie le veux rendre efpris de fa propre beauté,
A fin qu'aimant plus fort hors de toute efperance,

Il

Il eſpreuue en ſa mort plus forte ma puiſſance,
Ainſi diſoit Amour qui pareil aux oiſeaux,
Qui ſe plongent, peſcheurs, dans les fecondes eaux,
S'eſlança d'vn droict vol au fond de la fontaine,
Où Narciſſe admiroit ſa face ſi hautaine,
Et lors qu'il ſe plaiſoit à reuoir ſes beaux yeux,
Qu'il iugeoit plus parfaict que les aſtres des cieux,
Amour luy deſcocha des yeux de ſa ſemblance
Iuſque au profond du cœur cent traicts de violence,
Qui de leur poincte d'or foudroyant ſa rigueur
Le feirent de luy meſme & vaincu, & vaincueur,
Par les propres amours de l'angelique image,
Que portoit dans les eaux, ſon ſein & ſon viſage.
Vn froid eſtonnement alors le vint ſaiſir,
Par la nouuelle ardeur de l'amoureux deſir,
Il contemple dans l'onde vn regard, vne face,
Qui briſe de ſes feux ſa rigueur & ſa glace,
Et qui luy pert auſſi les ſuperbes deſdains,
Qui iadis l'eſgalloient aux cœurs plus inhumains,
Et qui l'embraſe encor' d'vne ſi chaude flame
Qu'il s'en voit conſommer iuſque au plus vif de l'ame.
Il reſue, il imagine en ſoi-meſme eſperdu
De ſe voir à l'amour ſi bien pris & perdu,
Cependant que l'Amour tirant de l'eau ſes ailes
S'enuola radieux aux voutes immoetelles,
En diſant, Le voilà ceſt orgueilleux enfant,
De ſoi-meſme captif, & chetif triomphant,
Il eſt bien amoureux : car rien que ſoy il n'aime:
Mais s'aimant de la ſorte il veut mal à ſoi-meme.
Mais Narciſſe tandis s'allumant plus auant
Apres l'ondant amour du miroir deceuant,
Ne pouuoit retirer ſes yeux ny ſa penſée
De l'image azurée, ains de veuë abaiſſée
Touſiours au fond de l'eau conſtant il s'arreſtoit.

A voir son beau portraict qui si bien l'enchantoit,
Il le croyoit par fois vne beauté diuine,
Qui par ses traicts plus doux luy blessa la poictrine,
Il la iugeoit tantost quelque humaine beauté,
Qui nageante eut dans l'eau ses plaisirs arresté,
Et puis vn iouuenceau dont la verte ieunesse
Porta de la beauté tant de rare richesse,
Il reste ainsi pensif en ce doubteux penser,
Qui fait en cent pensers ses pensers repenser:
Mais plus il le regarde & plus il voit qu'il darde
Des attraicts d'vn mesme œil que son œil le regarde,
Et s'il veut retirer ses yeux de ce portraict
Amour le poind soudain par vn plus ardant traict,
Et plus fort que deuant le presse, & le repousse
D'aller reuoir en l'eau ceste image si douce,
Ainsi la reuoyant il la vient mieux aimer,
Et tousiours de la voir il voit mieux s'affamer,
Tousiours la faim d'amour ses desirs renouuelle
De se paistre les yeux d'vne veuë si belle,
Bref: amant à l'extreme il ne peut destourner
Ses yeux de ce cristal, qui luy fait retourner
Ses traicts contre ses traicts, & par contre-puissance
Se rendre souffreteux en sa propre abondance.

   Il ne sçait plus que faire en vn amour si grand,
Tremblant en mesme instant il calme & entreprend,
Il espere beaucoup sans espoir de rien faire,
Et sans art, ny moyen il brigue à s'en deffaire:
Mais las! alors qu'il pense à s'en distraire vn peu
Il voit plus forts ses fers, & plus ardant son feu,
Bref: il reste mieux pris plus il suit l'entreprinse
De n'estre plus d'amour ny le but, ny la prise.
Allant voir dedans l'eau son amoureux tremblant,
Il voyoit les regards de l'enchanteur senblant
Comme luy l'œillader d'vne grace amoureuse,

Et

Et comme luy d'amour la façon langoureuse
Voulant baiser sa bouche il voyoit l'aprocher,
Et la lice de l'eau tremblottement toucher,
Et le venir baiser d'vne bouche pareille
A la sienne si belle, & si douce & vermeille.
Quand il veut l'embraßer l'image ouure ses bras,
Et semble l'inuiter à semblables esbas,
S'il parle il voit außi la bouche de l'image
Mouuoir, mais sans lascher ny souspir, ny langage,
S'il pleure il voit les pleurs distiller de ses yeux,
Et sembler croistre l'eau de leurs flots ennuyeux,
Et voulant l'embraßer en se fondant en larmes
Il est soudain preßé de trop nouueaux allarmes:
Car en touchant l'azur de la sacrée font
Les yeux du bel aimé promtement se deffont,
Par le rond tremblottant & troublant qui efface
En ses plis encerclez vne si belle face.
En fin les durs efforts de l'amour s'augmentant,
Vont de telle façon Narciße tourmentant
Que vaincu de douleur dont sa flame le tue,
A se plaindre & gemir son cœur il esuertue,
Bien que les feux d'amour si fort, & si bruslant,
Le font gros de regrets & d'ennuis violens,
Et qu'en mille souspirs qu'il lasche à large veine
Il monstre combien grande est sa cruelle peine,
    Ainsi mort à demy & tout vaincu d'amour,
Il vint parler ainsi : O destin! à quel iour,
A quelle heure, & moment as tu conduict ma vie.
Pour, la rendre si fort à l'amour asseruie?
Mais que dis-ie asseruie! ains plustost par malheur
Tyrannisée à plein aux fers de la douleur!
Que m'est il aduenu? grands Dieux quelle fortune,
M'est elle si farouche, & ensemble importune?
Les flames de l'amour m'ocupent tout le soing,

D 5

Et tenant pres l'aimé ie sens qu'il est fort loing!
Car ie voy dans ces flots luire sa belle face:
Mais si pour l'embrasser son beau sein ie pourchasse,
Et que ie mette en l'eau mes bras d'amour espris
Il s'enfuit de mes mains au lieu d'en estre pris.
Combien que si ie veux pour amortir ma braise,
Que sans mouuoir les eaux d'vn baiser ie m'apaise,
Il ne refuse pas de se laisser baiser,
Ains sa bouche à l'ennuy il me vient opposer.
Et d'vn certain baiser froid, humide & en flame,
Il apaise incertain, la douleur qui m'entame.
    Mais quoy? suis ie amoureux! ô destin, qu'est-cecy?
De me voir affiger d'vn si fascheux soucy,
D'vn soucy si cruel où i'ay porté de haine
Tout autant qu'à la mort seuere & inhumaine!
Certes ie suis amant, & de telle façon,
Que ie n'ay plus au cœur ny desdain, ny glaçon,
Amour se courrouçant de mon humeur trop fiere
Au plus beau de mon cours m'a tranché la carriere,
Lors que plus librement errant en liberté
Mes yeux estoyent mon ciel, mon dieu ma volonté,
Et que n'estimant rien que moy-mesme de rare
I'estoy de mes desirs & le port, & le phare,
Le vent, & le vaisseau, l'astre & le marinier,
Et qu'à ceux qui m'aimoient i'estoy si rude & fier.
    Mais quiconques tu soys, qui dans ceste fontaine
F'ay souspirer mon cœur en l'amoureuse peine,
Sors ie te prie, & vien sur ce bord esmaillé
Esteindre la fureur qui me tient trauaillé:
Mais las! non trauaillé, mais tourmenté sans cesse
D'vn martyre inhumain, & de telle destresse,
Qu'estant par tout rempli de regrets, & de dueil
Il me semble à tous coups que ie tombe au cercueil!
Vien donc, douce beauté, vien secourir ma vie,

Le

Le beau threfor de Flore à fortir te conuie,
Voy ce plaifant terroir d'herbes tout verdiffant,
Et des plus belles fleurs gayement fleuriffant,
Le troëfne, & le lambrunche, & le preffant lierre,
Embraffe icy tout arbre, & plein d'amour le ferre,
Iufque à la foible cime auec fes rameaux vers,
Qui de diuers tapis rendent fes flancs couuers.
Mais quoy? ne fors-tu point, q̃ veux-tu faire en l'onde
Icy le doux plaifir plus viuement abonde,
Tant d'arbres, & de fleurs & de diuerfitez,
Rendent mieux que les eaux les defirs contentez:
Car que voy-tu dans l'eau? fi l'onde eft ta demeure,
Qu'vn froidureux grauois, qu'vn aẑur qui s'emmure
Des flancs gris de la terre, ou bien d'vn marbre froid,
Où rien que de froideurs au lieu de fleurs ne croit.
Sors donc de ceft aẑur, & vien deffus la riue
Par tes douces faueurs à ma douleur fi viue
Oppofer la douceur de tes viues amours,
Et du iour de tes yeux donner vie à mes iours:
Mais tu fay la rctiue, ô belle trop cruelle,
Il femble que mon feu ta glace renouuelle!
Tu me fuis, & ne veux pour me donner confort
Me donner tes beaux yeux vn feul point hors du bord,
Mais tu n'as moins de tort que de rigueur plus fiere
De m'efconduire ainfi cefte douce priere;
Car ie fuis ce Narciffe en beautez nompareil,
Où pour le moins en terre vn Phenix, vn Soleil,
Narciffe dont les yeux dardent plus d'amourettes,
Que le mignard printemps ne porte de fleurettes,
Narciffe donc le teinct, les traicts, les raretez,
Ont rangé mille cœurs à feruir fes beautez,
Les Nymphes de ces lieux en fçauroient biẽ que dire,
Car elles on connu par mes feux quel martire,
Quels foings, & quels foucis Amour nous fait fouffrir,

D 6

Quand à ses doux autels nos vœux se vont offrir,
Et que le clair flambeau d'vn amoureux visage
Nous met sans y penser en l'amoureux seruage,
Et que sans redoubter les traicts de ce vaincueur
Plustost qu'on ne les voit ils nous blessent de cœur.

    Puis que tu m'es si belle & que ta douce face
Respire tant d'amours, tant d'attraicts & de grace,
Que ne sors-tu beauté du profond de ceste eau,
Pour baiser ton amant comme toy doux & beau?
Car si par amitié tu me sauues la vie,
Et comme en toy vers moy ton desir aye enuie:
Le beau auec le beau, le doux auec le doux,
Seront en nos amours & l'espouse, & l'espoux.
Si nous nous marions, vn si bel Himenée
Rendra nostre fortune à iamais destinée
De gloires & d'amours, & beaux comme des Dieux
Nous aurons des enfans mignons & glorieux,
Car d'vn couple si beau comme on nous voit paroistre
Riē que d'enfans tresbeaux il n'en pourra pas naistre.
Toutesfois si le Ciel, mon cœur, mon cher amour,
Le fond des belles eaux t'a donné pour seiour,
Ne fuis pas mes plaisirs, alors que plein de flamme
Ie m'auance à plein bras, pour contenter mon ame
De t'embrasser les flancs, & de baiser les fleurs,
De ta bouche merueille en vermeilles couleurs:
Car lors que tout bruslant en l'amour qui me geine
Ie te veux embrasser pour conforter ma peine,
Tu t'enfuis aussi-tost comme au creux d'vn tombeau,
Et au lieu de ton sein ie m'embrasse que l'eau,
Mesmes tu m'es si fier de rigueur qui me tue
Que pour mieux me tuer tu me caches ta veuë,
Et trop loing de mes yeux tu cherches ce profond
Quand i'embrasse ces eaux qui par cercles se font,
Tandis qu'en se plissans à cent passades rondes

                                        Tu

Tu te fay voir tremblant ſous l'eſclair de leurs ondes,
D'vn front qui peu à peu ſe vient monſtrer encor',
Rangeant au flot tremblant ſon ondoyant threſor.
  Mais ſi ton ſeul ſeiour doit-eſtre vne fontaine?
Encor' ie treuueray le repos à ma peine,
Pourueu que ton beau front ainſi qu'auparauant
N'aille en fuyant mes feux de refus deceuant:
Car ie me veux ietter pour n'eſtre plus malade
Du cruel mal d'amour, comme vne autre Nayade,
Dans ceſte belle font, où ie t'embraſſeray
Parmy ſes tiedes eaux, & doux, i'adouciray
Par cent baiſers ſucrez d'vne haleine enflammée
La glace de ton cœur contre moy animée.
Et ſi de viure en l'eau ie manque de pouuoir,
Pour le moins en mourant i'auray ce bien d'auoir
Pour vn temps en mes bras la beauté que i'adore,
Et baiſé ſes beaux yeux dont l'amour me deuore,
Et noyé de la ſorte aumoins i'auray ces heurs
D'auoir vn peu iouy de tes douces faueurs:
Mais pluſtoſt ſi ie baiſe vne bouche ſi belle,
Ie ne viuray pas plus d'vne vie mortelle,
Car ie croy de certain qu'en ces couraux iumeaux,
Si diuins, & ſi doux enchanteuſement beaux,
S'en-ſucre le neſtar, dont la vertu diuine
Peut immortaliſer la vie en la poictrine,
De celuy qui heureux baiſeroy leur beauté,
Où le bien moins exquis eſt la felicité.
  Mais pourquoy ne vien tu, belle cruelle amante,
Hors de l'eau pour chaſſer l'ardeur qui me tourmente?
Et qui d'vn tel effort me deuore le cœur,
Qu'en augmentant de cœur i'admoindris de vigueur,
De m'eſlancer en l'eau pour treuuer le remede
Le plus proprice, & doux au mal qui me poſſede:
  Par l'honneur de tes yeux ſi diuins & ſi beaux,

Ie te prie,beauté, de sortir de ces eaux,
Pourras-tu t'endurcir à la belle priere?
Seras-tu si cruelle à la mettre en arriere?
Puis que le beau Narcisse auec tant de souspirs,
L'adresse à tes beautez les Dieux de ses desirs:
Ne sois donc à mes vœux si ferme en la rudesse,
Si Narcisse prioit la plus belle Deesse,
Il se sie si bien au doux de sa beauté
Qu'il en pourroit sortir assez bien contenté,
Tant ses yeux sont rians & sa grace adonine,
Pour gaigner l'amitié d'vne beauté diuine.

Mais si tu es Cypris, belle image d'amour,
Qui dans ceste fontaine a son plaisant seiour,
Voudras-tu pas m'aimer?car ma beauté si belle,
Requiert bien par amour ton amour immortelle,
Mars ton amy si doux n'a point tant de beautez,
Combien qu'il soit du rang de tes diuinitez,
Ains comme vn fier soldart,poudreux,sombre & fa-
Il ne peut dignement baiser ta belle bouche, (rouche,
Trop douce, & delicate à se laisser baiser
Que d'vn amant tresbeau que seul tu dois priser.
Mais le bel Adonis en beautez tant insigne,
Que ton cœur le iugea de tes amitiez digne,
N'auoit pas plus que moy le poil doux & doré,
Nay l'œil plus amoureux,plus beau,ny asseuré
A iecter dans les cœurs l'estincelle amoureuse,
Ny la bouche aux baisers plus chere & doucereuse,
Ny le teinct plus naïf, plus delicat & fin,
Ny le sein fleuronné d'vn lis plus aurorin,
Ny la main plus mignarde à l'amour,à la chasse,
Ny la taille plus belle en valeur,& en grace,
Bref: d'vn œil plus riant de cœur & d'embon-poinct,
Plus que moy ton Narcisse,Adonis n'estoit point.
Ny l'Anchises aussi,que ton amour nouuelle

En

En Ide l'ombrageuse apres la mort cruelle
D'Adonis ton chasseur tu choisis pour amant,
N'auoit pas de beautez pour gaigner doucement
Auec plus d'amitié tes yeux & ta pensée,
Et te rendre à ses vœux mieux que moy enlassée,
Si tu es donc, Cypris, belle, qui me retiens
Par tant d'attraicts si doux aux amoureux liens?
Sors de l'eau maintenant, & vient aider ma vie,
Qui par les feux d'amour de la mort vient rauie.

Mais, si tu es la belle aux desirables yeux
Qui reluist aux Enfers, aux forests & aux Cieux?
Sors, sors tout maintenant de ceste onde cruelle,
Qui d'vn voile si fort tes faueurs me recelle,
Belle sœur de Phebus, second œil de clairté,
Belle qui porte au front vn croissant argenté,
Ne m'aimeras-tu pas? puis que ie suis Narcisse,
Qui de mille beautez a veu le sacrifice,
Par la main de l'Amour offrir à ses beaux yeux
Auec mille souspirs les desirs & les vœux:
On chante que iadis l'amoureuse pensée
Pour vn Endimion ta poictrine à blessée,
Si ce discours est vray tu me peux bien aimer,
Et de mes feux si beaux tes desirs rallumer,
Ne suis ie pas si beau, ma belle douce amie,
Que ce ieune amoureux, ton berger de Latmie?
Qu'on dit qu'en son sommeil pour ta flame apaiser
Tu le vins sur le Mont secretement baiser,
Sans qu'il en sente rien, à cause que le somme
D'vne amiable mort ses sentimens assomme,
S'il te plaist de m'aimer, & de me secourir
De ses baisers secrets à fin de me guerir,
Ie m'endormiray bien, ou pour le moins la feincte
Semblera m'endormir d'vne verité feincte,
Et te rendant content le desir & l'honneur,

Ie me

Ie me contenteray d'amour & de bonheur:
Car si ie suis veillant quand ta bouche vermeille,
Qui par le seul penser des ennuis me resueille,
Me donra ses baisers si precieux & doux,
I'en viendray de certain de moy-mesme ialoux.
Et seray ennieux des faueurs que ma bouche
Receura par amour de si secrete couche!
Donc, si tu es Diane, ô beauté, mon amour?
Ie te prie sortir de ce profond seiour,
Et de venir au bois auec moy à la chasse,
En chassant la rigueur du feu qui me pourchasse.
Tu ne doy pas fuïr de venir dans les bois:
Car ils sont verdoyans à l'honneur de tes loix,
Et la chasse de mesme est de toy fort requise:
Car à ces seuls esbats ton ame est toute aquise.
... Mais si parauanture, amoureuse beauté,
Qui retiens dedans l'eau mon desir arresté,
Tu es le Dieu d'amour le beau fils de Cyprine?
Qui de tant de brandons m'embrase la poictrine,
Ne doy-tu pas sortir de ce lieu trop constant,
A retenir l'obiect que mon cœur aime tant?
Car si tu es l'Amour, tu dois aimer ma vie,
Non pas la rendre ainsi de langueurs asseruie,
Puis ie suis à tes loix en deux sortes aquis:
Car aimant quel qui soit ta valeur m'a conquis,
Mais aimant tes beautez, & bruslé de ta flame,
Tu gaignes doublement mes desirs & mon ame.
On dit qu'vn iour ton cœur de tes traicts fut piqué,
Par moyen des beautez d'vne belle Psiché,
Et qu'alors tu connus en quelle peine estrange
La rigueur de ton Arc nous trauaille, & nous range,
Donc, si tu as aimé, ne connoi-tu pas bien
De quels ennuis cruels mon ame s'entretien?
Vien donc aimer encore en moy ton doux Narcisse,

Narcisse

Narciſſe dont l'honneur paſſe tout artifice,
Et toutes les beautez, & qui n'ayant au cœur
Que l'amoureux portraict de ton aſtre vaincueur,
Ne peut aymer que toy, comme en toy il eſpere
D'adoucir la rigueur de ſon amour amere.
  Si tu me viens aimer, tu ne manqueras pas
D'acquerir des lauriers, & m'oſter du treſpas,
Car ie meurs pour t'aimer d'vne amitié trop forte,
Si ton ſein deſormais par quelque belle ſorte
Ne me vient ſecourir d'vn baiſer de ſes fleurs,
Et m'animant le cœur amortir mes douleurs.
Tu gaigneras d'honneur en tres-belle largeſſe,
De guerir vn amant dont la gaye ieuneſſe,
Et les douces beautez ſe peuuent faire aimer
Aux monſtres plus affreux d'Affrique & de la mer.
  Ie ne ſuis pas moins beau: mais pluſtoſt dauantage,
I'ay des perfections en l'ame, & au viſage,
Plus que ceſte Pſiché dont la grace & les yeux,
Te rendirent vainçu de grand victorieux.
  Si tu m'aimes, Amour, les ſouſpirs ny les larmes,
Ne ſe meſleront pas aux Myrthes de tes armes:
Car ie ſuis tant à toy que ie ne ſuis pas mien
Que pour eſtre à iamais entierement tout tien.
Et puis ce pauure amant qui reſlote en priere,
Pour auoir de faueurs de ton ame guerriere,
Te ſeruira ſi bien que tu ne plaindras pas
De l'auoir en l'aimant garenty du treſpas.
Ie ne veux pour aider au feu qui me deuore
Qu'vn baiſer de ta bouche où ma gloire i'adore,
Et puis reuoir ſans fin d'vn œil ſans fin heureux,
Ton viſage, & ton ſein ſi beaux, & amoureux:
Car le parfaict amour gaigne ſon bien plus ample
Lors que l'aimé ſuiect il adore, & contemple.
  Reuien donc, bel Amour, ſur ces riuages vers,

Varies

Varier la fureur de mes maux ſi diuers,
Vien ſecourir mon cœur qui ſi fermement t'aime,
Et qui pour t'aimer trop ne s'aime plus ſoy-meme.
    Ainſi diſoit Narciſſe, accompagnant ſa voix
De longs ruiſſeaux de pleurs, & d'vn ſein qui pãthois
Abondoit en ſouſpirs, qui d'eſpaiſſe entreſuite
Preſſoient deſſus la font leur languiſſante ſuite.
Il s'eſcartoit vn peu de l'eau qui le charmoit:
Mais la flame d'amour qui touſiours l'enflammoit
Le faiſoit retourner tout ſoudain vers la face,
Qui le bruſloit ſi fort dans la tremblante glace.
Il ne pouuoit partir d'autour de ceſte font,
Tant amour l'y tenoit par vn penſer profond:
Car cent fois il quicta ceſt enchanteur riuage,
Et cent fois auſſi toſt l'amour de ſon image
Le faiſoit reuenir beaucoup plus promtement
A rechercher en l'eau l'obiect de ſon tourment,
Qu'il ne le fuyoit pas: car auec ſa preſence
En ſe mirant dans l'onde il formoit ſon eſſence.
Mais il diſoit apres renouuellant ſes pleurs,
Et ſes larmans ſouſpirs par ſes fermes douleurs.
    Beauté, dont les regards me dõnent mille atteinctes.
Que tu m'as de faueurs, ou pour le moins de feinctes.
Lors que ie ris tu ris, & ſi ie pleure, auſſi
Tu ſembles en pleurant pleurer de mon ſoucy,
Si ie veux t'embraſſer, tes bras ſi amiables
S'ouurent comme les miens en manieres ſemblables,
Et ſi d'vn œil dolent i'admire ton bel œil
Tu m'œillades ſoudain d'vn regard plein de dueil,
Quand ie te vay parlant, ta bouche ſi vermeille
S'ouure d'vne façon à la mienne pareille:
Mais helas! ie n'entends ny parole, ny voix,
Pour me donner conſeil au mal où tu me vois!
Ta bouche ſans parler s'ouure comme la mienne,

                                    Et

Et comme ayant à gré que ma voix soit la sienne
Elle ne me dit rien, sçachant bien qu'en amours
Il faut payer d'effaicts & non pas de discours:
Ainsi, tant de façons dont ta façon m'imite
Me rend comme le fer à toy ma calamite,
Pour te chercher tousiours, & rembraser mes feux,
Autour de tes amours, & de tes doux refus.

Mais las! que tes beautez sont plaisantes, & belles!
Qu'elles m'allument bien de flames immortelles!
Que doux, & que parfaict est ton poil ondoyant,
Qui flottant recreßpé d'vn lustre blondoyant
Esgale à l'or plus fin ses beautez vagabondes,
Qui vont comme Pactole en ses arenes blondes.
Ton front au blanc albastre & au beau lis esgal,
D'vn contour plus poly s'vnit comme vn cristal.
Tes sourcils gais, courbez, comme l'arc de Dictine,
Semblent des mains d'Amour tirer en ma poictrine
Mille traicts en vn coup, les sortant de tes yeux,
Les Astres, les carquois de ce vaincueur des Dieux.
Ta iouë si mignonne où deux iumelles roses
Se font voir au milieu si doucement escloses,
De leur blancheur si pure, & de leur teinct vermeil,
M'esmerueille les yeux comme aux rais du Soleil.
Ce corail animé ta bouche vermeillette,
Si poupine, & sucrée, & fantine & douillette.
Et ces dents, beaux thresors de perles d'Orient,
Me font ore pleurant & maintenant riant,
Tant i'y treuue d'amours, de graces & de charmes,
Pour me fondre au torrent des plaisirs, & des larmes.
Ta gorge, & ton beau sein a sa grace & son laict,
Pareil au teinct plus blanc du printemps nouuellet,
Leur douceur, leur beauté si viuement m'afole,
Qu'en voulant discourir ie reste sans parole,
Et voulant contempler leurs cheres raretez

Mon

M cœur deuien sans ame, & mes yeux sans clairteʒ.
Tes douces blanches mains si naïfues & belles,
Renforcent mon amour de cent flammes nouuelles,
Et ton corsage aussi tant aimable, & bien pris,
De ses gestes si doux m'aueugle, & me tient pris.
Et bref: tant de beautez dont si bien tu te pares,
Me font ressouuenir de ces beautez si rares,
Qui viuent sus ma face en si parfaict honneur,
Dont le Ciel comme on dit m'est si large donneur.
Aussi, tu m'es si belle, & tes traicts, & tes gestes,
Sont ainsi que les miens si doux, & si celestes,
Que ie doubte en tremblant si c'est vn autre moy,
Ou bien mon beau portraict ce que ie vois en toy.
     Ah beautez! ah douceurs! ô fortune amoureuse!
Ie cognoy maintenant la fureur qui m'abuse!
Vraiment ce n'est que moy duquel ie suis amant,
Le plaisir de me voir m'engendre ce tourment!
A toutes mes façons, mesme à ma robe verte
Voy-ie pas mon erreur à mes yeux toute ouuerte?
Mon mal n'est plus caché, tout ce que i'aime en l'eau
N'est sinon que de moy l'exterieur tableau!
Mes yeux ore plus fins cognoissent mon dommage.
Iugeans que cest aimé n'est rien que mon image.
A toutes mes façons, mes habits & mes traicts,
Ie voy que ce n'est rien que mes fraisles portraicts,
Qui sus le vain de l'eau representent ma face,
Et tout ce que dehors i'ay d'amour, & de grace.
Toutesfois par malheur des dures loix d'Amour:
En cognoissant mon mal i'ignore le secours:
Car ie m'aime si fort, ou plustost ma pensée
Du vain de ceste image est si bien insensée,
Que cesser de m'aimer, & commencer me haïr,
Le faire, ou ne le faire est mon certain mourir!
     Amour, vaincueur diuin des plus libres courages,

                                             Et

Et vous, cruels destins, enorgueillis de rages,
Pourquoy me battez-vous de tant de cruautez,
De me rendre amoureux de mes propres beautez?
Et vous, mes yeux trop beaux & trop clairs en ma
Vous rendez de plaisirs ma fortune deserte.   (perte,
Vous me tuéz, mes yeux: car vous voyant en l'eau
Vous me bruslez d'amour de moy-mesme trop beau!
Mais en aimant ainsi, ie voy sans esperance
Mon amour plus ardante & ma perseuerance.
Me suiuant ie me fuis, i'espere sans espoir,
Et n'ay rien en mon tout, & tout ie puis auoir.

Ie suis en mesme temps & ma mort, & ma vie,
Et possede en mon bien ce que plus fort i'enuie.
Ie n'aime rien qu'en moy pensant d'aimer ailleurs,
Et de mon plus grand heur procedent mes malheurs.
Ces eaux ne mentent point de monstrer ma semblance:
Mais mourir pour l'aimer ie ments en bien-vueillâce.
Ie porte dans ma main auec l'onde, le feu,
Et me rends à moy-mesme & l'idole, & le vœu,
Et me laisse brusler à ma flame profonde,
Sans prendre pour secours l'eau qui si fort m'abonde.

Ah! ie suis bien amant, cruellement trompé!
Aux filets que ie tends ie me vois attrapé,
Et i'en pourroy sortir: mais mon vouloir s'obstine,
Pour aimer trop mon bien à chercher ma ruïne.
Ie suis en me domtant le braue & le conquis,
Et requerant autruy c'est moy qui suis requis!
Onques ne fus amant en amitié si vaine:
Car plus ie vais aimant plus ie me veux de haine.
Ie porte, & i'abandonne & i'ay tousiours en moy
Le bien que ie pourchasse, & qui me fait la loy.

Ie ne croy plus en moy pour m'estre trop croyable,
Et pour voir trop de bien ma veuë est miserable,
Et faisant à moy-mesme hommage à deux genoux
Mes

Mes yeux me font la guerre, & me tuent de coups.
Ie suis à ma langueur l'effaict comme la cause:
Mais voulant me guerir à mon bien ie m'oppose,
Et ne suis plus à moy lors que mieux ie suis mien,
Et en aimant si fort, helas ie n'aime rien!
Connoissant mon malheur i'entre en mesconnoissance
De l'heur que mon vouloir conserue en ma puissance,
Mes feux feincts dedãs l'eau sont vrais pour m'abuser,
A me ioindre à la feincte & au vray m'opposer,
Et comme en vn miroir le Basilic se tuë
Tout ainsi mes regards me tuent de ma veuë,
Ou possible qu'Amour change en miroir ardant
Ceste trop belle font quand ie vay l'œilladant,
Et logeant dans mes yeux la plus ardante flame
De l'assemblé rebat il me brusle ainsi l'ame.
Dans l'onde & sus le bord, Amans, voyez icy,
Deux amans agitez d'vn semblable soucy,
Deux amans, non, mais bien, las! vn seul qui recule,
En cherchant dedans l'eau le secours qui le brusle.
Nous deux ne sommes qu'vn, & moy ie suis ces deux,
Qui vray de l'autre faux me vay perdre en mes feux,
Et suis tellement pris en ceste image belle,
Que ie n'ay point de peur de la parque cruelle,
Que pour le seul respect de la laisser perir,
Bien qu'en elle m'aimant amour me fait mourir.
Au moins si ceste image auoit sa destinée
Encore en son essence, apres que sa iournée
Aura son dernier soir, ie mourrois bien content!
Car la peur de sa fin me va plus tourmantant
Que l'effray de la mort qui desia me martyre,
Et qui fond ma vigueur comme aux flames la cire.
Pource seul bel aimé, Phebus m'est clair, & chaud,
Et pour luy seul ie m'aime, & de moy ne me chaut,
Aussi tous deux d'accord comme d'vne seule ame.

Mour

Mourrons d'vn mesme coup: car si tost que ma trame
Panchera sous le fer de la plus fiere sœur,
Nous aurons à l'esgal le destin rauisseur.
    Ah! mes yeux ennemis, seuls destins de ma plaincte,
Si du commencement i'eus cogneu vostre feincte,
Vous n'eußiez pas entré si rude, & si auant
Au profond de mon cœur cest amour deceuant!
Mais de m'aimer ainsi i'ay l'ame si bleßée,
Et dans ce fol amour elle est si enfoncée,
Que ie n'ay plus de cœur, en ayant le pouuoir
Contre l'ingrat plaisir qui me tue à me voir,
Ains il faut par malheur, de moy-mesme aduersaire,
Que pour me trop aimer ie me vienne deffaire,
Sans pouuoir preuenir par raison, ny discours
L'erreur, ny la rigueur de mes cruels amours:
,, Car du commencement il faut chasser les flames,
,, Qui pipans peu à peu veulent rauir nos ames,
,, Et combatre constant pour ne se voir perdu,
,, Non pas vouloir la guerre apres s'estre rendu.
    Ainsi disoit Narcisse allarmé de ses armes,
Et de tiedes soußpirs euaporant ses larmes,
Et se pasmant par fois par l'amour trop preßant,
Qui luy alloit le cœur de tout poinct rauissant,
Il s'alloit retirant de la claire fontaine,
Puis encore rauit de son image vaine,
Il retournoit soudain par vn fantasque espoir,
De deceuoir son mal allant se deceuoir.
Où s'estant abordé pour la fois qui derniere
Verra finir sa vie, & sa vaine priere,
Il reparloit ainsi. Bien que ie sois certain,
Que mon menteur amour est tousiours plus hautain,
A deceuoir sans fin mon attente friuole,
Toutesfois par pitié escoute ma parole,

Beau

Beau portraict de moy-mesme, ou biē du Dieu d'amour
Peux tu pas d'vn regard me donner du secours?
Pour le moins si le Ciel te deffend la sortie,
D'vne onde où mon amour est si bien conuertie,
Possible qu'vn regard eslancé de pitié
Me retiendroit en vie en si grande amitié!
Mais helas! quel malheur mon seul repos trauerse?
Tant de pleurs douloureux sus ces ondes ie verse,
Que troublant le cristal de leurs flots ennuyeux
Ie voy ce bel Amour se cacher de mes yeux!
Hé! reuien doux enfant, mon amoureuse idée,
Reuoit combien mon ame au large est desbondée,
A verser de souspirs, de pleurs & de regrets,
Pour ne voir plus en l'eau ta grace & te beaux traits.
   Ah! ie sens que la mort, & l'amitié si forte,
Autant que la raison ma puissance rend morte!
Ie meurs, mort d'vn amour sans amour trop viuant,
Qui se poursuiuant tout n'alloit rien poursuiuant!
Echo, Nymphe des bois, belle fille amoureuse,
Que ma rigueur rendit en amours peu heureuse,
Que ton cœur maintenant est bien vengé de moy!
I'aime & ie suis aimé, mais ie meurs comme toy,
Mais c'est en mon amour, ah! nō, mais haine extreme,
Puis que pour m'aimer tant ie me tue moy mesme
,, Mais non, le beau Narcisse est tousiours indomté,
,, Amour ne le perd point c'est sa propre beauté,
,, Seul soy mesme il se domte, & par telle victoire
,, Il fait voir qu'à luy seul appartenoit sa gloire!
Il me faut donc mourir consommé par mon feu,
Et a mon feinct amour comme à moy dire, Adieu.
Adieu, lors respondit Echo la reparlante,
Sur la pieuse fin de la plaincte sanglante,
De cest amant trop beau pour aimer trop ses yeux,
Lequel enfin vaincu de soy victorieux,

com

Comme la belle neige au Soleil exposée,
Se fondit peu à peu, à pleurante rosée,
Palliſſant ſon viſage, & perdant les beaux teinɛts,
Dont tant de ieunes cœurs Amour auoit atteinɛts.
Lors la morne foibleſſe à l'alleure mortelle,
Luy vint gliſſer au ſang, aux os, à la mouëlle,
Et debile, & tremblant il tomba demy mort,
Sur le bord de la font où ſe trempoit ſa mort,
Et ſans poux, & ſans ſoufle eſtendu deſſus l'herbe,
Il eſtendit ſon chef en beauté ſi ſuperbe.
Où la douleur d'amour le chargeant de nouueau
Le fondit tout en pleurs, & d'vn enfant ſi beau,
Qu'il fut auparauant de geſtes, & de face,
Et de grace & de cœur plein de cruelle glace,
Il deuint vne fleur, qui d'vn chef iaune & blanc
Dans le ſein du printemps s'entretien vn beau rang,
Et comme ayant encore aux yeux la ſouuenance,
Du ſort qui le changea pour aimer ſa ſemblance,
Elle cherche touſiours les champs ou les ruiſſeaux
Vont trainans doucement leurs criſtalines eaux,
Et de meſmes les bords des fontaines ſacrées,
Pour remirer encore en ſes couleurs dorées,
Et en ſon teinɛt de lis & de douce verdeur,
L'Idée du ſuieɛt, de ſa premiere ardeur,
Qui de grandeur extreme, & en erreur premiere,
Le fit changer en fleur en ſa fleur printaniere.

E

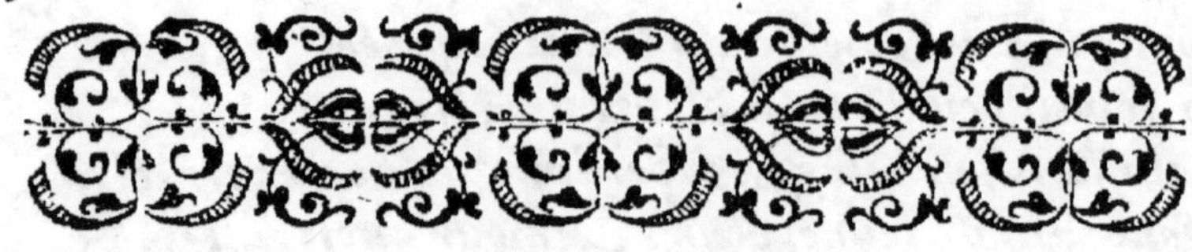

AVANTVRE
DV LAVRIER.

ARGVMENT.

APOLLON ayant tué à coups de traicts l'enorme serpent Python s'en imagina si côtent & superbe, qu'il vint à mespriser les armes d'Amour, lequel en se vengeant le rend amoureux d'vne belle Nymphe de Diane nómée Daphné, de laquelle Apollon se treuue tousiours desdaigné. Or cest Amant se plaignant vn iour de son aimée auec vne enfileure de ses plus hautes dignitez, il rencontra la cruelle, à laquelle ayant adressé quelque langage il la vit aussi tost en fuite, dont la suiuant à grand' course, elle se voyát prise implora le secours de la Deesse, qui soudain la transforma en verd Laurier. Apollon la voyant ainsi changée, s'esmeut d'estonnemét & apres quelques brauades à sa sœur, il salua ce bel arbre, & pour tesmoignage de son amour il luy donna quelques vertus, & préeminence pour signifier aussi sa vertu si constáte & inuiolable.

Re que le Soleil richement recouronne,
La terre de fleurõs, q̃ l'herbe qui fleurõne
Estincelle les champs de celestes couleurs,
Et les va musquetant du soußpir de ses
Que lon voit l'escadron des vites Arondelles (fleurs.
Auoir quité l'Affrique, & de leurs souples ailes

Erre r

Errer si promtement en tant de tours diuers,
Sus le cirque embasmé de ces riuages vers.
Que le gay Rossignol, & l'Alouëte encore,
Commencent peu à peu de chanter à l'Aurore,
L'Aurore qui respand par tout ces enuirons
Ses souspirs aux rameaux, ses larmes aux fleurons,
Et que le doux Zephire apres Flore sa Dame
Souspire doucement par l'amoureuse flame,
Il me vient souuenir au resueil de ces iours
Des souspirs langoureux, & des ardans amours,
De ce Dieu perruquier qui de sa tresse blonde,
Et de sa belle face enlumine le Monde,
Lequel brauant Amour se veit bien tost braué,
Par vn traict amoureux dont il eut engraué
Au plus beau de son cœur le portraict de la belle,
De la belle Daphné aux amours trop rebelle,
Belle qui fut changée en ce Laurier si beau,
Pour fuir son amant, & l'amoureux flambeau.

Vous Diane, & Phebus honneurs de ceste Histoire,
Donnez à mon ardeur tant de grace, & de gloire,
Qu'en disant vos vertus, & vostre rang premier,
L'vn me donne sa palme, & l'autre son laurier.

Phebus ayant vaincu de ses fleches celestes
Le grand serpent Python, qui de regards funestes,
Se rendoit si horrid de port, & de marcher,
Que rien n'estoit si fier qui l'osast aprocher,
Eut le cœur tant esmeu de si grande victoire,
Que rien n'est de si haut qu'il n'estimast sa gloire,
Encore plus hautaine, en honneurs immortels,
En merite de los, & de nouueaux autels.
Or vn iour par fortune au coing d'vn verd bocage,
Treuuant le Dieu d'amour, ce ieune enfant volage,
Qui de traicts si petits fait si grand playe au cœur,
Et qui par tout guerrier par tout se fait vaincueur.

Luy vint parler ainsi, s'esuentant d'arrogance.
Quoy? mignon Archerot, as-tu bien la puissance,
De porter tant de traicts & ce doré carquois?
Et cest arc qui les cœurs fait plaindre tant de fois?
Mais as-tu bien le cœur, l'asseurance & la grace,
De les porter tousiours? & de plus grande audace,
D'en addresser la guerre en la terre & aux Cieux,
Et de t'en faire craindre aux hommes & aux Dieux?
Donne les moy, mignon tes mains & ton visage,
Vont desmentant par trop leur redoutable vsage,
Tes bras si delicats seront lassez en fin,
De cest arc qui requiert vn pouuoir plus diuin,
Donne moy donc, Amour, ce carquois & ses armes,
A moy seul appartient d'en tirer des allarmes,
A moy, qui braue & fort, ay vaincu le Serpent
Python, qui furieux horriblement rampant,
Desertoit les valons & les humbles campaignes,
Et le front reculé des plus hautes montaignes.
Donne moy donc ces traicts, ie m'en seruiray mieux,
Ils se rendront par moy plus forts, & glorieux.
Amour ayant ouy si superbe demande,
Luy respondit soudain, ton audace est trop grande,
Apollon, d'attenter à cest arc qui
Seconde de Cypris le glorieux fla
Ie iour que ie fus né Venus ma do
Venus que l'vniuers sert, adore & reuere,
M'en vint faire vn present auec ces traicts si doux,
Dont despuis triomphant ie fay la guerre à tous.
Ne l'espere donc pas, ma main est assez digne
Pour conseruer le don d'vne beauté diuine.
Ie suis assez puissant à porter nuict & iour,
Cest arc, & ce carquois, ma gloire & mon amour:
Mais tu verras bien tost combiē mes mains sont fortes,
Et comme brauement ie blesse en maintes sortes.
                                        Amour

Amour diſant cecy ſe departit de là.
Et redoublant ſon vol ſus vn Mont s'en vola,
D'où il veit à la plaine auspres d'vn beau riuage
La pucelle Daphné, dont le conſtant courage
Bandé contre l'Amour, la rangeoit ſous les loix
De la ſœur d'Apollon, la Deeſſe des bois.
Elle auoit pour s'esbaſtre ainſi que ſa Deeſſe,
La chaſſe apres les cerfs, où ſa belle ieuneſſe
Dedioit ſes plaiſirs, ſes deſirs & ſes ieux,
Et ne donnant ailleurs ſes penſers, ny ſes vœux,
Elle fuyoit l'amour d'vne froideur extreme,
Plus que l'ennuy cruel, & que la parque bleme,
Combien qu'elle fut ieune auec telle beauté
Que tout cœur à ſon iour perdoit la liberté.
Amour aperceuant ceſte beauté rebelle,
Et meſme que Phebus tenoit ſes yeux vers elle,
Et que de ſes regards d'enuie, & de plaiſirs,
Il ſembloit luy donner ſes yeux, & ſes deſirs,
Il vint dire à part ſoy, voicy, l'heure eſt venuë,
Que ma force à Phebus ſe doit rendre connuë,
Et l'ayant dit, il print vn de ſes plus beaux traicts,
Beau d'vne poincte d'or tout reluiſant d'attraicts,
De charmes, de douceurs, d'amour, d'eſpoir d. fiame,
Pour embraſer d'amour le plus diuin de l'ame,
Et ſus ſon arc doré le croiſant doucement,
Il le tire, admirable, autant que roidement.
Vers le ſein de Phebus, la corde enarquellée,
Siflant, pouſſa le traict d'vne force euailée,
Et le porta bruyant à l'adueu de l'Archer,
Dans le cœur orgueilleux, où il ſe vint ficher,
Et de telle façon, que la playe ſanglante
Remplit ſoudain Phebus d'vne amour violente,
A rechercher Daphné, de l'aimer, de la voir,
Et ſon fidelle amant ſe faire receuoir.

E l.

Or à ce coup si fier le grand fils de Latone,
Tremblant du pied au front tout langoureux s'estonne,
De se voir emplayé iusques au plus beau du cœur,
Et de voir vn enfant son maistre, & son vaincueur.
Amour ayant lasché ceste fleche amoureuse,
En saisit aussi tost l'autre si langoureuse,
Dont la poincte de plomb blemissoit de rigueur,
De froideur, & de haine & d'amere vigueur,
De ce traict desdaignant il en blessa la belle,
Qui deuint par ce coup plus froide & plus rebelle,
Et plus viue ennemie aux amoureux soucis,
Tant ce traict rigoureux rend les cœurs rendurcis.

　　Phebus la vint prier d'vne voix larmeresse,
De se laisser aimer, & cherir pour maistresse,
Et qu'il la seruiroit d'vn cœur si glorieux,
Qu'il en mettroit l'enuie aux plus belles des Cieux,
Permets moy, disoit-il, Belle amour de mon ame,
Que i'honore en tes mains les souspirs de ma flame,
Escoute les douceurs dont ie te veux prier,
Vn bien si gracieux me sçauroi-tu nier ?
Pourroy-tu bien durer si dure, & inhumaine,
De me laisser languir en l'amoureuse peine ?
Et de laisser perir en si cruel tourment
Vn Dieu si glorieux, & si fidelle amant ?
Mais aime moy, mon cœur, cheris moy ie te prie,
Veux-tu pas par amour estre ma fauorie ?
Tu prendras pour amy, non seulement vn Roy,
Mais bien vn des grands Dieux, qui puissant fait la (loy,
Aux beaux astres du Ciel, & qui dore le mõde
D'Esprit, & de beau corps, & de lumiere blonde.
„ L'embrassement d'vn Dieu n'est pas à refuser,
„ C'est vn bien infiny d'en auoir vn baiser,
Baise moy donc, beauté, ce bien ie te pourchasse,
„ L'embrassement d'vn Dieu toutes gloires surpasse

Mais

Mais quoy? quelle rigueur? à iuger tes façons,
Il semble que ton cœur soit couuert de glaçons,
Mais que me veux-tu dire? alors ceste cruelle.
Luy dit en le fuyant, mon ame & si fidelle,
A seruir ma dœsse auec la chasteté,
Qu'en ce vœu gist mon cœur, & ma felicité,
Ton amour est en vain, & plus vaine ta peine.
Ainsi luy respondant, d'vne fuite soudaine,
Et plus vite qu'vn Cerf que les chiens vont suiuant,
Ou que l'Aronde isnelle ayant apres le vent,
Elle entre dans le bois & son amoureux quiéte,
Qui d'ennuis, & d'amour se deuore & despite.
Et qui blasme l'amour' & la loy du destin,
De ce que contre vn Dieu si grand & si diuin,
Ils descochent les traicts de main si courroucee,
Pour luy faire cherir vne ame si glacée,
Qui desdaignant trop fort son mal, & ses discours,
Sembloit la mesme haine à se fascher d'amours.

  Mais tandis que Phebus à part soy se lamente,
De la playe d'amour qui si fort le tourmente,
Daphné la belle Nymphe en courant dans le bois,
Que Zephire apres elle esbranloit de sa voix,
Treuua dessus le bord d'vne claire fontaine
Diane son obiect, qui de façon hautaine
Tenant en main son arc, haineuse de repos,
A ses Nymphes disoit vn semblable propos.
,, O que la liberté, mes Nymphes, est sucrée!
,, C'est du seiour des des Cieux la vie plus sacrée.
,, Que douce, & fauorable est ceste liberté,
,, Quand la fille s'en dore auec la chasteté!
,, Que c'est vn viure doux plein de haut auantage,
,, Au prix des durs liens du fascheux mariage,
,, La fille qui se plaist à fleschir à ma loy,
,, Heureuse, & tousiours belle elle chasse auec moy,

E 4

>> *Par bois, & par taillis les forestieres bestes,*
>> *Et se plaisant heureuse en si douces conquestes*
>> *Elle est de ses desirs le seiour fauory,*
>> *Le froids soucis ialoux d'vn ombrageux mary,*
>> *Ny les pleurs d'vn amant agité de furie,*
>> *Ne luy donnent iamais ennuy, ny fascherie,*
>> *Pour troubler tant soit peu le cours de ses plaisirs :*
>> *Arrestez donc icy le vol de vos desirs,*
>> *Soyez, douces beautez, diuines en vos palmes,*
>> *Que tousiours vos desirs à me suiure soient calmes.*
>> *Mais au premier soußpir de ces fins amoureux,*
>> *Fuyez-les vistement : car c'est trop dangereux*
>> *De prester audience à l'amant qui suplie,*
>> *Car toute ame à la fin aux prieres se plie.*
>> *Soyez ainsi que moy ennemie d'amour,*
>> *Que de la chasteté vous adoriez le iour,*
>> *Et suiuez les esbats de moy vostre Deesse,*
>> *De viure auec l'honneur c'est la mesme liesse.*

   Ainsi disoit Diane à son Nymphal troupeau,
Qui demeuroit raui d'vn oracle si beau,
Qui sortant gratieux de sa bouche vermeille
Alloit volant leur cœur d'vne double merueille,
Lors Daphné larmoyante, & humble l'adorant,
Luy vint dire cecy, à tout coup soußpirant.

   O Deesse, mon Ciel, dont la flame cornuë
Luist d'vn esclat d'argent sus la sombreuse nuë,
Reine de chasteté, lumiere de mon mieux,
Ie te prie, & requiers par l'honneur de tes yeux,
Que si quelque amoureux venoit troubler mon ame,
Pour m'attraire aux douceurs de l'amoureuse flame,
De me changer plustost en quelque froid rocher,
En quelque arbre, ou fontaine insensible à toucher,
Que la virginité que ie t'ay destinée
Soit des feux de l'Amour en rien contaminée.

Ne

Ne ſçais-tu pas, beauté, ma douce ame, & ma loy,
Que ton frere Apollon eſt amoureux de moy?
Las! s'il me treuue ſeule, ô Nymphe miſerable!
Ie ſeray de ſes mains la proye deſirable,
Plus ie le fuïray plus fort il m'atteindra,
Plus ie l'eſchaperay plus fort il ne prendra,
Mieux ie me deffendray plus il aura de force,
Mieux ie le glaçeray plus il aura d'amorce,
Donne moy donc alors quelque vite ſecours,
Auant que de me voir le pris de ſes amours,
Change moy, ferme moy en quelque ferme glace,
Que l'Eſté plus ardant à iamais ne defaſſe,
En Lyon, en vn Aigle, en vn mouſtre marin,
Pluſtoſt que d'amoindrir ceſt honneur ſi diuin.
Diane alors luy dit, tes vœux & ta priere,
Iamais de mes faueurs ne ſe verront arriere,
Auſſi, ie ſçay tresbien que l'honneur t'es plus doux,
Que les bois les plus vers, & les plus beaux à nous.
   Ainſi ceſte beauté renforçant ſa rudeſſe
Par les ſacrez diſcours de ſa belle Deeſſe,
Deſpuis fuyoit plus fort les lieux où ſont amant
La pouuoit rencontrer pour dire ſon tourment.
   Mais tandis l'amoureux ſentant touſiours ſa flame,
Plus agreable aux yeux, & plus cuiſante en l'ame,
Et que pour ne voir plus la Reine de ſon cœur
Son amour s'embraſoit de plus grande vigueur,
Se vint plaindre vne fois tout au long du riuage,
Où l'Amour luy bleſſa l'aile de ſon courage,
Et d'vne voix piteuſe il ſouſpiroit ainſi,
Pour charmer les rigueurs de l'amoureux ſoucy,
Lors que d'vn ieune Cerf Daphné trōpant la feinȼte
Luy vint paſſer auprès par certaine contrainȼte.
Quoy? faut-il qu'vn Archer, vn petit nain des Dieux,
Triomphe de Phebus, Phebus l'honneur des Cieux?

E ſ

Faut-il qu'vn Archerot de fleches ſi legeres
S'honore d'ombrager mes penſées plus cheres?
Sera-il doncques vray par force,ou par abus,
Qu'vn ſi ieune guerrier triomphe de Phebus?
Phebus,qui de ſes rais faiſteurs de toutes choſes,
Aux choſes plus profond dedans la Terre encloſes
Donne couleur, & force & parfaiſt changement!
I'embellis de mes rais ce diuers ornement,
Qui threſaure les Cieux en ſa double carriere!
L'Ame de ce grand Tout n'eſt rien que ma lumiere,
Et ma celeſte ardeur,qui luiſant en deux parts
Nourrit diuinement de l'eſclat de ſes dards
L'immortel Vniuers! & dardant bas mes flames,
Autant que de rayons ie va donnant des ames
A ces champs eſtendus de tant d'air & de flos,
Et de terre,où ie rends les biens ſans fin enclos!

   Du rayonnant atour de ma charrete blonde
Ie donne mouuement à tous les corps du Monde.
Ie donne tout le beau de mes regards diuers
Autant à vne fleur comme à tout l'Vniuers!
Et ſans rien amoindrir de ma diuine eſſence
Ie reſpans nuiſt & iour ma gloire, & ma puiſſance,
Aux membres de ce tout,qui ioyeux de me voir
Adorent mes beautez, & chantent mon pouuoir!

   I'ay pour mirer mes yeux tous les flots de Nerée,
Et ces Aſtres ſi beaux de la ſale etherée,
Et pour mon beau portraiſt tous les flairans threſors,
Dont la mere Cerez va decorant ſon corps!
Ce qui traine mon Char en ceſt immenſe eſpace
Eſt l'equité,l'honneur, l'abondance & la grace,
Les reſnes de mon char ſont l'immortalité,
L'ame, l'eſprit, la vie & la fatalité,
Le change,la naiſſance : & pour gloire ſupreſme,
Ie ne ſuis que clairté, force & beauté de meſme!

Et

Et comme inceſſamment ie verſe de mes yeux
La lumicre immortelle en la terre & aux Cieux,
l'influe de la ſorte en ma route infinie
Et tous lieux,en tous temps,& la forme & la vie!
   Mon Louure eſt milieu du celeſte vniuers,
Comme eſprit,cœur & Roy de tant de corps diuers.
Les Cieux qui ſont ſus moy,ſont ma riche couronne,
Qui d'eternels ioyaux mon beau front enuironne!
Et ceux qui ſont plus bas, mõ throſne & ſceptre d'or,
Où la perle,& l'agathe,& le ſaphir encor',
Et la gaye eſmeraude , & la pierre flambante,
Eſtalent leur richeſſe à iamais piafante!
Et ſans rien m'afliger ie fay ce double tour,
Par le cirque du Ciel en l'eſpace d'vn iour!
Donnant touſiours le iour en ma iuſte carrole,
Ore au pouple Artartique, ore à ce plus beau Pole!
   Mais qui pourroit chanter les amours & l'honneur,
Dont l'Aurore m'atend comme ſon doux ſeigneur?
De combien de fleurons, d'amourette & de grace,
Se peinct elles les mains, & le ſein & la face,
Et de combien d'amours s'enfle ſon beau tetin,
Alors qu'elle m'apelle au reſueil du matin!
Et lors qu'elle me void , & que d'amoureux charmes
En m'embraſſant ſi douce,amour la font en larmes,
Dont ſes beaux yeux rians de l'amour afolez.
En peignent la roſee aux fleurons riolez,
Tandis qu'en me baiſant de cent mignardes ſortes
Elle m'ouure du Ciel les aimantines portes,
Afin que de nouueau tout clair,& beau d'amour
Ie redonne en riant les beautez , & le iour?
   Qui pourroit dire auſſi,l'amour,l'hõneur,les graces,
Dont la belle Cypris va muguetant mes traces?
Et les diuers regards du bel Aſtre argenté,
A chercher mes faueurs , & reuoir ma beauté,

Et bref: de tous les Cieux les feux,& les planettes,
Comme ils font à m'aimer,& fe font mes fubiettes?
Mais ie n'ay pas fi toft,pompeux,mis en auant
Ma precieufe treffe aux perles du Leuant,
Que voila tous les feux dont le Ciel fe piole
Faire larguē au courant où mon carroffe vole,
Et tous les animaux doux honneurs de ces lieux,
Defirer,& benir le retour de mes yeux!
Toutesfois tant d'honneurs,tant de force & de gloire,
Ne m'ont fçeut garentir de la promte victoire,
Dont le moindre des Dieux,ceft enfant de Cypris,
De tant de feux preffez me cemmande,& tient pris!
Mais il y a bien plus!vne fimple pucelle,
Triomphe pleinement de ma gloire immortelle!
D'vn feul traict de fes yeux elle vole mon cœur,
Vn feul de fes regards fe fait mon doux vaincueur!
Et toutesfois la fiere,ains pluftoft l'inhumaine,
Elle aime,ie le croy,la longueur de ma peine:
Ie ne fçay quel honneur plein de feueres loix,
Ma fœur luy va prefchant en chaffant par les bois,
Qui la rend fi farouche au fon de ma priere,
Qu'il femble que mon heur foit fa parque meurtriere!
Mais,ie iure les flots de l'enclos Thenarin,
Le trident de Neptune,& les feux de Iupin,
Que fi ie la rencontre en mont,plaine ou bocage,
Elle contentera l'honneur de mon courage,
Où de force,ou de grace,Ah! la fiere beauté!
Reffufer les baifers d'vne diuinité!
Ie l'auray bien au pas,& fi elle a des ailes,
Ie me changeray tout en des ailes nouuelles!
Quel honneur eft cecy?qui deffend mefme aux Dieux,
De prendre fon plaifir,& fon aife,& fon mieux?
Amour,enfant cruel d'vne fi douce mere,
Helas!que ton ardeur m'eft cruelle,& amere!

Hé!

Hé! monstre moy du moins le suiect de mes pleurs,
Si ie pouuoy mourir ie mourrois de douleurs,
Me fairas-tu pas voir la beauté que i'adore?
Mais, Amour, la voicy, Belle & diuine Aurore,
Voicy le beau Soleil qui vous donne le iour,
Et vostre cruauté le fait mourir d'amour,
Ayez pitié d'vn Dieu, d'vn Dieu de qui la vie
En vos beaux yeux si doux se plaist d'estre rauie,
Mais quoy? vous me fuyez, ah! quelle cruauté!
Ie vous tien, ie vous tien, arrestez-vous, beauté.
    Ainsi disoit Phebus à la belle cruelle,
Qui plus qu'auparauant contre l'amour rebelle
S'enfuit aussi tost d'vn pas vite & peureux,
Loing des mains, & du front d'vn si doux amoureux,
Lequel tresdilligent à suiure sa maistresse,
La poursuit mieux courant, & si fort il la presse,
Qu'il tend des-ja ses mains parmy sa tresse d'or,
Qu'vn vent esparpilloit à frondoyant thresor
De mille flots crespus, à l'amant qui la chasse,
Et qui l'ayant ja pres en son ardante chasse,
D'vne haleine panthoise en son penible cours
Faisoit sentir le chaud de ses souspirs d'amours,
A la belle Daphné, qui fuyant par la plaine
Se sentoit defaillir de sueur, & de peine,
Et manquer de vigueur, & de cœur assez fort,
Pour fuïr l'amoureux qui la poursuit si fort,
Et qui des-ja vaincueur du butin qui l'affole
Apuyoit doucement la main sus son espaule.
Lors la Nymphe perdit l'esperance de soy,
Et remetant son cœur, son repos & sa foy,
A sa Reine Diane, O pudique Deesse,
Disoit-elle en pleurant, A toy, mes pleurs i'adresse,
O gloire Ephesienne, ô sainct rameau diuin!
Inuiolable sang du haut tonnant Iupin,

O Beauté Cynthienne, ô douceur venerable!
Deeße au triple front, hé sois moy secourable!
Daphné priant ainsi , se sentit tout soudain
Tout enroidir les flancs d'vn arrest incertain,
Elle sent vne humeur qui de diuine force
Luy mantelloit le corps d'vne ombrageuse escorce,
Elle sent que ses pieds restent sans mouuement,
Et penetrent en terre à diuers errement,
Et qu'ils se vont changeans en rampante racine:
Les beaux cheueux dorez de sa treße diuine,
Et ses bras, & ses mains s'esleuent en rameaux,
Qui sur tout arbre verd paroissoient vers & beaux,
Et bref: son beau visage, & son sein, où la grace,
L'Amour, & les beautez auoient si belle place,
Se couure entierement de la rude espeßeur,
De l'escorce d'vn arbre au lieu de sa douceur.
     Ainsi elle n'est plus la fille de Penée,
Ains Amour, & Diane ainsi l'en destinée,
D'estre faicte vn Laurier sur le bord paternel,
Où Penée courant en son flot perenel
Pleure au creux de ses eaux la fortune cruelle,
D'auoir ainsi perdu sa fille ieune, & belle:
Mais puis il se refait d'vne esgayante ardeur,
De la voir immortelle en si belle verdeur,
Dont mesprisant le iong, & les saules encore,
Son clair humide front maintenant il decore
D'vn feston de Laurier sa fille, & son amour,
Qui d'vn verd tousiours beau se decore tousiour.
Mais Phebus admirant ainsi changer sa Dame,
Lors que desia ses bras pleins d'amoureuse flame
D'vn gracieux effort la venoient arrester,
De froid estonnement se sentit tourmenter:
Car voyãt ce beau corps plus blãc que le beau marbre,
Se changer de la sorte en l'escorce d'vn arbre,
Voyant

Voyant son teinct de rose, & ses cheueux si doux,
Et ses yeux dont Amour laschoit de si beaux coups,
Estre ainsi transformez en escorce, & en fueilles,
Son cœur fut affligé de cruelles merueilles,
Et pensant embrasser le suiect tant aimé,
Helas! il n'acola qu'vn arbre inanimé.

Alors plein de despit, & reculant arriere,
Tout oragé d'amour, & de douleur meurtriere,
Il connu que Diane auoit ainsi changé
Ceste belle où son cœur s'estoit si bien rangé,
Dont il vint dire ainsi, regardant sa maistresse,
O sœur, cruelle sœur, suiect de ma destresse,
Tu te vien opposer au bien de mes amours:
Mais ie m'en vengeray! quand tu fairas ton cours,
La nuict parmy le Ciel en ta route plus belle,
Ie te reffuseray ma diuine estincelle,
Aumoins deus fois de l'an ce deffaut t'aduiendra
Que ton argent si clair d'vn noir plomb se teindra.

Toy, belle, trop ingrate à mon diuin seruice,
Qui reffusas d'vn Dieu le cœur en sacrifice,
Mon amour si fidelle, & ma diuinité,
Deuoit-il pas forcer ta fiere volonté?
,, Reffuser vn amant meritant, & fidelle,
,, C'est se rendre à soy-mesme ingrate, & fort cruelle.

Or bel arbre indomté, Laurier victorieux,
Laurier, qui fut iadis la douceur de mes yeux,
Autresfois tes beaux yeux doroient la Thessalie,
Et de tes vers rameaux elle est ore embellie!
Belle, quand tu viuoy tu me fuyoy tousiours,
Et ore, beau Laurier, tu te rends mes amours!
Honneur des Empereurs & de sacrez Poëtes,
Tes rameaux formeront leurs couronnes parfaictes,
Tu seras tousiours vert l'hyuernale rigueur,
Humble, reuerera ta pudique vigueur,

Les chaleurs de Iuillet & des flames celestes,
Ne te seront iamais contraires, ny molestes:
Et pour preuuer encor' mon amour si parfaict,
Qui contre les rigueurs à si doux son effaict,
Ie veux ore cueillir de tes branches si belles,
Pour redorer mon front de couronnes nouuelles:
Car l'amour dont ie t'aime est si doux, & diuin,
Qu'ainsi que tes honneurs il n'aura iamais fin.

AVAN

AVANTVRE
D'ACTEON.

ARGVMENT.

LE Chasseur Acteon allant vn iour à la chasse, treuua vne fontaine ou la Deesse Diane se baignoit auec vne troupe de ses Nymphes. Or les voyant si belles, poussé d'admiration, & puis d'amour plus ardant, s'approcha de plus pres à la fontaine pour les mieux voir, & iouïr de leurs faueurs, quand la chaste Diane honteuse auec ses Nymphes d'estre veuës ainsi nues, & irritée de la temerité, & du peu de reuerence de ce nouuel amant, luy ietta de l'eau contre la face, dont aussi tost il en fut metamorphosé en Cerf, surquoy ses Chiens qui le suiuoient le voyant ainsi changé luy coûrent sus, oubliant que ce fust leur maistre, ou pluftost ne le reconnoissant que pour vn Cerf, dont en ce changement & mesconnoissance, il en est perdu entierement.

ANDIS que par ces champs s'esgayant à la chasse
Les Lieures si dispos nostre bande pourchasse,

E;

Et que les Chiens suiuans apres si roidement
Sont si souuent trompez de leur retardement,
Et du poudroyement de leur douce cautelle,
Pour abuser leur veuë, & leur charge cruelle,
Pourroy-ie pas treuuer quelque Nymphe en ce bois,
Pour m'apprendre à fuir Cupidon, & ses loix?
A fin de l'enseigner parmy ceste campaigne
A mon cousin tres-doux que chasseur i'accompaigne,
Et qui pris, & pressé trop pressement d'Amour
S'esgare toute fois à chasser nuict, & iour,
Pensant treuuer remede au mal qui le tourmente,
Pour le suiect diuin d'vne tres-belle amante,
Qui grande de merite, & de beau nom aussi,
Le consomme d'amour en immortel soucy:
Mais ie veux neantmoins qu'au bord de ceste vigne,
Qui d'Orme, & de Meurier s'ombrage, & se dessigne,
Il lise en ce discours le sort auantureux
D'vn chasseur plus hardy que parfaict amoureux.

Chasseur, trop curieux, ta veuë trop heureuse
Te fut cruellement plaisante, & rigoureuse,
Quand tu vis dans la font la sœur du beau Soleil,
Nue, baigner son sein dont le beau teinct vermeil,
Et les lis adonins, & la forme si belle,
Meritoient d'estre veux d'vne veuë immortelle.

Et toy, ieune Chasseur des Nymphales beautez,
Qui mets pour les rauir cent desirs indomtez,
Au lieu de chiens courăs, crains vn malheur de meme,
Que ton destin d'amour en son bien plus extreme
Ne te presente aux yeux la Deesse d'amour,
Dont apres son bel œil te rallumant tousiour,
Au lieu de chiens cruels mescognoissans leur maistre,
Tes desirs ne pouuans ton cœur plus recognoistre,
Par tant de feux nouueaux dont ils seront espris,
Ne te tuent le cœur pour l'amour de Cypris,

Vos

Vois donc en ce discours, la gloire & la ruine
D'Acteon au beau iour de la belle Dyctine.
  Ce ieune auantureux alloit par les forests,
Et par le vain terroir, & sus le frais des prez,
Chasser les Cerfs cornus, & le Dain, & la Biche,
Treuuant en ce plaisir sa fortune plus riche,
Auec ses compaignons qui tousiours le suiuoient,
Et tousiours pres de luy la chasse poursuiuoient,
Ayant flesches, & dards, espieux, filletz & toiles,
Et conduisant des Chiens les escadres isnelles.
Or c'estoit en Esté que les astres bruslans
Alloient d'vn ieune teinct les espics riolans,
Et l'heure que Phebus quictoit d'vn peu d'espace
L'ardant Zenit pendant du milieu de sa passe,
Quand pour se refraischir Acteon s'escarta
Des compagnons chasseurs, & hastif se porta
Tout seul dedans le fond d'vne forest obscure,
Du silence, & du frais l'eternelle demeure,
Et seiour fauorable à prester le sommeil,
Et donner du plaisir, & du confort à l'œil.
Allant dans la forest auancer son allée
Il treuua dans le fond vne belle vallée,
Garnie tout autour de Sapins orgueilleux,
Et de Cyprez branchuz d'vn touffeau sourcilleux,
Et de chastes Lauriers, qui d'vn tres-doux ombrage
Blandissoient les buissons, & le flairant herbage,
Qui s'honoroit gaillard des diuers couleurs,
Des odeurs, & du front de maintes belles fleurs.
La douce violette, & la belle framboise,
Et la plante au beau corps la glorieuse armoise.
Le poliot, le trefle, & les soucis iumeaux,
Et la fleur du mignon qui vit ses yeux trop beaux,
Et la pourpine fleur la gaye paquerette,
Le pauot sommeillard, & la riche fleurette

Des

Des œillets odorans, & les doux violliers,
Et les mignards muguets y luisoient à milliers,
Auec la marjolaine, & le lis, & la rose,
La bleuë cicorée, & celle qui repose
Ses beaux larges plis d'or quand le Soleil s'enfuit,
Et que si bien les ouure alors qu'il nous reluit.
Tant d'amoureuses fleurs d'vn naturel parterre
Estendu richement amenisoient la terre,
Sous ces arbres chenus de cheueux verdissans,
Qui d'ombrage inegal les alloient tapissans.
    Ceste belle vallée en tout temps ennoblie
De la verte saison se nommoit Gargaphie,
Elle estoit dediée à la Dininité,
Qui se monstre en trois lieux en diuerse beauté,
Au ciel l'Astre d'argent, aux forests chasseresse,
Aux enfers Proserpine en sa sombreur espaisse.
    Or pour l'ardant Esté qui lors de ses ardeurs
Ternissoit les fleurons, & seichoit leurs odeurs,
Diane estoit venuë auec ses Damoiselles,
Au bout de la vallée où par graces nouuelles
Vn antre d'arbre enclos estoit dans le rocher,
Que la Nature seule y auoit peu toucher,
Bien que comme par art sa voute si esgale
Monstroit de quelque ouurier la main tres-liberale.
Vn ombrage secret d'vn doux voile attrayant
Alloit sus l'emboucheure en rond se despliant,
Sept chesnes hauts fueillars vestus de vert Lierre
L'ombrageoient à l'entour, vne font à grand erre
En sortoit argentée au beau grauo's doré,
Et au bord de fleurons richement honoré.
Dans ces pudiques eaux d'vn beau teinct diaphane
Entra pour se lauer toute nue Diane,
Ayant à ses costez pour luy verser des eaux
De Nymphes qui brilloient côme amoureux flãbeaux,

Toutes

Toutes nues aux flots, qui du iour de ses Dames
S'arrestoient, & brusloient des amoureuses flames:
Diane estoit en l'eau iusque vers le genoux,
Le reste de son corps si beau, si frais, & doux,
Imprimoit son portraict dans le miroir liquide,
Qui flottoit par amour sus l'onde cristalide.
Les flots premiers venus, qui touchoient les beaux lis
De ce corps si serain au mesme ciel cueillis,
Auec le gay vermeil qui leur beauté vermeille,
Demeuroient englacez d'amoureuse merueille,
Et se contre-imitans au vouloir naturel
Ils vouloient voir tousiours ce beau flanc immortel,
Sans plus couler en bas sous la dance ordinaire,
Ains demeurer en haut par vn pouuoir contraire,
Mais les flots qui nouueaux sortent espaissement
De la sacrée font, d'vn doux auancement
Vont repoussans les flots qui premiers en carriere
S'arrestoient aux beautez de si douce lumiere:
Mais eux comme glacez, ou d'amour enchantez,
De baiser ces douceurs, & de voir ces beautez,
Faisoient ferme, constans aux attaques forceantes
Des ondes qui venoient rondement desplaceantes,
Lesquelles d'vn vain pas ruissellans leurs efforts
Sus les autres couroient, & versoient sur les bords.

   Maintes ieunes beautez nues comme leur Dame,
Estoient dans la fontaine, & d'vn cœur plein de flame
A bien seruir la belle, alloient auec la main
Prendre mignonnement de ce cristal serain,
Et en le rependant ore contre les hanches,
Tantost au sein enflé de deux pommes plus franches,
Et vers la belle face, & puis aux beaux cheueux,
Puis tout au long des flacs, & bref suiuant leurs vœux
Par tout ce corps si beau dont les beautez si belles
Lançeans de toutes pars mille douces quadrelles,

                                          Et

Et mille feux d'amour iusques aux fueilles du bois
Au lieu de cœurs grauoient leurs amoureuses loix.
La fidelle Rhanis, & la prompte Hyale,
La mignarde Phecas, & la douce Phiale,
La lauoient doucement du beau flot azuré,
Et Crocale au milieu treſſoit ſon poil doré,
Beau poil eſpaiſſement riche de longue treſſe.
Que ceſte artiſte Nymphe annelle, friſe & treſſe.
     Tandis que ces beautez eſtoient ainſi dans l'eau,
Et mirans tout d'vn coup leur corps ſi doux & beau.
Le veneur Acteon venu par la fortune,
Qui luy fut ſi courtoiſe, & enſemble importune,
Aborda ceſte font où ſes yeux peurent voir,
Ce que iamais les Dieux n'ont peu aperceuoir.
Car il veit pleinement ceſte chaſte Deeſſe,
Toute nuë dans l'eau deſplier la richeſſe
De toutes ſes beautez, que la belle vertu
Couuroit d'vn veſtement de pudeur reueſtu,
Il veit ce diuin corps auec ſes Damoiſelles
Monſtrer nud à ſouhaict ſes beautez immortelles,
Sans voiles, & ſans fard, ains naturellement
Ses membres delicats aux yeux naïfuement,
Lors l'ame d'Acteon veit deux ſortes de fleches
La bruſler à l'inſtant, & luy faire de breches,
L'vne pour admirer ce beau corps ſi diuin,
Et l'autre de le ſuiure en l'amoureux deſtin,
Et d'adreſſer ſon cœur à Deeſſe ſi grande,
Et ſe rendre en amour de la celeſte bande.
Combatu de la ſorte, il diſoit en ſon cœur,
Qu'eſt-cecy, Acteon? eſt-ce vne feincte erreur,
Ou bien le meſme vray, ceſt obiect admirable,
Qui ſe rend à mes yeux ſi diuin & aimable?
Suis-ie dedans le Ciel au iour des Deitez?
Ou bien ſuis-ie plus haut que leurs felicitez?

O

Ou poßible eſt-ce bien quelque ſonge fantaſque,
Qui les yeux, & le cœur me trouble de ſon maſque?
Ore ie ſuis eſpris de mille feux d'amour,
Et tantoſt vn reſpeʼct m'embraſſant à ſon tour,
Me veut faire adorer ces beautez de Deeſſes,
Si bien que les efforts de deux diuerſes preſſes,
Preſſans en meſme temps ma raiſon, & mes yeux,
Priuent mon iugement de cognoiſtre mon mieux,
Et rendent mon vouloir au chœur de ſes limites
Comme vn morceau de fer entre deux calamites,

    Mais helas! quel deſtin ſe vient offrir à moy?
Plus ie voy ce beau front plus mon œil y connoy
De nouuelles beautez qui le font admirable,
Autant que mon amour a le voir immuable?
I'y reconnoy touſiours de plus rares beautez,
Tant plus a ſes regards mes yeux ſont arreſtez:
Mais ſoit vne Deeſſe, vne beauté ſi belle,
Ou bien quelque beauté de la race mortelle,
Ie la veux aller voir de plus pres, & amant,
M'employer courageux à la ſuiure ardammant:
,, Car la belle Venus en ſes loix nous affie
,, Que l'amoureux coüard n'eut iamais belle amie:
Allons doncques mon ame en vn ſuieʼct ſi beau,
,, Il faut chercher l'amour meſme iuſque dans l'eau.
,, C'eſt trop peu en amours d'auoir la veuë heureuſe,
,, Il faut voir de plus pres d'vne ame auantureuſe,
,, Hors de moy le reſpeʼct, & l'arreſtante peur,
,, Plus grand eſt le ſuieʼct plus demãde vn grãd cœur.
    Acteon de la ſorte eſpandoit ſon langage,
Ayant dedans be cœur mille flames d'orage,
Dont l'amour tresbuchant du beau celeſte en bas
D'vn violent deſir luy liuroit les treſpas.
Et hardy s'auançant vers la claire fontaine,
Pour mieux voir les douceurs de beauté ſi hautaine,
Quand

Quand Diane aussi tost s'esmeut ireusement,
D'vn homme si hardy en son embrasement,
Et que sans respecter sa vertu si diuine,
Il s'estoit arresté d'vne veuë trop fine,
Et par trop arrestée à voir nud son beau corps,
Où l'honneur precieux gardoit ses beaux thresors.
Elle sentoit au cœur vne honte, vn martyre,
L'oppresser à l'instant de la honte, & de l'ire,
De honte à se connoistre ainsi nuë aux regards
D'vn effronté chasseur, en l'eau de toutes parts,
Et d'ire à se venger de la trop grande audace
Dont ses yeux s'arrestoient au diuin de sa face,
Sans nulle reuerence, ains en temerité,
Profane, n'adorer si grande Deité.

   Tandis de tous costez autour de leur maistresse,
Les Nymphes s'assemblans font vne large presse,
Pour cacher son beau sein aux regards du chasseur,
Que l'aueugle desir d'vne sombre espaisseur
Alloit bandant les yeux en luy desbandant l'ame
En l'amoureux obiect de si parfaicte Dame.

   Mais la Diuinité qui commande aux forests,
Aux enfers, & au Ciel, sans faire plus d'arrests,
Print de l'eau dans la main, & la darde au visage,
De l'amoureux chasseur, & luy tint ce langage,
   Vante-toy desormais, chasseur audacieux,
Aux Dames de ça bas, que le sort ennieux
Du secret de mon sein t'a fait voir toute nuë
La belle qui commande en l'estoille cornuë,
Que tu m'as veu dans l'onde & de regards tres-doux
Te donner de mes yeux mille aggreables coups,
Comme flesches d'amour en ton ame tombantes.
Meslées de douceurs, & de flames bruslantes:
Si tu te peux vanter de m'auoir veuë ainsi
Ie te donne congé de dire tout cecy.

                                        Diane

Diane qui se dit si chaste & retirée,
M'a faict voir à plein fond sus la vague azurée
Son beau corps reluisant comme perles en l'or,
Et ses Dames en l'eau toutes nues encor',
En l'onde se monstrer en leur beauté plus belle,
Pour attirer de moy vn iugement fidelle;
A donner le beau myrthe à celle où les beautez
Sont auec plus de grace, & plus de maiestez,
Et pour me fauourir des plus douces caresses,
Que cherchent les amans au sein de leurs maistresses.
Vante-toy de la sorte, ainsi que ton desir
T'en imaginera le glorieux plaisir:
Mais tandis maintenant pour moderer la flame
Dont le iour de mes yeux va deuorant ton ame,
Ie te veux refraischir de ces flots precieux,
En te les respandant sus le feu de tes yeux,
De tes yeux qui si forts se rendent volontaires
D'estre à leur iour plus doux cruellement contraires:
„ *Car c'est trop aux humains de courage, & d'ardeur,*
„ *De chercher iusque au fond la gloire, & l'esplédeur*
„ *De la diuine essence, & d'vne ame esperdue*
„ *La vouloir voir de pres auec l'humaine veuë.*

 Ainsi disoit Diane au chasseur desastré,
 Qui baigné sus le front du flot sainct & sacré,
Se sentit tout soudain par le sort trop estrange
Eschangé tout le corps en vn funeste change.
Car d'homme fort & beau las! il se vait changer
Au corps gris & velu d'vn Cerf promt, & leger,
Et se poincter au front par ces ondes fameuses
Des brancars endurcis de deux cornes rameuses.

 Or si tost que les chiens d'Acteon malheureux
Eurent flairé le moins ce Cerf auantureux,
Ils coururent vers luy, non point comme à leur maistre:
Car ils ne pouuoient plus en rien le reconnoistre,

F

Ains comme vers vn Cerf ou leur art, & leur faim,
Veut exercer l'effort de son cours inhumain,
Le Cerf lors va fuyant loing du triste bocage,
Et flatant ses chasseurs par vn nouueau langage:
Mais les chiens le chassant, & ignorant sa voix,
Qui va comme d'vn Cerf, renforcent leurs abois,
Et leurs fumans desirs, & leurs courses legeres.
Et l'atrapent en fin dans vn champ de fougeres,
Où chasseurs sans pitié, cruels, vont deschirans
Le pauure Cerf leur maistre, & le vont deuorans.
Ainsi veit Acteon sa mortelle ruïne,
Pour auoir trop osé en la beauté diuine :
Car haussant ses desirs plus haut qu'ils ne deuoient,
Il fut precipité de ceux qui le seruoient.

L A

LA
DORIMANCE
AVANTVRE DE
MARSIN.

ARGVMENT.

MARSIN raconte à Cleãdre ſon amy, par quel moyen il auoit ſçeut les nouuelles du retour de Catin ſa Nymphe, ſurquoy il luy diſcourt qu'il treuua ſur la montaigne de la fontaine de Vaucluſe vn cartier de roche, où eſtoit graué vne ſçience d'eau, autrement nommée la Dorimãce, pour aprendre ſi la beauté que lon aime eſtát abſente doit reuenir ou demeurer, dont cómencant ce charme amoureux au bord de ladicte fontaine, dans vn vaiſſeau d'Albaſtre, & ayant requis l'Aurore, l'aſtre de Cypris & l'Amour, il eſt aſſeuré du retour de ſa Nymphe par moyen d'vne roſe poſée au milieu dudit vaiſſeau.

AH ! que l'Amour eſt grand, & d'extreme puiſſance.
Son pouuoir ſouuerain paſſe toute ſçience,
Il penetre par tout, & de tout il ſe duiſt,
Il ſe ſert tres-expert du iour & de la nuiſt,
Des flames, & des eaux, comme on pourra connoiſtre
En ces vers où ſes vœux ſe font ſi bien paroiſtre.
C'eſtoit vn iour d'Eſté que l'Aſtre Tymbrean

Rallumoit ſes regards au flambeau Nemean,
Que l'amoureux Marſin & ſon amy Cleandre,
Eſtoient dans vn vergier où ſe venoit reſpandre,
A longs bras noirciſſans l'ombre des frais Ormeaux
Qui combatoient l'effort des etherez flambeaux,
Et aſſis aux carreaux du fleuriſſant herbage,
Marſin ouurit la porte au flus de ce langage,
Pour paſſer plus à doux le reſte de ce iour,
Et luy faire ſçauoir de ſon deſtin d'amour,
Et comme il auoit ſçeu la nouuelle aſſeurée,
Du retour de Catin, ſon cœur, ſa Cytherée,
    Que l'amour ſoit ma vie, & mes plaiſirs l'eſpoir,
Qu'ore tout plein d'amours on me voye aparoir,
Que ie n'aye en l'eſprit que delice immortelle,
Que d'vn chant de douceur ma voix ſe renouuelle,
Puis que la belle Nymphe idole de mes yeux
Doit bien toſt reuenir en l'amour de ces lieux.
,, Iamais le deſeſpoir, ce fier tyran de l'ame,
,, Ne ſe deuroit placer en l'amoureuſe flame,
,, Non il ne faut iamais ſe defier d'amour,
,, L'eſperance, & l'ardeur nous doit ſuiure touſiour.
,, Imitons le Soleil, non l'inconſtante Lune,
,, Noſtre ame en ſes amours paroiſſe touſiours vne,
,, Modeſte en ſes plaiſirs d'vn froſt touſiours vaincueur,
,, Et conſtante d'eſpoir à brauer la rigueur
,, Du ſort qui eſt vaincu, ſi toſt que l'eſperance
,, Se campe dans le cœur auec la patience,
Ainſi que i'ay domté ma peine, & le deſtin,
En l'eſpoir du retour de ma belle Catin.
Mais tu ſçais bien, mon cœur, de quelle beauté rare
Ceſte belle Catin diuinement ſepare,
Comme fleur de Prouence, & laurier du Comté
Pour mon amour extreme en ſa meſme beauté.
Or durant ce deſtin qui me deuroit l'ame,

Pour

Pour estre absent du iour de ma celeste Dame,
Ie m'estois retiré porté de mes douleurs,
Et de mes durs ennuis, & de mes larges pleurs,
Vers les monts buissonneaux de Vaucluse la belle,
Pour amoindrir vn peu ma fortune cruelle,
Et noyer vne part des mes feux rigoureux
Dans le goulffre azuré de ses flots amoureux.

Or en me promenant par les vertes campaignes,
Ore aux sombres valons puis au front des montaignes,
Ayant tousiours au flanc les soucis inhumains,
Qui m'opressoient le cœur sous leur mortelles mains,
Ie treuua sus le dos de la croupe seraine,
Qui descharge du sein ceste riche fontaine,
Vn cartier de rocher par le foudre escorné,
D'Oliuastre & de thin autour enuironné,
Où ie veis engraué d'vn burin d'excellence
Vn artifice d'eau pour sçauoir si l'absence,
Du beau suiect aimé dois poursuiure tousiour,
Ou si lon doit attendre vn gracieux retour.
Vn de ces vieux Pasteurs qui dedient leurs troupes,
Sus le fecond tapis de ces superbes croupes,
Me comta que iadis la Nymphe au clair renom,
Dont ceste belle source emprunte le beau nom,
Vne fois pratiqua ceste douce magie,
Au temps que le Zephir son amour & sa vie,
Par vn absentement luy celoit ses souspirs,
La richesse, & l'honneur de ses plus beaux saphirs.
Donc, à fin de sçauoir si ma belle guerriere:
Mais plustost mon souhait, mon cœur & ma lumiere,
Reuiendroit point icy redonner ses clairtez,
Pour refaire ma gloire au iour de ses beautez.
Ie commence, amoureux, ce charme en ceste sorte,
Sus le poinct que le ciel ouuroit vn peu la porte
A l'Aube dont les doigts Amalthées de fleurs,

Bigarroient l'Orison de nouuelles couleurs
   Ie m'eslança trois fois au cristal de ceste onde,
Au mesme endroict bruyant de sa source feconde,
Puis regardant les eaux & luy parlant d'amour,
D'vne robe d'azur ie me vest à l'entour
Puis apres de Verueine en façon de couronne
Mon front & mes cheueux doucement i'enuironne,
Puis ie frangea la font d'vn bord plaisant & fier
De fougere, & de chesne & de doux oliuier.
Et puis tenant les mains, & les yeux vers le Pole,
A l'Aube i'adreſſa ceste douce parole,
D'vn œil alternatif visant les belles eaux,
Et le celeste cours des amoureux flambeaux.
   Portiere du Soleil, que l'Indien reuere,
Fauoris de tes feux ceſt amoureux myſtere,
Que la douce beauté de ton tetin riant
M'augure de m'amour l'amiable Orient,
De ta rosine main si bien printanisée
Verse dans ce vaiſſeau la perlante rosée,
La courtoise Naïade ornement de ces flos,
L'a sorti maintenant des thresors de son clos,
A fin qu'en sa faueur ie sçaiche si Madame
Reuiendra point icy pour alleger mon ame:
O belle blonde Aurore, ainsi ton doux amant,
N'aille iamais son teinct sous les ans consomant,
Ains touſiours la beauté de ceſt heureux Cephale
Au doux printemps des Dieux ses années esgale,
Mais ne sçauray-ie pas l'aigreur de mon deſtin,
Ou bien le doux retour de ma belle Catin?
Honore donc ma flame, & dores ce myſtere,
Portiere du Soleil, que l'Indien reuere.
   Venus, mere d'Amour, douce beauté des Cieux,
Aſtre, dont les doux rais brillent si radieux,
De tes rayons si beaux vien esclairer ce charme,

Donne

Donne icy de tes yeux vne perle,vne larme,
Arreste vn peu le train des celestes flambeaux,
Ore que tu me voy sus le bord de ces eaux,
En ce craintif espoir,en ceste douce peine,
Qui doit rendre ma gloire, ou ma peine certaine,
Pour sçauoir la venuë, ou le seiour amer
De la belle dont l'œil me sçeut si bien charmer.
O Reine de beauté, douce mere des Graces,
Ainsi tousiours Auril puisse viure où tu passes,
Ainsi Mercure,& Mars adorent ton bel œil,
La Lune,& Iupiter & l'amoureux Soleil,
Ainsi sus tes autels pleins de flame iumelle
Soient offerts les desirs de la fille rebelle:
Mais ne sçauray-ie pas l'aigreur de mon destin,
Ou bien le doux retour de ma belle Catin?
Mettray-ie pas vn terme à ma griefue destresse?
Belle race du Ciel,gracieuse Deesse,
Prens soing de ce mystere,& conforte mes yeux,
Venus,mere d'amour,douce beauté des Cieux.

　　Heureux sacré vaisseau,doux amoureux Oracle,
Ou le pleur,ou le ris de l'amitié s'oracle,
Fatal present d'Amour,doux albastre si blanc,
　Qui portes engraué sus la lice d'vn flanc
La Reine d'Amathonte en son carrosse assise,
Lors qu'elle vien cherir son amoureux Anchise,
Sois ferme ie te prie,honore mon ardeur,
　Que la perfection de ta belle rondeur.
Me soit heureusement vn signe fauorable,
D'attendre de ma belle vn retour secourable.
Ton autre flanc paroit le sonneur Thracien,
Alors qu'il enchantoit le Roy Thenarien,
Des beautez de sa voix dont le diuin blandice
Luy feit reuoir les yeux de sa chere Eurydice.
Conserue sainct albastre en amoureux acords,

Ce fleuron, & ces eaux dont ie baigne tes bords,
Ces eaux, & ce fleuron sont les honneurs du monde,
La belle Aube' & Cypris la rosée y abonde:
Mais ne sçauray-ie pas lequel de mon destin,
Ou bien le doux retour de ma belle Catin?
Sers donc à ce mystere, à ce sucré miracle,
Heureux sacré vaisseau, doux amoureux Oracle.
Iusques aupres du bord de ce riche vaisseau,
I'ay mis esgalement de quatre sortes d'eau,
La premiere est du sein de ceste Font heureuse,
L'autre du clair azur d'Annese l'amoureuse,
La troisiesme du Rhosne, & l'autre de la Mer:
Puis qu'amour est plus doux apres vn peu d'amer.
　　Iustement au milieu de ces ondes diuerses,
Courrieres de ma gloire, ou bien de mes trauerses,
Vne rose i'ay mis dont les viues couleurs
Descouurent le printemps d'vn paradis de fleurs.
Ceste vermeille fleur, douce, a esté cueillie,
Par la main de Mercure aux vergers d'Idalie.
Où la beauté de Cypre & le mignard Adon,
Souspiroient les douceurs du feu de Cupidon,
Dont les ieunes souspirs, ainçois les amourettes,
Semoient parmy les pres vn doux May de fleurettes,
Fleurettes qui portoient en leurs fueilles d'amours
Escrits en lettres d'or leurs amoureux discours.
Du costé de l'albastre où Venus est portraicte,
I'ay semé largement le lieu de violette,
De lis ouuers & clos, de trefle & de lauriers,
De mirthe, & de rameaux tirez de deux palmiers,
De muguet, de lectue, & de melisse encore,
Qui d'odeur de Cytron son bel esmail honore,
Cueillie aux champs Cretois, auec la chere fleur
Du Dictame, Idéen si diuin en valeur,
C'est pour signifier le retour fauorable,

Mais

Mais l'autre pour noter l'absence insecourable,
Où le graueur a mis Orphée le diuin,
I'ay tout couuert de sus,de gui,de rosmarin,
De poliot,de rue, & de la mille-fueille,
Et d'vne passe-rose entre pasle & vermeille:
Mais las! verray ie point l'agreable retour,
De ma belle Catin ma fleur, & mon beau iour!

     Sainct obiect de mes yeux,plusque belle Cyprine,
Tout ainsi que tu vois,ceste rose diuine,
Nager sus le milieu de ces riantes eaux,
Mon cœur a resloté sus le diuers ruisseaux
De mes pleurs angoisseux, soit quand ton ame fiere,
Alloit fuyant mes feux,mes vœux & ma priere,
Où soit qu'en m'esloignant du iour de tes beaux yeux
I''aye pleuré deux fois deux torrens furieux,
Où soit comme auiourd'huy pour ne voir ta presence
Mõ cœur se fonde en larme aux rigueurs de l'absence,
Mais ie vay voir mon mal, ou bien mon heur certain,
Ie sçauray si iamais ie pourray voir estein,
C'est Ocident cruel qui me vole la veuë
De tes yeux les Soleils & les Dieux de ma veuë:
Car si pour tout iamais ce fier estoignemeut
Me doit tenir caché leur doux rayonnement,
Vers la gauche costé du vieux honneur de Thrace
Ceste rose eslira sa douloureuse place:
Mais si le Ciel propice à ma fidelité
Doit reconduire icy le iour de ta beauté,
Deuers l'endroict aimé de la belle Deesse
La fleur s'yra planter d'vn repos de liesse,
Il me faut donc tenter à l'aube de ce iour
Si ma belle Catin ie verray de retour.

     O grand diuin Demon, Amour souuerain maistre,
Qui donne aux beaux desirs le pouuoir de paroistre,
Principe de la vie, & destin de nos iours,

             F

Qui remplu l'vniuers de plaisirs, & d'amours,
Grand vaincueur de la mort, & source de la vie,
Nectar, qui pais ce Tout de douceurs, & d'enuie,
Lumiere de douceur, claire forme des corps,
Beauté, qui des haineux fais naistre les acords,
Doux moteur de la paix, parole precieuse,
Heros, qui voy par tout sa main victorieuse,
Enfant plus fier, & beau, & plus ieune & plus vieux,
Et le plus redoubté de la troupe des Dieux,
Enfant si doux & beau d'vne mere si belle,
Ame, & beauté des Cieux, ô victoire immortelle,
Qui portes vn brandon, vn arc, & vn carquois,
Pour ranger tout le monde au plaisir de tes loix,
Guerrier au dos aislé, tousiours promt & volage,
Nud, allegre, & riant de cœur & de visage,
I'inuoque ta beauté, doux monarque des cœurs,
I'implore ton pouuoir, grãd vaincueur des vaincueurs,
Descends à ce matin de ton Palais celeste,
Vien moy rendre à ce coup ta faueur manifeste,
Vien moy faire sçauoir en ce charme amoureux
Le sort qui me doit rendre heureux, ou malheureux,
Aprens à mes desirs par ceste belle rose,
Le cours de mes amours que le destin propose,
Fay moy doncques sçauoir l'absence, ou le retour
De ma belle Catin, ma fleur & mon beau iour.

     Ne tardes plus, Amour, douce Angelique flame,
De venir fauorir le desir de mon ame,
Vien animer ce charme, à fin qu'en ta faueur
Ie sçaicha de mon sort la grace, ou la rigueur,
Pour esmouuoir de là ceste rose enchantée
Ie n'ay point inuoqué le muable Prothée,
Ny la triple Hecatex, Reine du monde noir,
Ny les esprits d'enhaut, ny ceux du bas manoir,
Ie n'ay prié que toy, Amour, feux inuincibles

                                    Feux,

Feux, qui se vont portans mesme aux corps insensibles,
Amour, ame des yeux, Amour, second Soleil,
Amour, qui tiens ton siege au b[...] d'vn bel œil,
Seul Roy des beaux esprits, amy[...] es larmes,
Clair Ocean d'audace, & doux [...]eau des armes,
Diuin charme & fureur, & cause de tout bien,
Qui ioincts les differends d'vn tresferme lien,
Amour, enfant du Ciel, Amour, beauté diuine,
Amour qui les pensers vers le Ciel achemine,
Ie n'ay prié que toy, doux ministre des Dieux,
Pour autant qu'en la terre, en mer, en l'air, aux Cieux,
Tu gouuernes les fleurs, l'onde, les vents, les flames,
Et le desir des Dieux, & le destin des ames.
Pour enfumer ce lieu d'vne deuote odeur,
Mon esprit allumé de ta celeste ardeur?
Ses souspirs fait seruir pour thresor de Sabée,
Tenant reuerement la face en bas courbée,
Fay moy doncques sçauoir de l'amoureux retour
De ma belle Catin, ma fleur & mon beau iour.

    Helas ! ie voy des-ja que ceste fleur isnelle
Vers la mere Venus à passades chancelle,
Ie voy qu'elle s'en va vers le bord amoureux:
Mais ie voy maintenant, ô destin rigoureux!
O cruauté du sort, qu'elle tourne en arriere!
C'est vn signe certain que ma belle guerriere,
Veut reuenir icy pour finir ma douleur:
Mais quelque Astre cruel luisant en mon malheur.
Empesche son retour, ô fiere destinée!
Es-tu contre mes vœux si fort determinée?
De contraindre ma belle ! ô fidelle beauté,
Mon cœur, mon doux Soleil & ma felicité,
Si le desir te poind que ton œil fauorable
Vienne remettre en vie vn amant miserable,
Hé que ne forces-tu la cruauté des Cieux,

Par le moyen d'Amour qui luiſt en tes beaux yeux?
Et toy, mere d'Amour, ne voy-tu point mes larmes?
Las! ne reſſens……point tant de mortels allarmes
Que i'endure……porte abſent de ce bel œil?
Voy-tu pas qu……mal eſt vn mal nompareil?
Deſtourne les courroux de ceſt Aſtre aduerſaire,
Auray-ie donc tous iours la fortune contraire?
Et ne verray-ie point l'agreable retour
De la belle Catin, ma fleur & mon beau iour?
        Ay ie tenté ce charme, auanture cruelle!
Pour ſçauoir, malheureux ſi facheuſe nouuelle?
Hé n'ay-ie pas bien veu, que las! preſque touſiours
La fortune s'obſtine a nuire à mes amours?
Pouuoy-ie bien attendre vn retour fauorable
De ce ſoleil ſi doux? ô Ciel inexorable!
T'auray-ie donc ſi fort pour cruel ennemy?
Et ſeras-tu touſiours en mon bien endormy,
Et veillant à mon mal? ô Parque rigoureuſe,
Vien finir à ce coup ma trame malheureuſe!
Vien, ie te prie, vien, haſte-toy promtement,
Vien limiter maſiour & finir mon tourment,
Puis qu'ore ie ſuis veuf de la douce eſperance
De reuoir mes amours! puis qu'en toute aparance
Ie connoy que le Ciel s'oppoſe à mes deſirs,
Il me faut retirer de ces longs deſplaiſirs,
Qui tenaillent mon cœur, & d'vn conſtant courage
Tuer en mon treſpas la fortune, & l'orage!
Il le faut doncque faire, & ſans plus differer
Il faut chercher la mort à fin de s'auourer
Vn ſort plus gracieux: Mais quoy? que veux-ie faire!
Peris-ie ſus le bord? mon diuin tutelaire,
Amour, mon doux apuy, ce fleuron de beauté
Retourne doucement vers le dextre coſté,
Ie le vois, il eſt vray, ce n'eſt pas vne feinĉte,

Il

Il fraye ja ce bord d'vne bien gaye atteincte,
Arriere defespoir, arriere fiere mort,
Ie voy de mes amours le doux phare, & le port!
Que l'amere douleur cede à la douce ioye,
Sus quel fleuue d'amour mon efperance ondoye!
Ie me perds en nectar, ie fuis tout enchanté,
Quand ie penfe au retour de ce iour de beauté!
Ne retardes donc plus, reuien belle maiftreffe,
Vien chaffer de tes feux la glace qui m'opreffe,
Vien redonner la vie à mon heureux deftin,
Reuien mon beau Soleil, reuien belle Catin.

    Ie voy donc maintenant, que la rofe retourne
Au riuage d'Amour, ie voy qu'elle y feiourne,
Ie voy que doucement il femble qu'elle y dort,
Si bien elle eft conftante au baifer de ce bord,
Reffoui-toy, mon cœur, c'eft figne que Madame
Me rauira bien toft aux faueurs de fa flame,
C'eft figne que fes yeux de mille efclairs d'amours
Doiuent chaffer l'ennuy qui m'ombrage les iours,
Et que d'vne ame douce en amitié conftante
Elle rendra ma vie heureufement coutente,
Ie fuis donc affeuré de voir en peu de temps
Ces beaux yeux azurez les Cieux de mon Printemps,
Ie te dey donc reuoir douce, & belle Deeffe,
O terre, ô mer, ô ciel, ô dieux quelle lieffe!
O que diuin, & beau m'eft ceft heureux deftin,
Reuien mon beau Soleil, reuien belle Catin.

    Amour, diuin archer, ame des amourettes,
Zephir, de qui la terre embafme fes fleurettes,
Que toufiours tes foufpirs d'vn mignard ventellet,
Tiennent en ma faueur ce fleuron verdellet
Vers le bord gracieux de ta mere Erycine.
Empourpe doucement cefte fleur adoninne
Toufiours vers cefte riue, à fin que mieux efpris

F 7

Des faueurs de l'eſpoir, i'attende ma Cypris.
Ne permets qu'autre vent que toy, ſucré Zephire,
Parmy ces cheres eaux ſe pourmeine, ou ſouſpire,
De tes ſouſpirs dorez baiſote ceſte fleur,
Elle a de mon Soleil l'amoureuſe couleur,
Entretient la touſiours ſus ceſte heureuſe riue.
Sa face eſt de beaucoup plus mignonne, & naïfue,
Eſtant auec ta mere, & ſa douce beauté
Y ſemble auoir le front de double nouueauté,
Mais de meſme le beau du deſtin de mon ame
Reçoit vne autre gloire aux faueurs de Madame,
Reuien donc, la douceur de mon heureux deſtin,
Reuien mon beau Soleil, reuien belle Catin.

    Belle Reine des fleurs, belle roſe amoureuſe,
Delicieuſe fleur, fleur, ſi douce & heureuſe,
Qu'à iamais tes beautez & ton mignard Printemps,
Eſleuent leur honneur ſus l'iniure du temps.
Que la belle Catin que mon œil idolaſtre
Te loge en ma faueur en ſon beau ſein d'albaſtre,
Albaſtre où mes deſirs vont ſans fin ſe mirant:
Mais qu'vn repos diuin t'yra lors bien-heurant,
Sus la neige, & le lis de ſi douce poictrine!
Où de ſes doux ſouſpirs la gaye ame ambroſine,
Eſleue coup, à coup d'vn lent pantoiſement
Deux petis montellets ſi amoureuſement!
Que tu ſeras heureuſe, ô geme des Carites,
De baiſer ce beau ſein plein de tant de merites?
Mais tu merites bien ce glorieux honneur,
Puis que par ton moyen Amour, & le bon-heur,
A raui du treſpas ſon amant ſi fidele:
Mais, ô mon clair flambeau, ma douceur immortelle,
Reuien belle, reluire à mon heureux deſtin,
Reuien mon beau Soleil, reuien belle Catin.
    L'Honneur des Indiens, la vermeille courriere,
                                    Ouure

Ouure du beau Leuant la fleurante carrie͞e,
On ne voy plus rougir en la face des Cieux
Que le l'oiel Paphien les rayons gracieux,
Donc à fin d'acheuer auec l'Aube vermeille
Ce charme fauorable où mon cœur s'esmerueillè,
Ie l'yray finiſſant au doux de ce matin
A l'honneur des beautez de ma belle Catin.

Clair Astre de mes iours, ma vie, ma Deeſſe,
Suiect de mes deſirs, grandeur de ma ieuneſſe,
Beauté de noſtre ſiecle, amie du Soleil,
Qui donnes tant d'amour au poinct de ton reſueil,
Ame du charme doux qui rend douces mes larmes,
Et cheres les rigueurs des amoureux allarmes,
O belle, dont les iours ſi beaux, & gracieux,
M'animent d'vne autre ame, & m'eſtonnent les yeux
De meſme qu'immortelle eſt noſtre diuine ame,
Immortel eſt l'honneur de ma fidelle flame.
Et ainſi que ſans pair eſt le luſtre des Cieux
Sans pareil eſt l'honneur dont i'aime tes beaux yeux:
Mais à fin que ma voix de belle fin s'honore
I'embelliray ſa fin de ton nom que i'adore
Auec ces vers ſi doux qui dore mon deſtin,
Reuien mon beau Soleil, reuien belle Catin.

Le fidelle Marſin ainſi faiſoit entendre,
Ce diſcours amoureux à ſon aimé Cleandre,
Qu'il cheriſſoit autant que Pan les Paſtoureaux,
Les Paſtoureaux l'honneur de leurs belans aigneaux,
Et les aigneaux l'amour d'vne flairante prée,
La prée la douceur d'vne ſource ſacrée:
La ſource la beauté de ſes frais ruiſſellets,
Les ruiſſeaux les beaux prés, les prés les aignellets,
Les aignellets l'honneur de leur Paſteur fidelle,
Le Paſteurs le Dieu Pan, & la ſaiſon nouuelle.

A V A N

AVANTVRE
D'ANGELIQVE.

ARGVMENT.

CE victorieux, docte & recommandable Roy de France Charles le grand Empereur des Romains, s'estant pacifié auec les Sarrasins d'Espaigne, tient Court ouuerte à Paris, quand la Princesse Angelique du Catay arriue à la Court auec son frere Argail, laquelle proposant à l'Empereur le suiect de sa venuë, les plus estimez Cheualiers en deuiennent extremement amoureux. Mais durant ce discours le sage Magicien Maugis de Clairmont fils du Duc d'Aigremond s'en va en son Palais, où il connoist par sa science le traistre dessein d'Angelique dont il se delibere de l'aller tuer en son pauillon, où s'estant conduict sur le soir il y entre secrettement. & la treuue endormie, mais il en demeure si bié pris d'amour qu'il ne veut point passer ou re, mais tandis Angelique s'esueille, & son frere aussi, qui arriuant là lie Maugis pieds, & mains, dont apres par moyen de son liure de Magie qu'elle luy treuua au sein, elle le mande au Catay à son Pere le Roy Galafron, qui soudain le fait emprisonner dans vn Chasteau.

Chasteau. Ceste auanture est à l'imitation du
premier chant de Roland l'Amoureux.

EN la fureur d'Amour par les beautez
  guidée,
  Et de fureur de Mars de l'Amour com-
  mandée,
Ie me sens enflammer au Printemps de ce iour,
Aux amours d'vne guerre, aux guerres d'vn amour,
A fin que tout brillant & comblé de merites,
Par le sacré moyen des celestes Carites,
Ie chante, auantureux, l'Amour & les guerriers,
Sous les Mirthes plus doux & sous les verts Lauriers.
Que donc ore l'azur de la belle Vaucluse
Me redore l'audace, & renflame la Muse,
Pour m'enrichir d'vn heur aussi requis, & grand,
Que braue est le suiect que mon ame entreprend,
A repeindre l'honneur de la Saison antique,
Aux amoureux destins de la belle Angelique,
Princesse du Catay dont les traicts des beaux yeux
Domterent, doux vaincueurs, les plus audacieux,
Qui de mille combats, & d'audace immortelle,
Preuuerent l'amitié qui les blessoit pour elle.

  C'est vn suiect tres-grand ce dessein entrepris,
Mais d'vn oser si beau mon courage y est pris,
Que plus ie voy de peine en si superbe Histoire
Plus ie va de grand cœur, & plus i'attens de gloire.

  Le grand Charles François dôt l'heur & la valeur
Embasma l'Vniuers de sa royale fleur,
Tenoit sa belle Cour, comme Roy fauorable,
Ouuerte à tout le Monde, & à tous admirable,
A Paris en ce temps que la mere d'Amour
De desirs comme fleurs refleuronne le iour:
Quand au poinct d'vn disner où la paix & la grace
                                        Aux

Aux Cheualiers Chreſtiens auoient donné la place,
Et que maints Sarraſins par la paix inuitez,
Au feſtin de ce Roy ſe treuuoient enfeſtez,
Lors que voicy venir ſe paroiſtre à la ſale
Vne Dame en beautez à Cytherée eſgale,
Ou plus diuine encor' ſi les ſecrets des Cieux
Ont rien de plus diuin que la beauté des Dieux.
Amour qui ſes beautez eſliſoit pour ſon temple
En ſceptroit de ſon iour ſa puiſſance plus ample,
Et des airs ſi ſerains de ſes aimez, regards
Dardoit viſiblement ſes flames, & ſes dards,
Et faiſoit ſon beau Ciel ceſte royale Terre,
Et tous les regardans triomphoit à ſa guerre.
Qui de voir ſon bel air, ſon maintien & ſon port,
Et ſon beau veſtement ſi riche, & ſi accort,
Ne l'eſtimoient pas moins en la iugeant Princeſſe,
Le parfaiĉt des humains, ou bien quelque Deeſſe,
Tant auec ſes beautez ſes attraiĉts gracieux
Eſmerueilloient les cœurs, & contentoient les yeux.
Si toſt que ce Soleil nouuel amour des ames
Eut reſclairé la court de ſes iumelles flames,
Soudain les plus beaux yeux & les plus vaillãs cœurs
Feirent place aux lauriers de ſes regards vaincueurs,
Par moyen de l'Amour qui brillant en ſa face
Dardoit de tous coſtez, flambeaux, deſirs & grace,
Ainſi que le Soleil en ſa ronde beauté
Reſpand de toutes parts feux, ardeur, & clairté.
La troupe qui luiſoit d'infinies Princeſſes,
Illuſtres de beautez, d'honneurs & de richeſſes,
Perdit le doux eſclat de ſon luſtre plus beau,
Comme dans vn iardin au temps du Renouueau
On voit parmy les fleurs diuerſes de teinĉture,
De façon, & de port, de grace, & de nature,
Vn flamboyant ſoucy de cent plis orgueilleux

Paroi

Paroiſtre viuement d'vn beau plus merueilleux:
Ainſi d'vn cœur royal le iour de ceſte belle,
Paroiſſant en beautez de plus viue eſtincelle,
Emportoit les honneurs, l'amour, & l'eſplendeur.
Des belles qui luiſsient auec plus de grandeur:
Galerane, Clairice, Allide & Armeline,
Riches abondamment des preſens de Cyprine,
Princeſſes de beautez, & d'honneurs, & de ſang,
Au iour de ce bel œil ſe veirent de ce rang
Par ce doux Orient d'amoureuſe lumiere
Qu'Angelique verſoit de ſa flame premiere,
Et bien que les rayons de ces quatre beautez,
Reſpandit vn beau iour d'amoureuſes clairtez,
Que leurs feux, leurs attraicts comme celeſtes fleches
Feiſſent la guerre aux cœurs par deſirantes breches,
Qu'Amour par leurs regards ſi doux en leurs mydis
Printaniſa ce lieu de ſon beau Paradis,
Toutesfois leurs clairtez, leur hauteſſe, & leur grace,
Au rais de ce flambeau reſterent ſans audace,
Comme alors que l'Aurore aux coffins pleins de fleurs
Vient garnr le matin de ſes belles couleurs,
Les amoureux rayons de l'aſtre d'Erycine,
Annonçeant de Phebus la carriere diuine,
Se font voir rayonnant comme vn petit Soleil,
Parmy les feux du Ciel, qui ferment leur bel œil
Voyans venir ſi beaux en lumiere ſi grande
Les rayons que Cypris de ſon aſtre desbande.

   Tant de rare ſuiect dont la Court s'honoroit
D'vn paſle eſtonnement ſon front deſcouloroit.
Voyant ce nouueau iour dont la clairté nouuelle
Effaçoit ſa lumiere auparauant ſi belle.
Et premiere en honneurs auant que ceſt Amour,
Ce parfaict Indien fut venu à la Cour.
Les ames ſommeilloient en ſilence eſtonnées

A voir

A voir sa belle face en qui les destinées
Auoient comme eslargy tout le parfaict du beau,
Puis mirans seulement son bel astre iumeau,
Ce leur estoit vn Ciel, voyant de tant de gloires
Parmy tant de beautez embellir ses victoires.
Par fois elles trembloient sous l'effort amoureux,
Quand vn de ses regards d'vn dard auantureux
Leur versoit dans les yeux la lumiere enflamée,
Dont non moins qu'admirable elle en estoit aimée.
Son corsage diuin tous les regards domtoit,
Et de le voir par trop leur penser enchantoit
En sa façon si douce, en sa royale grace.
Quelques yeux s'esleuoient au beau ciel de sa face,
Et puis ils s'abaissoient en son sein de Printemps,
Où les fleurs de beauté paradisoient leur temps.
Mais par fois ils tendoient de mesme amour ailée
Leur veuë au raretez de sa robe emperlée,
Qui d'incarnat plus riche à doux ardant fond d'or
Des honneurs du Leuant portoit vn beau thresor,
En figures de fleurs a compartis branchages,
Et des fruicts enchassez parmy leurs verts fueillages.
Quelquesfois ses regards se laschoient contre bas,
A l'endroict de ses pas comme ne s'osant pas
Asseurer aux amours des graces nompareilles,
Dont ce nouuel Amour descouuroit les merueilles,
Qui portant ses beautez aux honneurs de son nom
Me conuie au discours de son diuin renom,
Pour le faire paroir par vn traict plus vnique
Aussi bien que de nom de beautez Angelique.

   Mais quoy? l'on faisoit tort aux desirs du destin,
Qui destine l'honneur de ce discours diuin
A la voix d'Angelique au bord d'vne fontaine,
Dont elle se plaindra de l'amoureúse peine,
Et remirant dans l'eau ses beaux yeux rauisseurs,

Sa

Sa bouche si vermeille & si chere en douceurs,
Chantera ses beautez, ses amours, ses carites,
Ses trophées d'amour, & ses raves merites,
Aymant le preux Renaud le fameux Paladin,
Aupres du sein d'amour de la font de Merlin.
     Or celle belle Infante aux beautez si bien née,
De quatre fiers Geans estoit accompaignée,
Qui grands de corps terrible, & de regards hideux
Donnoient grace à sa grace estant au milieu d'eux,
Vn Cheualier doué de tres-belle apparance,
Et comme couronné d'honneurs de preferance,
La suiuoit à sa dextre ou la grace, & l'amour,
Brilloient esgalement leur force & leur beau iour.
Tant de diuers Seigneurs dont s'honoroit la sale
Descouurant les faueurs de la grandeur royale,
Detenoiët l'ame aux yeux pour mieux voir tout à faict
Ce bel Astre d'amour de beautez si parfaict,
Qui se plaisoit de voir les regards & les ames
Comme de papillons voltiter à ses flames.
     Les Dames, & les Grands dont se doroit la Cour
Comme d'Astres de Mars & de Soleils d'Amour,
Aussi tost qu'Angelique apparu à la sale,
Venans comme charmez d'vne force fatale,
Cesserent les discours, les regards, le disner,
Pour employer leur ame & leur veuë adonner
A voir, & contempler ceste beauté nouuelle,
Qui plus se faisoit voir, & plus paroissoit belle.
Or la belle approchant du vaillant Empereur,
Et l'ayant salué, vint ouurir la douceur
De sa celeste voix au cours de ce langage,
D'vn asseuré maintien, & d'vn riant visage.
     Grand Roy, grãd Empereur, grand nepueu de Cesar,
Brauesdont les valeurs marchent sus le hasar,
Tes immortels lauriers esmerueillans les terres

MAT

Marquent tout l'Vniuers des honneurs de tes guerres,
Monarque des François, tes valeurs, & ton cœur,
Te font esgalement plein de gloire, & vaincueur,
Si bien que ta grandeur que Minerue accompaigne
Enuole iusque Ciel le nom de Charlemaigne,
Et comme vn clair Soleil aux heurs se mariant,
Autant que le Ponant, il dore l'Orient,
Et le Sud, & le Nort, si bien que ta loüange
Qui l'aile du Renom de cent plumes refrange,
Volant aux airs serains du Catay renommé,
Noftre Païs tres-doux, non moins heureux qu'aimé,
Nous a fait desireux de ce loingtain voyage,
Pour venir voir ta gloire, & ton royal visage,
Et ta Court admirable en nombre de guerriers,
Qu'on die par tout le monde en valeurs les premiers.
Or nous auons laißé poußez des destinées,
Au leuant loing d'icy de deux fois cent iournées,
Le Catay noftre reigne, à fin de venir voir
Ton Empire où l'honneur se fait si bien paroir,
Mefme en cefte saison où la Paix fauorable
Te rend à tes voisins autant doux qu'admirable,
Où tu doy faire voir en cent braues tournois
Les honneurs de l'efpée, & du foudroyant bois,
Et combien tes beaux lis sont seruis de grâds Princes,
Et combien tu parois vn Dieu sur les Prouinces.
Mefmes les Sarrasins efmerueillez de toy,
Et comme grand Guerrier te connoiffant grand Roy,
Sont venus à ta Cour pour honorer la fefte,
Et y gaigner l'honneur vray prix d'vne conquefte.
Or la beauté si grande, & l'honneur de ta cour,
Nous a piqué le cœur d'vn si preffant amour,
Que nous auons quicté noftre natale terre,
Bien que quelque rebelle aimant l'iniufte guerre
L'oppreffe vers vn coing par maint superbe effort.
                                        Mais

Mais l'ardeur de te voir nous allumant plus fort,
Nous les a fait laisser, & charger les fidelles
De nos subiects plus grands à domter les rebelles.
    Et pource que l'on dit que le vaillant Guerrier
Qui de ces beaux Tournois gaignera le laurier,
N'aura point pour le prix de sa haute proüesse
De pierres de valeur, d'or, ny autre richesse,
Ains que tant seulement pour mieux le decorer
D'vn bien que la vertu sans fin puisse admirer,
On grauera ses faicts au Temple de Memoire,
Et pour l'orner alors des faueurs de la gloire,
Les roses de Cypris flambantes comme feux
D'vn beau couronnement chargeront ses cheueux,
Et porté du bon-heur que l'honneur enuironne
Tu le feras assoir en haut pres de ton throsne.
    Mon frere que voicy, de ce bien desireux,
Comme guerrier vaillant autant que genereux,
Cest Argail mon cher frere honneur du Ciel Indique,
Pour faire voir combien l'honneur de Mars le pique,
Te supplie par moy, comme au Roy le plus grand,
Qui pour le droict de tous la iuste espée prend,
Qu'il puisse seul iouster en la poudreuse plaine,
Contre les Cheualiers de ta Court si hautaine
Tant Chrestiens, que Payens, à fin qu'en tant d'hôneur
Ayant plus d'ennemis il ay plus de bon-heur,
Auec condition qu'vn chacun des gens d'armes,
Qui viendront contre luy vestir les dures armes,
Si tost qu'il sera mis en bas hors des arçons,
Sans aller rien chercher de nouuelles tançons,
Et d'enfraindre ta loy par quelques gloses vaines,
Serq son prisonnier seulement trois sepmaines.
A fin de luy apprendre en sa captiuité
Combien sa gloire est grande, & douce sa bonté.
    Or si quelque guerrier plein de tant de vaillance

                                                    I i

Et de rare bon-heur au combat de la lance,
Peut abatre mon frere, à celuy tant heureux,
Pour vn guerdon tres-riche, & sus tout amoureux,
Ie luy seray donnée, & sa belle victoire
En me gaignant ainsi luy doublera la gloire:
Car mon tige, royal, mon ame & ma beauté,
Secondant de mon nom la celeste clairté,
Font renommer par tout qu'en mon nom d'Angelique
Mon cœur, & ma beauté diuinement s'applique.

    Mon frere sera prest dés demain au matin,
Vers le champ appellé le perron de Merlin,
Où nostre pauillon dans vn beau pré superbe
En mille belles fleurs s'esleuera sus l'herbe:
Que donc tous Cheualiers de la gloire amoureux,
S'en viennent vn à vn espreuuer valeureux
En ce Cirque d'honneur à la lance mon frere,
Brauement attendant pour encore mieux faire.

    Ayant donné la fin à son langage doux,
Qu'elle alloit ruissellant tenant bas vn genoux,
Elle attendoit de Charle vn doux traict de responce,
Cependant que l'Amour qui de sa voix s'enfonce
Renuersoit sans repos dans le profond du sein
A tous les assistans vn amoureux essein
De flambeaux attrayans en cent diuerses sortes,
Douces diuersement & diuersement fortes.
Au iour delicieux de si rare beauté
Le magnanime Prince estoit presque enchanté,
Mais son cœur animé de la flame diuine,
Dont le plus beau penser au Ciel nous achemine,
Ne pouuoit donner place aux charmes, ny aux feux,
Dont se paroient si bien sa grace, & ses beaux yeux,
Ains contre leur assaut demeurant inuincible
L'impossible à tout autre en luy restoit possible.
    Charles ayant ouy ce genereux discours

sortir

Sortir si doucement de ses leures d'amours,
Voyant que les beautez de la belle Angelique,
Assistoient les vertus d'vn esprit angelique,
Il prisa beaucoup plus sa grace & sa beauté,
Par moyen de l'esprit si riche de bonté,
Et pour la contenter du desir honorable,
Dont elle auoit ouuert sa parole admirable,
Il vint par vn prier fauorable, & royal,
Et suiuit d'vn acueil tres-courtois & loyal,
La leuer de genoux, & de sa main guerriere
En luy tenant sa dextre en amours si alticre,
Il luy parla d'vn air ainsi facile & doux.
Certes tant de beautez ont leurs places en vous,
Belle & grande Princesse. autant belle que grande,
Que vous auez desia l'heur de vostre demande,
Elle est trop apoinctée aussi tost que l'Amour
Au son de vostre voix la met si bien au iour,
Rien ne peu resister à si viues amorces,
Rien ne peut s'esconduire à tant de douces forces,
Dont vos yeux doux vaincueurs se marient aux loix,
Qui flaironnent si bien aux fleurs de vostre voix,
Et ie crois si aux Dieux vous demandiez leur sçeptre
Aussi tost en vos mains leurs mains le viedroiёt met-
Car vos perfections ont vn si grand pouuoir.   (tre:
Qu'à vos loix tout le monde ils pourroient faire voir,
Si vous m'auiez requis vne chose plus grande
I'aurois eut à faueur vostre douce demande:
Car vous paroissez belle auec tant de grandeur
Que de vous obeïr ie le tiens à grand heur.
Vous auez tant d'honneurs, de beautez & de grace,
Et vos douces façons, en vostre belle face,
Et vn esprit si beau de ses diuins acords,
Dore auec tant de biens l'honneur de vostre corps,
Qu'il nous faut retenoir en creance loyale:

G

Que du throsne plus haut d'vne race royale
Vous estes descenduë, ou bien du sang des Dieux,
Aussi vous esgalez les Deesses des Cieux
En si rares beautez, qui merueilles nouuelles
Vont differans vos yeux de nos Dames plus belles.

    Ayez donc d'asseuré comme à vous tout aquis
La iouste en la façon que vous m'auez requis:
Car demain aussi tost que le peinctre du Monde
Repeindra l'Orison de sa perruque blonde,
Le Guerrier de ma Court que le sort fier, ou doux,
Aura nommé premier à combatre pour vous,
S'en ira plein d'amour autant que de courage,
Pour iouster brauement en esgal auantage
Contre ce Cheualier, vostre Argail, si vaillant
A se rendre assailly, & ensemble assaillant,
En venant deffier au combat de la Lance
Les braues Paladins dont se dore ma France.

    Or si le Cheualier est d'Argail abatu,
Vn second sortira pour monstrer sa vertu,
Lequel s'il ensuit l'autre on verra le troisieme,
Et le quatriesme encore, & encor' le cinquieme,
Venir l'vn apres l'autre au combat genereux.
Si vostre frere Argail paroit si valeureux
De les abatre tous en la iuste carriere,
Sous les flancs du Cheual par la lance guerriere,
Et mille autres encore en fin viendront iouster
Auec ce Cheualier, non tant pour le domter,
Et pour gaigner les fleurs d'vne victoire insigne,
Que pour vous aquerir, vous qui estes si digne
En grace, & en beautez, qu'encore Iupiter
Pourroit par vos amours son Empire quitter,
Et les Princes aussi de la superbe Grece
Pourroient encore armer leur guerriere ieunesse,
Pour assieger dix ans vn rempart indomté,

                                        Qui

Qui leur recelleroit voſtre douce beauté,
Dont vn violateur du ſainct droict d'hoſtellage
Comme d'vne autre Heleine auroit faict vn pillage.
Qu'heureux ſera celuy de ces preux Cheualiers,
Qui fauory d'Amour parfaira ſes Lauriers,
S'il domte voſtre frere, ah! ce vaincueur i'appelle
Plus vaïcueur qu'Amour meſme en vous gaignāt, ma
    Ainſi doux & fecōd l'Empereur des Frāçois, (belle!
Contenta cherement des faueurs de ſa voix
La Princeſſe Indienne, & puis mieux fauorable,
La fit aſſeoir apres dans vn ſiege honorable,
Pres de ſon flanc royal, cependant que l'Amour
Curieux de rauir alloit faiſant maint tour
Autour des Aſtres doux de la belle Princeſſe
Où mille libertez il eſclauoit ſans ceſſe.
    La belle, auec ſon frere ayant baiſé la main
Au Roy victorieux, s'en allerent ſoudain,
Au perron de Merlin ſus les flairantes prées,
Où leur beau Pauillon à grands' panthes pourprées,
Piaſant orgueilleux ſe tendit tout ſoudain,
Par le labeur accort de la ſeruante main.
    Or tandis qu'Angelique eſtoit dedans la Sale
A deſcouurir au Roy de parole royale
Le but de ſon voyage, & d'eſcouter auſſi
La reſponce attenduë, Amour plein de ſoucy
De ſe faire connoiſtre à l'honneur de ſes armes,
Des beautez d'Angelique adreſſoit mille allarmes
De traicts, d'attraicts, de feux & de charmes trēblās,
Dans les diuers eſprits des guerriers plus vaillans.
Charles meſme en ſentoit mainte ataque tres-forte:
Mais ſon cœur eſleué d'vne diuine ſorte
Du iour de ces beautez dont s'eſtonnoient ſes yeux
Il r'allumoit ſon ame en la beauté des Cieux.
Naimes auſſi le Duc de la riche Bauiere,

G 3

En receuoit au sein mainte flame meurtriere,
Othon, & Salomon, & Didier & Oger,
Les deux fils d'Oliuier, Dudon & Beranger,
Et Oliuier luy mesme, & le beau Calidore,
Alard, Guichard, Richard & Richardet encore,
Les vaillans fils d'Aimon, qui fus le diuin Mont
De la gloire ont planté les honneurs de Clairmont,
Et le braue Renaud, leur frere magnanime.
Qu'en guerre l'Vniuers si hautement estime,
Cest inuaincu guerrier, honneur de Montauban,
Qui se lustre si bien d'vn enlauré ruban,
Suiuant le vœu d'amour sentit par ceste Dame
Du cruel mal d'aimer la plus ardante flame,
Plus viue dans le cœur, & de flambeaux plus fiers;
Que tous ces Paladins que i'ay nommez premiers.
De rien ne luy seruit sa vaillance vantée
Pour debatre d'amour la fureur indomtée.
Ny son glaiue acerré, ny son hermet si fin,
Qu'il osta, valeureux, au superbe Mambrin.
Ny moins son bon cheual le terrestre Pegase,
Le renommé Bayard, qui les campaignes rase
D'vn aller si leger de pieds comme emplumez,
Qu'à peine on voit ses pas sus l'arene imprimez.
Cheual esgal d'esprit à ceux qui du Pelide
Trainoient le char sanglant pres du mur Priamide.
Sa vistesse si viue, & son sens comme humain,
Ne le sçauroient sauuer de la celeste main
De l'enfant de Cypris qui trop fort d'arc, & d'aile.
Vole mesme les Dieux en la voute immortelle.
Le vaillant courtisan fils du Roy des Anglois,
Astolphe, est mis aussi sous les diuerses loix
De ce guerrier Amour par les yeux d'Angelique
Qui d'vn seul doux regard de mille amours le pique.
Et tout d'vn mesme abord Amour s'en va bruslant

De mille feux plus chauds le genereux Roland,
Le grand nepueu du Roy, si bien que sa pensée
Aux seuls pensers d'amours est du tout enfoncée,
Sa prudence iadis la gloire & le rempart
Du Royaume François, ore est tirée à part,
Loing de l'ame, & banie & trop loing escartée,
La laisse de l'amour à l'extreme enchantée,
   Son cœur, & ses valeurs qui sus les Cheualiers
Les mieux aimez de Mars le rangeoiët des premiers,
Et le rendoient luisant en la premiere gloire,
Ne le peurent garder de la douce victoire,
Dont si cruellement autant que finement
Amour le sçeut domter par vn œilladement.
Pour auoir du courage en tres-belle vaillance,
Et bref pour estre vn Mars d'effaicts & de semblăce,
Cela ne peut garder que son feu ne soit pris
Dans les glissans filletz du mignon de Cypris.
Pour combatre l'Amour sa valeureuse espée,
Durandal ne fut pas par le Mage trempée,
On ne peut pas combatre Amour ainsi que Mars,
Son camp est deux beaux yeux, doux indōtez rēpars,
Rēpars, nō, mais plustost des Cieux qui pleins de flames
Semblans luire bien doux sont tres-cruels aux ames:
Car voulant admirer leur rais, leur mouuement,
On sent brusler son cœur sans connoistre comment.
   Or entre les Payens, le Roy le fort Grandoine,
Et le Roy Baliquant, & le grand Capitaine,
Le prudent Isolier, & l'ardant Serpentin,
Tomberent aux amours de ce mesme destin,
Et cent autres guerriers de la bande Espagnolle,
A qui ceste beauté fut l'amoureuse idole,
Mais dessus tous Ferau le courageux guerrier,
De main si promte & forte, & de regard si fier,
Rauit de ceste belle ardoit si fort en l'ame

Qu'à peu pres trop aimant il mouroit de sa flame.
Mais apres que Roland le fameux Paladin,
Ainsi blessé si fort de l'Archer Adonin,
Eut releué souuent la raison dedans l'ame,
Pour abatre l'ardeur de l'amoureuse flame,
Et qu'il vit que son feu s'alloit mieux augmentant,
Plus par viues raisons il l'alloit combattant,
Contrainct il se rendit à la force inuincible
Du rigoureux Amour, qui trop fort & terrible,
Captiuoit ses pensers au doux de son flambeau,
Où son cœur estoit pris de mesme que l'oiseau,
Qui va posant ses picds sus la branche engluée,
Ou plus d'vne volade à course refluée
Il veut sortir en l'air d'vn reuolant reflus,
Et plus helas ! il sent qu'il se retient au glus :
Car plus Roland pensoit de sortir par prudence,
Et par libre vouloir, & par forte puissance,
Plus il voyoit qu'Amour en ses mains l'estonnoit,
Et qu'au lieu d'en sortir plus fort il s'y tenoit.
En fin du tout rendu à la dextre amoureuse,
Qui l'atteint d'vne ardeur si grande, & vigoureuse,
Estant seul en sa chambre en maint diuers soucy,
Pour conforter son mal il se plaignoit ainsi,
    Helas cruel destin ! comme est-il bien croyable,
Que moy qu'on estimoit fier, & redoutable,
Sois vaincu d'vn enfant qui des rais des beaux yeux
Auec si peu d'effort se faict victorieux ?
Faut il que cest enfant, cest Archerot volage,
Me vienne ainsi rauir l'audace & le courage ?
Et les rendre à ses pieds liez de cent desirs,
Et d'espoirs inconstans, & d'incertains plaisirs ?
Faut il que ce Roland guerrier si fort & braue,
De ce foible mignon soit le serf, & l'esclaue ?
Faut il qu'il face hommage à ce petit vaincueur,

Luy ſi grand de vaillance, & d'honneur & de cœur?
Non, non, retirons nous de ces douces contrainctes,
Qui vont ſi finement en ſubtiles atteinctes,
Ou pluſtoſt combatons, en tout touſiours guerrier,
Ceſt Amour ſi vaillant, & gaignons ſon laurier.
Contre ſes doux deſirs, contre ſa vaine flame,
Oppoſons la conſtance, & l'honneur de noſtre ame,
Si nous auons le cœur de luy reſiſter bien
Sans doubte nous verrons ſa puiſſance eſtre rien,
Si nous le combatons, pour certain la victoire
Conduira deuers nous ſa faueur plus notoire:
Car elle a de couſtume à nous fauoriſer,
Et touſiours aux combats nous faire mieux priſer.

    Mais quel eſt ce deſſein? que ſert tant de brauade?
Plus ie me veux guerir, plus ie me voi malade!
Car en deliberant de combatre l'Amour,
Ie ſens que ſa victoire eſt plus grande touſiour!
Me faut-il donc ranger aux ſouſpirs & aux larmes
Moy, ſi propre aux fureurs des plus affreux allarmes
Me faut-il plus ſeruir de ma belle vertu,
Et me voir abbatu pluſtoſt que combatu!

    De vaincre, & commander eſtoit mon ſeul office,
Et maintenan Amour me vient mettre en ſeruice,
Il me domte ſans force, & pour plus de rigueur
Il veut que ie me plaiſe à me voir en langueur,
Et me dit que les yeux d'vne belle Angelique,
Des yeux, & des eſprits nouueau ſoleil vnique,
Portent en leurs rayons ſes feux plus gracieux,
Pour mieux vaincre d'amour les plus victorieux.

    Eſtrange loy d'Amour! ô vaincueur admirable!
Que me ſert auiourd'huy ce corps inuulnerable?
Dequoy me vient ſeruir que le fer plus trenchant
S'aille ſans m'offencer ſus ma peau rebouchant?
Puis que i'experimente aux deſſens de ma vie

Que l'esclat d'vn bel œil tient mon ame rauie!
Et qu'il m'a de l'amour cruellement blessé
Et de ses durs liens à iamais enlassé!
Sans espoir de sortir de peine si cruelle:
Car plus ie vai bruslant plus ma flame m'est belle.
Diuin pouuoir d'Amour vn œil si tendre & doux,
Peut il plus que l'acier faire de si grands coups?
Vn regard tremblotant si volage & fragile.
Et qui comme vn Zephir vole d'vn vain agile,
D'où prend-il le pouuoir, l'adresse & la valeur,
De me percer le flanc auec tant de douleur?
Mais ie me trompe bien, les cyprienes fleches
Ne m'ont pas deliuré nulles sanglantes breches,
Mon sein n'est point ouuert il est encore entier,
Et par autre moyen ce bel Astre meurtrier,
Commande à ma raison, & me met en seruage,
Ce sont vous, ô mes yeux, autheurs de mon dommage,
Qui vous plaisans à voir ceste ieune beauté
Par les rais de ses yeux rois de ma liberté,
M'auez mis dans le cœur son image si belle,
En meslant vos regards à la viue estincelle,
Que ces flames d'amour sus ma veuë espandoient,
Et qui sans y penser à ses loix me rendoient.
    Or ceste belle face en mon cœur imprimée,
Semble tenir mon ame en ses feux animée,
Si grand est le penser, le plaisir & l'ardeur,
Dont ie pense tousiours à sa doute splendeur!
    Helas! cruel Amour, que tes forces meurtrieres
Triomphent pleinement des ames plus guerrieres!
Tu me tiens comme esclaue, & tu me fais mourir,
Sans me donner l'espoir de me pouuoir guerir!
Ah! ie faisois estat de vaincre tout le Monde.
Et maintenant le doux d'vne perruque blonde,
Vn clair front Iuoyrin, vn œil armé de feux,

Vne

Vne grace, vn attraict d'amour & de refus,
Vn parler, vn foub-ris, vne douce parole,
Vn geste, vn feul regard fi viuement m'affole,
Que ie me vois captif de cœur, & de raifon,
Et tien en mes mes malheurs trop belle ma prifon.

    Dois-ie preffer ma voix de regrets, ou de larmes,
De voir que lon me vainc fans m'éployer aux armes!
De me voir ainfi pris, mais bien pluftoft rendu,
Sans que tout mon pouuoir n'aye en rien deffendu!
Ie me vois triomphé, non par quelque vaillance,
Qui luife par le Monde en foleil d'excellence,
Vn Alcide, vn Thesée, vn Achille, vn Hector,
Vn Aiax, vn Romule, vn Alexandre encor',
Vn indomté Cefar, vn grand Arius encore,
Pour m'auoir attaqué ma deffaicte ne dore,
Mais las! ie fuis vaincu par cruelle rigueur!
Rigueur du fier deftin ennemy de mon cœur,
Helas! ie fuis perdu par vne ieune Dame,
Qui non moins que ma vie eft aimée en mon ame!
Ses beaux yeux m'ôt aquis, & pour mieux me greuer,
Et me perdre plus fort penfant de me treuuer,
Il faut que ie la cherche, & de cefte recherche
Ma peine fe faira plus feconde & plus fraifche:
Car plus fes doux regards reluiront deuers moy,
Plus ie me verray pris aux pouuoirs de fa loy,

    Mais non viuons d'efpoir au tourment qui nous tue,
Que de cœur, & d'amour noftre ame s'efuertuë,
Puis que ce beau Soleil mon doux vaincueur fatal,
Doit eftre mon butin fi i'abats du cheual
Au combat de la lance Argail fon braue frere,
Son Cheualier d'honneur, & mon doux aduerfaire.
Il ne faut pas doubter fi ie fors le premier,
Pour aller à la joufte encontre ce guerrier,
Que des le premier choc ne meure la querelle,

G 5

Car ie le rouleray vaillamment de la selle
Du train impetueux dont ie l'aborderay
De courage & de force, & son sein choqueray
D'vn grand coup de ma lance esgale à ceste antenne,
Dont vn vaisseau s'empenne en la voile moyenne,
Ainsi non moins vaillant que bruslant amoureux
La valeur, & l'amour, me rendront tresheureux.

   Roland de ceste sorte en l'amoureuse peine
Reconfortoit son cœur d'esperance incertaine,
Apres auoir vn peu par raison & discours
Combatu le pouuoir, & les ruses d'amours:
Car voyant sans proffit sa resistance vaine
Esclaue il se rendit à l'amoureuse chaine.

   Mais le sage Heritier du Prince d'Aigremont,
Maugis le preux guerrier, clair rameau de Clairmõt,
Ce Mage si sçauant estant sis à la table,
Où Charles estaloit son festin delectable,
Lors qu'il veit Angelique auec tant de beauté,
Et de façons d'amours grandes de majesté,
Raconter son dessein au Monarque de France,
Il se sentit esmeu d'vn poinct de messiance,
Et comme ia certain du mal qu'il redoubtoit,
Son penser violent au sein luy racontoit
Ces propos recellez, en regardant la belle,

   Ah! ie te connoy bien, beau front plein de cautelle,
Laisse faire à Maugis il te payera bien,
Pour payer tes labeurs il a beaucoup de bien.
Il voit presque en ton cœur ton hautaine entreprise,
Contraire à ta parole elle s'est entreprise,
Mais tantost de certain i'en sçauray le discours,
Puis d'vn iuste guerdon sans plus autres destours,
Ie viendray satisfaire à ma iuste promesse,
Et à l'honneur requis de ta douce finesse.

   Ainsi parloit Maugis au dedans de son cœur,

Et

Et regardant la Dame en qui l'Archer vaincueur,
De toutes les façons voix, gestes & œillades,
Rendoit de tous costez les penseés malades.
Maugis luy mesme aussi sentoit certains zephirs
Dé ce printemps d'amour floter par ses desirs,
Mais d'autãt qu'il doubtoit qu'ainsi que dessus l'herbe
Couronnée de fleurs vit le serpent superbe,
Sous de si doux semblans, sous vn port si diuin,
Ne se couua le feu d'vn cœur thraistre & malin,
Il deffendoit son cœur par raisons preuoyantes,
Contre tant de beautez, & d'amours attrayantes.

    Le festin planteureux apres estre acheué,
Et le linge holandois de la table leuē,
On rend graces, deuots, à la bonté du Pole,
De cœur, & de façon & de viue parole,
Or d'autant que le train du superbe tournois
Encore de ce iour n'armoit point le François,
Ny l'estranger de mesme au cours de sa victoire,
Ains qu'au iour qui suiuoit il promettoit sa gloire,
Les Seigneurs recherchans des genereux plaisirs,
Pour employer le iour au doux de leurs desirs,
Allerent acoster pleins de courtoises flames,
Et d'amoureux penser les desirées Dames,
Et les autres plus meurs vindrent aupres du Roy,
Qui plein de maiesté tout brillant de sa loy,
Luisoit parmy les grands qui decoroient sa feste
Comme vn Ormeau sacré, qui haut leue la teste,
Et le branchage espais sus les rameaux diuers
Des Peupliers palissans, & des Saules plus vers
    Mais Maugis curieux de se rendre connuē,
L'entreprise, & la fin qui causoit la venuē
A la belle indienne au Royaume François,
S'en vint à son Palais où cent fois à la fois,
En montant des degrez Amour piquoit son ame

Du plaisant souuenir de ceste belle Dame,
Et luy faisant sentir de sa plus douce ardeur,
Il luy moustroit l'esprit, l'honneur & la grandeur,
La grace, & la beauté d'vne face si belle,
Et ne la croire pas iusque là tant cruelle,
Qu'elle voulu pretendre à deceuoir aucun,
Ains qu'en se despoüillant de ce double importun,
Et laissant aux Demons la sçience volage,
A beauté si diuine il allast faire hommage.
Amour pour tout celà ne le peut deceuoir,
Ains tousiours plus ardant d'espreuuer son sçauoir,
Et redoublant ses pas dedans sa chambre il entre,
Où sans y figurer rondeur, ligne, ny centre,
Et seul en regardant le chaleureux Midy,
Il vint parler ainsi d'vn cœur haut & hardy.

Vous Demons, qui viuez dans les froides Minieres,
Et dans les tiedes plis des plaines poissonnieres,
Et dans l'Air vagabond, & plus haut dans le lieu,
Qui sous l'Astre dargent se cambre d'vn clair feu,
Vous Demons, qui viuans d'vne vie immortelle,
Viuez d'vne ieunesse en tout age nouuelle,
Et qui marchez d'vn corps si celeste, & leger,
Qui peut selon son vœu toutes formes charger,
Sans alterer en rien son essence etherée,
Qui de mouuoir tousiours est sans cesse alterée,
Vous Demons, qui volez d'vn art, & d'vn sçauoir,
Qui connoit tout le Monde au rond de son pouuoir,
Qui sçauez le futur de quelques destinées,
Pour les voir dans les Cieux aux Astres ordonnées,
Qui voyez le present, & lisez le passé,
Comme dans vostre main pour memoire trassé,
Qui sçauez le secret des peuples, & des Princes,
Et le bien, & le mal qu'on trame à leurs Prouinces,
Escoutez, ie vous somme en vertu des escrits,

                                        Dans

Dans ce liure doré ſi cherement eſcrits,
De mander deuers moy l'eſcadre la plus fine,
Qui ſouſpire à vos loix ſous la chaine aimantine,
En ces lieux deſtinez à degrez iucertains,
Selon les qualitez des plus, ou moins hautains,
Mandez donc deuers moy: car ie vous le commande,
De vos plus grands Docteurs la plus accorte bande,
A ſin que par la voix d'vn des plus fins d'iceux
Ie ſçaiche iuſque au bout vn ſecrèt que ie veux,
Venez donc m'obeïr d'vn vouloir loing de guerre,
Soldats du feu, de l'air, de l'onde & de la terre.

Ainſi diſoit Maugis tenant ſon liure en main,
Où par de lettres d'or eſcrites de la main,
De la Fée ſa Dame, & par traicts & Pentacles,
Eſtoit monſtré ſon art, & ſes diuers Oracles.
Il n'eut pas ſi toſt dit qu'incontinent par l'air,
Il veit de toutes pars deuers luy s'enuoler
Les Eſprits vagabonds d'vne face aZurée,
Tels que ces petis corps dont l'eſſence en-airée
Erre touſiours en l'air ore en bas, ore en haut,
Et s'acroche d'vne autre en volageant ſon ſaut,
Eſtans aupres de luy ſoudain vn de leur bande
Luy dit, Toy, ſi ſçauant qui ſi bien nous commande,
Veux-tu que nous allions de ce pas promtement
Tempeſter à la Terre vn rude tremblement,
Où bien que nous verſions cent contraires orages
Sus la Mer inconſtante, & tels que ſes riuages
En ſoyent eſpouuantez, & que tous ſes vaiſſeaux,
Malheureux ſoient batus par les vents, & les eaux.
Veux-tu que le nuau, la pluye, & le tonnerre,
Et la greſle plus forte auiourd'huy ſe deſſerre
Peſle, meſle dans l'air, & qu'en ombre & en peurs,
Des nuaux plus eſpais de groſſieres vapeurs,
A ce iour ſi brillant nous couurions la lumiere,

G 7

Qui s'en va maintenant si pure en sa carriere.
Veux-tu que nous allions imager haut en l'air,
De Cometes ardans qu'ils y semblent voler.
Où bien que plus hautains par plus fiere aparance
Nous fassions voir tantost en pleurante semblance,
Et en tristes couleurs le bel Astre argenté,
Veux-tu que nous rendions son Carrosse arresté,
Par vn semblant superbe au cœur de l'Hemisphere,
Et tu verras soudain comme nous l'irons faire.

    Maugis lors luy respond, non, ie ne cherche point
Des seruices si grands, c'est pour vn autre poinct
Que ie vous ay requis, dites-moy quel courage,
Quel dessein remuant de gloire, ou de dommage,
A conduict Angelique au Païs des François,
Faictes le moy sçauoir par vne claire voix.
Lors vn rusé Demon meslé de tout affaire,
Luy vint parler ainsi d'vne voix forte & claire,

    Tu dois sçauoir, Maugis, qu'Angelique est-icy,
Pour ourdir aux François maint funeste soucy,
Son Pere Galafron escumeux d'entreprise,
Qui tousiours bouillonnante en son ame tient prise,
La feit venir en France à fin que ses beautez
Rendant les Cheualiers de son amour domtez,
Elle les incita de combatre son frere,
Par honneur à la iouste en la douce barriere,
Où tous les Cheualiers de sa lance abatus,
A fin de voir sa gloire & ses hautes vertus,
Seront ses prisonniers seulement trois sepmaines,
Mais ses paches icy sont traistres comme vaines:
Car tous ceux qui seront domtez de sa valeur,
Qui marche d'artifice en sa viue couleur
Seront ses prisonniers, non pas pour trois sepmaines,
Mais pour toute leur vie attachez par des chaines,
Aux prisons de l'Indie où par enchantement,

                                        Vn

Vn iour apres la prise en l'air subitement
Par moyen des Demons d'vne aile treslegere
Elle les mandera en Catay vers son pere.
Ayant en son pouuoir tous les grands cheualiers,
Qu'on renôme en la Frâce aux honneurs les premiers,
D'honneurs & de butins ayant l'ame affamée,
Il dressera les rangs d'vne guerriere armée,
Qu'il conduira hardy contre le Roy François,
A fin de le ranger à l'honneur de ses loix,
Ce qu'il aura facille auec peu de vaillance,
Treuuant en ce païs fort peu de resistance,
Puis que les plus vaillans seront ses prisonniers,
Pour asseurer la course au vœu de ses guerriers.

  Or de pouuoir domter vne bande si braue
De fameux Cheualiers dont la France se braue,
Cela semble impossible, & en vain entrepris,
Mesme si de ces faicts vn Mars s'estoit espris:
Mais quoy? il est possible à se rendre faisable,
Car l'Indien Argail est de force admirable,
Et de cœur animeux parmy les plus vaillans,
Qui sont aux chois plus fiers les premiers assaillans.
Et puis il est couuert de si superbes armes,
Lors qu'il va s'eslancer aux fureurs des allarmes,
Qu'il n'y a point de fer tant soit-il bien trempé
Et bein trenchant aux bords qu'il ne tombe trompé,
En touchant ses harnois soit de taille, ou de poincte,
Tant soit-il fort le bras qui plus ardant le poincte:
Car par enchantemens de secrettes vertus,
Ces harnois sont forgez, & trempez & batus.
Et son espée aussi d'vne forge pareille,
Par sa grande valeur est comme vne merueille.
Et son cheual aussi qu'il nomme Rabican,
Auec les vents legers son train va pratiquan,
Car il est si agile à prendre vne carriere

Qu'il

Qu'il laiſſe arriere luy la ſagette plus fiere,
Qu'au poinſt de ſon deſpart vn Parthe va tirant,
Pour eſpreuuer combien il eſt vite & courant.
S'il court dedans vn Pré la treſſe diaprée
A peine va courbant ſous ſa corne ferrée,
Et parmy les chemins poudroyez de ſablons
Se vont marquant bien peu ſes empennez talons,
Outre ceſte vertu il eſt de telle adreſſe
A ſe bien manier, & s'eſcarter ſans ceſſe
Du fer dont l'ennemy veut charger ſon ſeigneur,
Qu'il ſemble eſtre vn eſprit d'adreſſe, & bon-heur:
Car preſque il ne faut point faire eſtat de la bride,
A commander ſes pas tant ſoy-meſme il ſe guide,
Où l'art, & le deuoir vont deſtinant ſes pas
D'aller, ou s'eſcarter, ou ne s'auancer pas,
Comme charbon eſteinſt ſon poil vni eſt ſombre:
Mais en ſe retirant de la noirceur de l'ombre
Il reluiſt en ſon noir, tel qu'vn iayet brillant
De ſa pure noirceur d'eſclairs va treſſaillant.
Auſſi ce bon cheual ſi fameux, & ſi rare,
Paſſe tous les deſtriers de la plaine Barbare,
De la Vandalouſie, & des champs de renom,
Qui d'vne Parthenope emprunterent le nom.
Il excede en bontez les plus forts de la Grece,
Et les plus aguerris de Parthe, & de la Perſe,
Bref: à ce Rabican ſi ſenſible & gaillard,
Seul ſe peut eſgaler le deſiré Bayard,
Si leger, & acort, & d'adreſſe fatale,
Comme vn promt Arondeau à la courſe il s'eſtale.

    Et d'auantage encor' ſa ſœur porte vn anneau,
Merueilleux en vertus comme treſpur & beau,
Lequel à ce pouuoir en grandeur ſi extreme,
Que ſeul, riche ſus tous il s'eſgale à ſoy-meme:
Car il rend inuiſible à toutes ſortes d'yeux.

Tant

Tant soients-ils penetrans,aigus & radieux,
Celuy qui le detient au dedans de la bouche,
Mais vn autre pouuoir en cest anneau se couche,
Ce que si l'on le tient dans le doigt l'on destruict
Les Paniques terreurs,& l'effray de la nuict,
Et tous enchantemens,drogues & sortileges,
De fiers Magiciens,& sorciers sacrileges.
Mais encore Angelique a le secret sçauoir,
Dont les grands enchanteurs se sont si bien paroir:
Car en l'art de Magie elle est vne maistresse,
Non moins que fut Circé la forte enchanteresse,
Elle peut transformer en dix mille façons,
D'oiseaux,& d'animaux & de diuers poissons,
Les hommes abusez des attraicts de sa face,
Et par trop affolez de sa charmante grace,
Elle peut employer nos plus rares Demons
A bastir promtement en la mer,ou aux monts,
Ou bien aux creux valons où sus la plaine esgale
Vn Palais aussi grand qu'vn Memphien Dedale:
Son pere Galafron luy apprit ce sçauoir,
A fin que ses desseins eussent plus de pouuoir.
   Mais les valeurs d'Argail,ses harnois,son espée
Dans les flots enchantez si souuent retrempée,
Et son Cheual si braue,& la rare beauté
De sa sœur Angelique,& l'anneau si vanté,
Et toute sa Magie est vn suiect peu rare,
Si vers vn autre bien leur pouuoirs on compare,
Cest autre bien si grand est vne Lance d'or,
Qui vaut en sa valeur tout le second thresor
Qui coue aux froids cachots des veines de la terre,
Et tout ce qui de rare au dehors se desserre,
L'or fin de ceste Lance est de telle vertu
Que quel qui soit qu'il touche il le rend abatu.
En vain l'heur,& l'honneur & la plus ferme adresse,
                                              Peu

Peut suiure vn Cheualier d'inuincible prouësse,
Et qu'en mille combats sus les plus valeureux
Il soit tousiours sorty triomphamment heureux,
Si ceste fiere Lance en la lice le treuue,
Il connoistra soudain la trop fachense preuue
D'espreuuer la vertu de son or renuersant
Qui va les plus hardis en terre trauersant.
    Ie ne sçay si Renaud, & si Roland encore,
Tes chers cousins germains que tout le monde honore,
S'ils vont dans le Tournois qui doit estre demain
Ne tombent renuersez sous la guerriere main
D'Argail l'auantagé, si de sa forte Lance
Il le touche le moins pour monstrer sa vaillance,
Tant ceste Lance d'or œuure d'enchantement
En effort indomté frape robustement.
Et ie croy qu'il n'est point Chasteau tant admirable,
Et des sages guerriers iugé pour imprenable,
A brauer les pouuoirs du plus vaillant des Rois,
Qui l'yroit assiger pour le rendre à ses loix,
Qu'il ne tomba soudain en bas en la ruine,
S'il se laissoit choquer de la force aimantine
De ceste braue Lance, en qui tant de pouuoir
Sus toutes les valeurs excellent se fait voir.
Maugis, voilà comment Argail auec sa Lance
Court hasard de domter les cheualiers de France.
    Ainsi d'vne voix forte & dilatée en bas,
Ce Demon racontoit les desseins, & les cas,
Du voyage d'Argail & de la belle Dame
Lors Maugis ranimé plus viuement en l'ame
De retrancher le vœu de ces nouueaux venus,
Et les rendre bien tost dolents, & mal-venus,
Commanda le Demon, qu'au noir de la serée,
Il le porta par l'air vers l'amoureuse prée
Qui luisoit d'Angelique & de son doux germain,

                              A fin

A fin de luy monstrer le pouuoir de sa main,
Et sa iuste fureur, & l'art dont il affine
Le plus rusé trompeur, & l'ame plus maline.
    Phebus estant couché dans son lict vagabond,
Encore d'vn beau teinct entre vermeil, & blond,
Peignoit l'Air cyprien de la coste d'Espaigne,
Et les bords Rochellois, & les murs de Bretaigne,
Alors que Farfarel vint charger à son dos,
Le curieux Maugis, & volant sans repos,
Parmy l'air brunissant de la nuict ja naissante,
L'emportoit à plein vol, à volade glissante,
D'vne obscure lueur vers le pré verdissant,
Où d'vn secret poser sa charge delaissant,
Il s'encourut apres en sa demeure basse,
Et plaignant de quitter la terrestre surface.
    Maugis estant porté par vn dextrier si promt,
Qui si secrettement l'air aune, fend & rompt,
Se treuua tout soudain dans la fatale prée,
Des beaux yeux d'Angelique heureuse, & redorée,
Et voyant luire aux airs des rayons argentez
Le riche pauillon en mille raretez,
Il espioit au sueil de la legere porte,
Les Geans garde corps, qui de diuerse sorte
Estoient assis dehors soustenans en leurs mains
La menaçante horreur de maints dards inhumains,
Et portans sus le flanc pendans en la ceincture
Leur pesant coutelas, & d'horrible posture
Quelquesfois se dresser, & vains & orgueilleux,
A l'ombre de la Lune admirer, sourcilleux,
Leurs gestes furieux, & faire mainte ronde
Autour du pauillon de la beauté du monde.
Lors Maugis à part soy disoit tacitement,
Audacieux soldarts en vain tant hantement
Vous portez l'arrogance auec ce grand corsage:

Car ie veux vous ranger eu tres-estroict seruage,
Sans que ie mette au iour à fin de vous domter
Mon trenchant que ma main fait si bien redoubter,
Rien ne vous seruira vos fumeuses audaces,
Ny vos rubustes mains, ny vos fieres menaces,
Ny vos dards emplumez de loing cruels guerriers,
Ny ces fers recourbez vos coutelas si fiers,
Ains außi grand d'effaicts, que vous en apparance,
Mes desseins preuiendront vostre vaine esperance
Parlant de la façon il regardoit ireux,
Ces superbes soldats, gardiens valeureux,
Et finißant son dire il vint prendre son liure,
Et l'ouurit, & soudain deux mots il en deliure,
Et les ayant sorty, le somme doux preßant,
Außi tost vint glißer son charme acroupißant
Sus les yeux des Geans, & de ses moites ailes
Aßoupir contre bas leurs poupieres iumelles,
Et mettans en oubly leur charge, & leur honneur,
Ils n'ont plus le soucy de garder leur Seigneur,
Ains pesans du sommeil qui les preße, & les charge,
Ils n'ont autre discours, ils n'aiment autre charge,
Que de dormir à plein, lors ils tombent en bas,
Comme vn homme aßaillit d'vn surprenant treßpas,
Leurs dards deçà, delà, sans deßein, ny mesure,
Tomberent de leurs mains en terre à l'auanture,
Tant l'oubliant sommeil leurs sens aßoupißoit,
Et d'vn pesant effort en bas les rauißoit,
N'ayant autre penser qu'au rien de la pensée,
Qui leur tient au sommeil l'ame du tout preßée,
Et qu'ils le rend si bien à dormir aßommez
Qu'il semble qu'au sommeil ils se soient transformez,
Et prenans leur beau lict le verdoyant herbage,
Ils l'alloient mesurant du long de leur corsage.
Et pesans les preßant, tandis à gros ronflant

Leurs

Leurs sein maintes vapeurs dehors alloit souflant.

   Maugis ayant ainsi par vertu de son charme,
Estendu les Geans sous l'endormant vacarme,
S'en vint sans plus d'arrest d'aucun retardement
Au royal pauillon où marchant hardiment,
Il entra sous la voute, & sus vn lict tres-riche
A qui l'artiste main n'auoit point esté chiche
A l'accomplir du tout de grace, & de thresor.
Il veit la sœur d'Argail aux belles tresses d'or,
Doucement endormie, & gracieuse & belle,
Ressembler à Cypris quand la fleche cruelle
De son fils indomté luy transperçoit le cœur,
Pour le ieune Adonis son doux amy vaincueur.
Qui sus les douces fleurs ayant la robe encore
S'endormoit gayement aux doux enuy de Flore,
Tandis que les oiseaux la voyant au sommeil,
En chantans, volettoient autour de son bel œil.

   La belle n'estoit pas encore despouillée,
Ains de son bel habit qui rend esmerueillée
Toute venë qui calme à voir ses raretez,
Elle en portoit encor' les celestes beautez,
Dedans le pauillon deux grands cierges de cire,
Qui de rares blancheurs plus clair tymbroiët le luire,
Esclairoient flamboyans comme d'vn nouueau iour,
L'enclos du pauillon nouueau ciel de l'amour.
En faueurs de leurs rais la Princesse Angelique
Lisoit aßse au lict le haut œuure heroïque,
La diuine Iliade où les efforts de Mars
Retentez si souuent sus le bord des rampars
Des Gregeois aßiegeurs, & du mur Priamide,
Luy faisoient admirer la belle Tindaryde,
Qui pour son beau respect auoit peu esmauuoir,
A tant de longs combats la gloire, & le pouuoir
De tant de puissans Rois d'assaillir, & deffendre,

Les vns pour demander, les autres pour ne rendre.
Et pensant à la grace, aux beautez, aux beaux traicts
Aux discours, aux amours & doux charmãs attraicts,
Dont la faueur du Ciel embellissoit Heleine,
Beauté de l'vniuers, & la gloire Spartaine,
Elle alloit repensant si le destin des Cieux
De si rares presens auoit paré ses yeux,
Ou bien si dauantage en graces plus extreme
Seule elle estoit esgale en beautez à soy-mesme,
Pour marcher en beautez au rang du plus haut lieu,
Bien qu'Heleine aux doux yeux se dit fille d'vn Dieu.
Or durant ce penser dont l'audace, & l'enuie,
Pour se croire plus belle alloient charmant sa vie,
Elle print le cristal d'vn miroir emperlé,
Qui du long de sa robe vn peu bas déualé,
Pendoit de la ceincture ataché par la grace
D'vn ruban pourprissant qui renlustroit sa face,
De maints petits grenats, & rubis flamboyans,
Qui sembloient sus la soye aller comme ondoyans.
Angelique tenant en sa main amoureuse
Le miroir pour y voir sa beauté si heureuse,
Alloit parlant ainsi à ses Astres iumeaux,
Que doux, & que diuins sont ses ardans flambeaux!
Que d'amours rigoureux, & gracieux ensemble,
Leur celeste beauté diuinement assemble!
Ah! ie ne puis souffrir leur doux regard vaincueur,
De mes propres amours ils me blessent le cœur,
Ie ne les veux plus voir, non, non, miroir arriere,
Ie ne veux pas venir de moy-mesme meurtriere,
Si ie regardoy plus ma veuë en ce portraict,
Amour me tueroit de ce feu, de ce traict,
Qui descend de mes yeux par eeste claire glace,
Qui rebatant le vol d'vne incertaine grace,
Et d'vn aller secret les retourne vers moy,

Pour

Pour me rendre chetiue en l'amoureuse loy,
Si i'entrois en l'amour de mes lumieres belles,
Où mes douces amours me seroient trop cruelles.
Mais quoy? douce beauté qui te vas admirant,
En ce miroir si beau ton image y mirant,
N'es-tu pas en grandeur beaucoup plus belle & rare,
Que ceste autre beauté supposée à Tyndare?
Si i'eusse esté du temps que la belle Cypris,
Promit ceste Princesse à son iuge Paris
Le rigoureux destin par la trop douce Heleine,
N'eust pas mis les Troyens en si mortelle peine,
A deffendre leur ville, & en fin à se voir
Reduicts, pauures, captifs, sous l'estranger pouuoir.
Ny le Gregeois aussi dans le port de Sigée,
Sa flotte à mille Naux n'eusse pas veu rangée,
Pour r'auoir vne Dame, & tirer sa raison
De l'infame voleur de l'Atride maison.

      Non l'Europe n'eust point ainsi braué l'Asie,
Pour le peu de suiect d'vne Dame saisie,
De force, ou de bon gré par l'effort d'vn amant,
Qui treuua tout si propre à son rauissement.
Ma grace, & ma beauté si rare & si exquise,
Eusse trenché le cours à si fiere entreprise,
Car Venus eust bien veu en refaisant son cours
Autour des Astres clairs qui cherchent ses amours,
Que i'estois en beauté l'vnique & la premiere,
Aussi bien que de nom si parfaict de lumiere,
Et m'ayant veuë ainsi si merueille en beauté,
Elle n'eust pas failly au cours de la bonté
Dont elle aimoit Paris presque autant que son ame,
De me donner à luy pour amie, & pour femme.

      L'amoureuse Angelique alloit ainsi disant,
Et de voir ses beautez souuent se replaisant,
Ardante elle portoit son miroir au visage,

                                    Rauie

Rauie de se voir si belle en son image,
Et se laissant glisser au doux rauissement
De son front enchanteur, peu à peu doucement,
Vn sōmeil doux charmeur, mais biē plustost les charmes
Dont ses yeux se perdoient à contempler leurs ames,
Luy tomberent au front, & plus bas gracieux
Presque en n'y pensant pas luy fermerent les yeux,
Ses yeux, non mais plustost la nouuelle lumiere,
Qui redoubloit le iour au rond de l'Hemisphere.
     Ainsi sus le beau lict Angelique dormoit,
Et ses Astres d'amours sous le somme enfermoit,
Mais pourtant ses beautez, sa grace & sa merueille,
Alloient tousiours rians en sa bouche vermeille,
Et de mesme aux beaux yeux biē qu'ils fussēt fermez,
Et au doux de son front, & aux cheueux aimez,
Et ensemble si craincts à tant d'ames qu'ils lient,
Tandis qu'en cent façons ils se frisent & plient:
Sa iouë de beaux lis, & de cyprines fleurs
Estoit tousiours au vray de ses viues couleurs,
Et sa gorge d'iuoyre, & son sein la valée,
Où la neige d'amour estoit tousiours colée,
Et vers ses monts iumeaux à la cime, & autour,
Monts d'esgales grandeurs, & comme faicts autour,
Si beaux, & si plaisans de blancheur esclattante,
Où Maugis se rendoit d'vne veuë inconstante,
Lors que plus constamment il vouloit s'affermir
A voir tant de beautez si doucement dormir.
Vne haleine sucrée en l'estomac enclose,
Estoit mignonnement hors des leures declose,
Et donnoit au sortir les celestes moiteurs
De la rose & de l'ambre aux plus riches senteurs,
Et d'vn agitement ceste haleine diuine
Agitoit doucement les lis de sa poictrine,
Ses mains se reposoient, l'vne sus vn tapis

Qui

Qui d'œuure Agimien superbement exquis,
Alloit couurant son lict de ses fleurs les plus belles,
Et l'autre desplioit ses carites iumelles
En bas au gauche endroict de ses beaux fläcs si doux,
Et tenant vn peu haut le senestre genoux,
Son carreau riche & doux s'enfonçoit sous sa teste,
Où le somme, & l'Amour s'entretenoient en feste.
Bref: en dormant ainsi elle auoit mille amours,
Qui prenoient tousiours d'elle & leur gloire, & leurs
Aussi ses belles mains les roses mieux fleuries, (iours,
Sembloient en leurs repos faire cent voleries,
De la veuë & des cœurs, si bien leurs doigts si beaux
Respiroient de beautez, & de doux renouueaux.

   Maugis de la façon aperceuant la belle
Au fauorable iour de l'ardante chandelle,
Estoit ore arresté d'vne admiration,
Et tantost esbranlé de douce affection,
Partant de beaux suiects de la belle endormie,
Qui encore en dormant estoit son ennemie,
Non pas pour le blesser de flames, ny de fer,
Mais bien par les amours doucement triompher
De sa fiere entreprise, & du froid de son ame,
Qui desdaignoit si fort la Cyprienne flame.
Admirant de la sorte Angelique au dormir
Desia dessous l'Amour son cœur alloit fremir,
Et son front palissant sous la fraische pensée
Faisoit voir que son ame estoit d'amour blessée,
Aussi quelques souspirs exhalez du dedans
Preuuoient desia le vray de ses desirs ardans.
Mais. Maugis en sursaut s'esleuant la pensée,
Qui dans les eaux d'amour estoit si enfoncée,
Dit ainsi. c'est le poinct qu'il faut tout maintenant
Executer mon faict, & le plus promtement,
Il ne faut plus tarder l'heur de mon entreprise,

H

De peur que par malheur au lieu de faire prise
Ie ne vienne la prise aux mains des ennemis,
Et dedans leurs prisons à iamais estre mis,
,, Il faut suiure la fin qu'on a sçeu entreprendre,
,, De peur de se voir pris de ceux que l'on veut prēdre:
,, Car qui n'vse du temps & des commoditez,
,, Ne se doit pas complaindre enuers les Deitez,
,, De ce que le malheur à troublé son affaire,
,, Puis qu'il auoit en main le faire, ou ne le faire,
,, Et qu'en sa volonté libres estoyent ses pas,
,. De suiure la fortune, ou ne la suiure pas,
Sus donc, donnons la fin à si belle entreprise,
Et reiectons l'amour qui veut faire vne prise
Dans nos volans desirs, à fin de destourner
Vn coup que sans pitié, cruel il faut donner.
Bien que ceste beauté, ceste admirable image,
Ne promette qu'Amour en l'ame, & courage.

Maugis d'vne autre voix finissant ce parler,
S'arma d' nouueau charme, & vers luy fit voler
Vn terrestre Demon pour rendormir la Dame,
D'vn sommeil enchâteur iusque au profond de l'ame.
Mais l'anneau precieux, si puissant & diuin
A perdre les efforts de tout charme malin,
Repoussoit, vigoureux, par sa vertu plus forte
La force du Demon qu'il rendoit comme morte:
Car Angelique alors l'auoit dedans vn doit,
Comme le bien plus cher, où son œil se flatoit,
Mais ses rares beautez dont auec tant de gloire
Elle luisoit encor' volerent la memoire
A l'enchanteur Maugis des vertus de l'anneau,
En le piquant d'amour à son dormir si beau.

Maugis ayant au cœur la tres-ferme creante,
Que le commun pouuoir de sa chere sciente
Eust d'vn nouueau sommeil, nuagé ces beaux yeux,

Que

Que bien qu'ils fussent clos estoient victorieux,
Hardy il s'approcha plein d'audace cruelle,
Pour trencher les beaux iours d'vne Dame si belle,
Lors tirant du fourreau son glaiue estincellant,
Et l'ayant, animeux, rempli de maltalent,
Il le dressa en haut où dix mille estincelles
Il respandoit autour par l'esclair des chandelles,
Et disoit de la sorte. Il faut Maugis, il faut,
Auoir vn cœur de fer en ce dernier assaut,
Non moins que le trenchant de ceste fiere espée
Au sang des Sarrasins vaillamment retrempée,
Il faut chasser de moy la crainte, & la pitié,
Et du sang des humains l'ordinaire amitié,
Et les amours aussi dont ceste belle face
A ma iuste fureur pourroit charmer l'audace,
,, Si i'ay bien commencé que ie finisse mieux:
,, Car de la belle fin l'œuure est faict glorieux,
Bien que ie soy cruel tuant si douce vie
Ie demeure fort doux à ma chere patrie,
:, Il vaut mieux se charger d'vn peu de cruauté
,, Que de voir son Païs des ennemis domté,
,, Mais ce n'est pas rigueur de preuenir vne ame
,, Qui la perte, & l'ennuy contre nos vies trame,
Sus donc c'est à ce coup, mon bras, ferme, vigueur,
Et toy mon cœur aussi, ayons ore bon cœur,
Ie va teindre le lis de sa blanche poictrine,
De couleur Tyrienne, en la trace pourprine
De son sang chaleureux qui sortira bouillant,
Si tost qu'en ce beau sein mon fer s'ira mouillant,
Parlant de la façon en haut la dextre il leue,
Et va portant en bas la poincte de son glaiue,
Pour en percer le sein de celle qui dormoit,
Et desueilloit Amour qui pour elle s'armoit.
Or durant ce discours Amour qui tenoit place

Au beau sein de la belle, & rioit en sa face.
Ayant veu le peril qui menaçoit cruel
Le pouuoir, & l'honneur de son arc immortel,
En tombant sur les ioues de sa Cypris nouuelle,
Et son beau Ciel d'amour ceste Dame si belle,
Et despouillant de gloire, & d'heur & de beauté
Le paradis des yeux par telle cruauté.
Il dit ainsi flottant de colere & de rage,
Combien qu'il soit enfant, & si doux de visage.

    Ah ! quelle cruauté ? quel dessein, quelle erreur ?
Quel esprit possedé d'inhumaine fureur ?
Ce superbe enchanteur ! ce cœur, nõ cœur, mais parque,
Où toute aspre rigueur se fond, se tient, se marque,
De vouloir esclipser cest amoureux Soleil !
Et clorre pour iamais l'esclat de son bel œil,
D'auoir le sein madré d'vne rigueur si forte,
D'esteindre la beauté qui la gloire m'aporte !
De vouloir l'offencer, non d'vn leger effort,
Mais bien de l'outrager mesme iusques à la mort !
Ah ! c'est trop entrepris la Tygresse plus fiere
Alaictée du sang par la fureur meurtriere,
N'auroit pas iusque là le cœur tant inhumain,
Bien qu'il fust irrité des rages de la faim,
De vouloir attenter à porter en deffaicte
Vne beauté si douce, & ensemble parfaicte !
Soudain qu'elle auroit veu ce visage si beau,
Qui fait honte aux honneurs du iournallier flãbeau,
Soudain qu'elle auroit veu son beau sein où les roses
Parmy la pure neige out leurs fraises escloses,
Auec tant de douceurs & amours si doux charmans,
Ses fureurs aussi tost iroient se desarmans,
Et au lieu de fascher vne si douce Dame,
Humble, elle admireroit du pouuoir de son ame,
Sa grace & ses beautez, tant s'en faut que son cœur,

Y vous

Y vouluſt employer tant ſoit peu de vigueur!
Au contraire ceſt homme, homme, non mais ſauuage,
Plus cruel que l'horreur du Memphien riuage,
Demeure ſans pitié, perſiſte en ſon erreur,
De ſuiure le desbord de l'indigne fureur,
Et reſte ſans amour au iour de ceſte belle,
Qui ſi belle m'allume en ſa flame immortelle!
Ah! c'eſt trop entrepris: mais pluſtoſt c'eſt en vain,
Et c'eſt rien n'attenter en ſon cœur inhumain,
De ne vouloir aimer ceſt amoureux viſage,
Et d'auoir dans le cœur ſi viuante la rage,
D'entreprẽdre à troubler d'vn ſeul poinct le bon-heur
De ce ieune Soleil l'aſtre de mon honneur!
    Dois-ie pour me venger faire choir ſus la teſte
De ce cruel Maugis la plus fiere tempeſte,
Que manie là haut le Monarque des Dieux,
Lors que vers ſon Egide il eſlance ſes yeux?
Ne dois-ie pas mander ſon ame ſi cruelle
Tout maintenant au fond de la vieille nacelle?
Pour la faire crouler aux cachots tenebreux,
Où l'Enfer engloutit les eſprits malheureux,
Puis qu'il ſe veut ſoüiller d'vn ſi horrible crime,
Et perdre la beauté que i'ay tant en eſtime?
Mais non, ie veux auoir pitié de ſon deſtin,
Ie le veux affiner luy qui ſe croit ſi fin,
Non, non ie ne veux pas me pourprer de la gloire
Contre mes ennemis par ſanglante victoire,
Ie veux en le domtant faire ſçauoir à tous
Qu'autant qu'il eſt cruel ie ſuis vaillant & doux:
,, Auſſi n'eſt-ce le propre à la celeſte eſſence
,, D'auoir de la douceur autant que de puiſſance,
,, Et de n'abandonner ſes vengereſſes mains
,, A tous coups ſus le front des rebelles humains?
Ie veux qu'ore mon traict ſanglantement le pique,

Isque au milieu du cœur pour l'Amour d'Angelique,
Car aussi en dormant elle semble veiller,
De merueilles, & d'yeux à fin d'esmerueiller
Tousiours à ses beaux iours les desirs, & les ames,
Par ses rares beautez, & par ses douces flames.
Faisant domter ainsi par vn œil endormy
L'audacieux esprit d'vn veillant ennemy,
N'est-ce pas vn bonheur, vn coup, vne merueille,
Que iamais les Amours n'en ont veu de pareille?
    Ainsi disoit Amour, & comme les Zephirs,
Qui se vont desployans en ondoyans souspirs,
Sus les diuerses fleurs d'vne amoureuse prée
Des bras de la forest tout autour emmurée,
Où ne pouuans pousser plus auant leurs ardeurs
Ils se vont melians aux fleurales odeurs,
Ou bien comme l'on voit au matin la bruïne,
Sus le mileu du mois de la mere Cyprine,
Pesante en ses vapeurs souspirer doucement
Par les tapis des Prés d'vn doux embrassement,
Et demeurer legere, & ensemble pesante
Sus l'esmail bigarré de la prée luisante,
Ainsi ce Dieu d'Amour, si doux, simple & leger,
De ses diuinitez vint doucement charger
La face d'Angelique, & son beau sein encore,
Son beau sein amoureux où le sommeil s'adore,
Et ses marbrines mains, & ses brillans cheueux,
Qui luy doroient le front de l'or plus radieux,
Bref : il se posoit tout sus la belle endormie,
Au moins, au sein, aux yeux, & sus la bouche amie
Et aux flancs gracieux par son diuin pouuoir,
Sans destourner pourtant de contempler & voir
Les parfaictes beautez de la belle Princesse,
Ains il les faisoit voir en leur mesme richesse,
,, Car les traicts corporels, les doux rayons des yeux
                                ,, Ne

,, *Ne peuuent pas donner en l'essence des Dieux,*
,, *Ains seulement au corps ferme, opaque & solide:*
,, *Mais le corps où vn Dieu s'acompagne, & reside,*
,, *Se renlustre soudain de graces, & d'amour,*
,, *Et presque fait diuin il luit d'vn nouueau iour.*

Amour estant ainsi en Zephir, ou bruïne,
Ou plustost comme esprit sus la Nymphe diuine,
Eslançoit diligent de toutes ses beautez.
Autant de beaux traicts d'or, & de feux indomtez,
Dans l'ame de Maugis que ses regards qui tremblent
Luy lancent de rayons qui son cœur desassemblent.
En luy portant au sein l'idée, & le flambeau,
D'vn Soleil endormy si clair encore & beau,
Or estant sus le poinct qu'il baissoit l'alumelle,
Pour l'enfoncer aupres de la tendre mamelle,
Amour luy desserra des fleurs de ce beau sein
Vn tel traict dans le cœur, qu'aussi tost le dessein
Qu'il auoit de rauir les beaux iours à la Dame
Se changea par amours à luy donner son ame,
Et l'aimer à iamais d'vn doux amour si fort
Qu'il n'auroit point de fin non pas mesme à la mort:
Ains tousiours en son ame il porteroit l'image
De si grande beauté Reine de son courage.
Mais s'estimant à soy de tout poinct esperdu
De se voir à l'amour si promtement rendu,
Et d'estre ainsi changé des rigueurs de la haine
Aux plus ardans braisiers d'vne amour tres-certaine,
Et que l'Amour aussi le surprit si soudain
Que le cruel trenchant luy tomba de la main,
Tant son feu l'enflammoit & voloit sa pensée,
Qui pour voir ces beautez restoit comme insensée,
Il vint blesme & tremblant, & non moins estonné
De iuger de l'Amour que d'amour encheiné,

Il demeura rauy de l'amour qui le vole
Et qui de mesme coup l'amadouë & l'affole,
Comme le Pelerin endormy dans vn bois,
Auant que la belle Aube aux beaux rosoyans dois
Ouure la porte d'or au grand flambeau celeste,
Si les cruels voleurs en leur course funeste
Le treuuent escarté dans vn bois sommeillant
Et que de son repos ils l'aillent esueillant,
Par cris, par poussemens, par superbe menace,
Alors à son resueil il sent blesmir sa face,
Et defaillir son cœur & ses os chanceller,
Et ses nerfs se restreindre, & son sang se geller,
Tant la cruelle peur, & la plus noire crainte
Au plus fort de son ame adressent leur atteincte,
De se voir en la nuict ainsi enuironné
D'vn peuple à tout mal-heur à toute heure adonné:
Maugis estoit ainsi d'ame froide & troublée,
De la voir de l'Amour si bien prise à l'emblée,
Et de sentir les mains de ce ieune vaincueur
Lors qu'il le craignoit moins luy prẽdre ainsi le cœur.
   Or d'vn ẽchantement plus fort que la magie,
Dont Maugis a si bien la prudence eslargie,
Amour le va liant dans sa douce prison,
Et luy trouble si bien le cœur, & la raison,
Qu'oubliant de tout poinct sa premiere entreprise,
Sans se batre, ny rendre il fut pris de sa prise,
Et consentant au mal qui l'esgare si fort
Il tient que n'aimer point est pire que la mort.
Amour rioit tandis de voir ainsi ses armes
Brauer si roidement le cœur, l'ire & les charmes,
Et tel que le Dauphin Roy du large Ocean,
Se plaist d'esplanader son iardin Nerean,
Courant, nageant, mais bien volant comme sus l'onde,
                              A passa

A passages glissans parmy son vague monde,
Ainsi Amour voloit vers les beaux yeux dormans,
Puis vers les gais cheueux doux liens allumans,
Puis dessus le beau front, & ore vers la iouë,
Ore deuers la bouche où son nectar se nouë,
Ore aux lis de la gorge, & puis au doux Printemps
Du sein si plantureux d'amoureux passetemps,
Puis apres vers les mains non moins belles & blanches
Que les fueilles du lis au poinct du iour plus franches.

Maugis qui connoissoit quelque diuinité
Se mesler aux douceurs de cest œil de beauté,
S'esmerueilloit plus fort, & de ceste merueille,
Il aimoit tousiours mieux l'Astre qui le soleille,
De la flame d'amour bien que ses feux luisans
Eussent par le sommeil des eclipses pesans.

Or pour donner relasche à ses flames nouuelles,
Et se reconforter de ses peines cruelles,
Puis qu'au mal de l'Amour la plaincte, & les souspirs
Sont comme vn doux remede à donner des plaisirs,
Il se plaignoit ainsi. Destins, quelle fortune,
Au mieux de mon repos mes desirs importune?
Mais non m'importune, mais plustost m'emporter
Des liens où l'Amour m'a sçeu si bien porter,
Captif de ces cheinons ie m'estime la vie
De douce liberté cherement assouuie:
Car ie tiens vn grand poinct de douces libertez,
De voir captif son cœur aux loix de ces beautez,
Ce n'est donc pas vn mal, vn tourment, vne chaine,
Vne importunité, ny moins la moindre peine,
D'estre de ces beautez à l'extreme amoureux,
Puis qu'au fort de mes pleurs ie me tiẽs fort heureux.

Mais, ô seule beauté, doux astre de ma vie,
Qui retenez ma gloire en vos flambeaux rauie,
Comment m'auez vous peu changer si promtement
H S

La glace de mon cœur en cest embrasement?
En ce doux embraser dont vos graces iumelles
Me vont peuplant au sein mille ardeurs immortelles!
Et comment auez vous si bien, bel œil vaincueur,
Desarmé de courroux mon espée, & mon cœur?
I'estoy venu vers vous pour vous oster la vie,
Mais vos mains sans mouuoir destruisent mon enuie,
Et me volent le cœur; & d'vn effort plus doux
Pour vous aimer sans fin ils me donnent à vous!
Ie vous tennoy desia ma seure prisonniere,
Et ia tombott sus vous mon espée meurtriere,
Mais vous sans me fuïr, sans parler, sans me voir,
Et sans vser des mains pour vaincre mon pouuoir,
Vous m'auez par merueille, ô belle que i'adore,
Rendu vostre amoureux, & vostre esclaue encore!
Et les airs gracieux de vos gayes beautez,
Ont tué mon dessein trop plein de cruautez,
Et m'ont blessé le cœur d'vne fleche si douce,
Que ie veux que l'Amour tousiours plus fort la pousse
Si'elle peut entrer plus auant pour aimer
S'il se peut mieux que i'aime, & de vous m'animer.
    Mon ame de l'Amour se veit si bien frapée,
Quand i'abaissoy vers vous ma rigoureuse espée,
Qu'au lieu de vostre sein ie me frapa le cœur
Du feu de vos beautez mon bel amour vaincueur.
Et ce fer qui portoit plus d'esgard, & de grace,
Que ma rebelle main, & ma cruelle audace,
Abandouna mes doigts & blasma le dessein,
Qui le vouloit tremper au sang de vostre sein,
De vostre sein si beau qu'à grand peine ma veuë
Y peut tenir ses rais tant son amour la tue!
Les pensers seulement & rarement encor'
Se peuuent arrester en son chaste thresor:
Mais à l'archer Amour vostre sein se destine,

Comme

Comme parfaict suiect de sa fleche diuine:
Que donc vn doux pardon efface mon erreur,
Et destourne de vous la haine, & la fureur,
A fin qu'en me perdant pour l'offence passée
Vous n'ayez point la gloire en mon sang offencée,
En perdant vn amant qui est si bien à vous
Qu'Amour de son amour peut deuenir ialoux.
Dormez donc, beau Soleil, & reposez vostre ame,
Vos beaux yeux en dormans encore ont tant de flame,
A trauers l'espaisseur de leurs voiles si beaux,
Qu'ils esclairent ce lieu de mille rais nouueaux.
Dormez donc, beau Soleil: mais quoy? quelle finesse!
Non, vous ne dormiez pas, amiable Deesse,
I'aperçoy tant d'amours, & de feux vigoureux,
Voler si doucement ardans & amoureux,
Auec tant de façons sus vostre beau visage,
Que ie m'en voy tousiours allumer d'auantage:
Ou bien si vous dormez, Amour veille pour vous,
Pour vous rendre en dormant plus merueilleuse à tous,
Ou bien ce doux sommeil n'est rien qu'en aparence,
Pour monstrer que vos yeux beautex de preference,
De leur diuin pouuoir peuuent rendre enflammez
Les cœurs de son amour combien qu'ils soient fermez,
De mesme que les yeux de leur viue lumiere,
Percent, victorieux, le front d'vne verriere
Sans diuiser le verre ains à trauers son corps
Au delà loing de luy ils mirent le dehors.

  La fieureuse langueur de l'amoureuse flame
En trauaillant Maugis au plus secret de l'ame,
Luy faisoit souspirer ainsi troublé d'amour
Ceste amoureuse plaincte au soleil de son iour,
Et se faisant hardy de voir dormir la belle
Comme parmy les fleurs d'vne prée nouuelle,
Il m'anioit ses mains qu'il estimoit de lis,

H 6

Au sein plus doux de Flore à l'Aurore cueillis;
Et venant plus ardant de l'amoureuse braise
Esmeu de leur douceur mille fois il les baise,
Et mesme de baisers si chauds, & resuiuis,
Qu'en plaisirs ses pensers y demeurent rauis,
Ses baisers retentez d'ardeurs plus curieuses
Alloient comme imprimans les mains victorieuses,
Et pressans, & ardans si souuent rassemblez,
Et par trop grand amour à larmes redoublez,
Ils esueillent la belle & l'ayant esueillée,
Ils la rendent troublée autant qu'esmerueillée,
De voir vn estranger en ce poinct inconnu
Dedans son pauillon si pres d'elle venu,
Lors toute espouuantée, & d'effray poursuiuie
Comme sus le peril qui luy cherchast la vie,
Et de voir son honneur en hasard de sa fin,
Elle fit d'vn haut cry retentir l'air voisin,
Apellant à secours ses soldats, & son frere,
Qui vers vn autre lit affubloit sa paupiere,
Sous la moite douceur d'vn sauoureux sommeil:
Mais par ce cry plaignant s'esleuant au resueil,
Il vint l'espée en main vers la belle germaine
Pour luy donner secours ayant connu sa peine.
Or voyant le François tout aupres de sa sœur,
Soudain le froid glaçon d'vn doubte rauisseur
Luy troubla le penser, mais d'vne course isnelle
En reprenant le cours ou le secours l'apelle,
Il courut vers Maugis, & luy dit, Ah! meschant,
Tu mourras à ce coup par mon glaiue trenchant.
Mais cependant sa sœur se faisant mieux hardie,
Retenoit à deux mains d'vne force agrandie
D'ire, & de fiers desdains le peu fin enchanteur,
Qui son charme endormant trenuoit lors trop menteur,
Et luy dit l'ayant veu, mon cœur, mon aimé frere,
                                        Venez,

Venez, liez bien toſt ce cruel aduerſaire,
Et prenez les cordons des rideaux de mon lit,
Pour l'encheiner pluſtoſt, ah ! ſeurement on lit
En ſa face bleſmie, & de façon ſi fine,
Qu'il retient dans le cœur vne enuie maline,
Tenez, liez le fort, & ſus tout ſeurement,
Car ie le tiens encore en mes mains fermement.
C'eſt vn magicien, noſtre priſe eſt fort belle,
Diſant ainſi, Argail laiſſant l'ire cruelle,
Et ſuiuant de ſa ſœur le plus humain aduis
De cordons precieux alla lier Mangis,
Lequel de trop d'amour qui lioit ſon courage,
Mieux que l'Argail ſes bras du ſereau cordage,
Se laiſſoit atacher ſans ſe deffendre rien,
Ains de voir Angelique il croyoit tout ſon bien.
Tandis qu'en ſe plaignant aux regards de la Dame,
Il luy diſoit ainſi, pourquoy portez vous l'ame
Si cruelle à l'endroict d'vn qui vous aime mieux,
Que tout l'or de la terre, & la beauté des Cieux?
Voire, & encore plus que ſon ame, & ſa vie,
Qu'Amour, & vos beautez en vos mains ont rauie.
   Pourquoy me prenez vous? c'eſt trop de cruauté,
Vous m'auez deſ-ja par pris la douce liberté,
Et plus cruelle encore encore à me donner de peine
Vous me voulez lier d'vne nouuelle chaine.
En la priſon d'Amour vous m'enchainez le cœur,
Toutesfois trop ardante, & viue de rigueur,
Vous me voulez preſſer d'vne chaine nouuelle
Et la chaine d'Amour par vous m'eſt immortelle
Pour dieu, contentez vous que ie ſois en priſon,
Aux rayons doux vaincueurs, en la blonde toiſon,
De vos yeux ſi diuins, de voſtre belle treſſe,
Sans redoubler mes fers, & croiſtre ma deſtreſſe!
   Belle, ie ne veux point vos douces mains forcer

A lascher leur conqueste, & libre me laisser:
Car aussi loing de vous ie ne puis qu'estre vostre,
Le temps,ny,moins les lieux ne me feront pas autre,
Mais las!n'offencez point vn qui est tout à vous,
Ains côme il est aimât que vos yeux luy soient doux.
    Mais côment m'aimez-vous?respondit Angelique,
Qui de mortels desdains sa colere repique,
Aux païs du Ponant & mesme en ceste Cour,
Les Courtisans François font ils ainsi l'amour?
Des le premier abord, & sous la nuict obscure,
Vont-ils secrettement en enchanteur Mercure,
A leur Dame endormie à fin de luy rauir
Ce qui plus que la vie on doit tousiours cherir?
L'apellez nous aimer?non,non,nommez le haine
Et bas aueuglement,& audace inhumaine.
Dites-vous de m'aimer, vous qui si finement
M'auez surprinse ainsi par quelque enchantement?
Non,vous ne m'aimez point,aussi pour recompence
Vne longue prison comprendra vostre offence,
Ah! mon doubte,ie croy qui,ne m'est point menteur!
Vous estes pour certain quelque fin enchanteur!
Qui rendez endormy par l'effort de vos charmes
Mes Soldats si veillans,& si vaillans aux armes!
Et puis voulez vous dire à me porter d'amour,
Et que de mes regards vous faisiez vostre iour?
De qui est ceste espée ainsi nuë sus terre,
N'est-elle pas de vous, guerrier d'iniuste guerre?
Qui me voulant tuer,& mon doux frere aussi,
Car tel estoit,ie croy,vostre premier soucy,
Estiez venu la nuict en mortel aduersaire,
Pour en oster la vie à la sœur, & au frere:
Mais ces amours plus doux dont reluist ma beauté,
Ont trompé vostre cœur, & vostre cruauté,
Et encore ie croy que l'anneau que ie porte

                                        Vos

Vos charmes a deceu de sa vertu plus forte.
Disant cecy, l'Argail lioit estroictement
L'amoureux prisonnier, qui par le brauement
Que luy faisoit la belle auoit l'ame rauie,
De voir si belle, & fiere Angelique à sa vie,
Et ne s'auisoit point esperdu de l'amour
Que l'Argail diligent le lioit mieux tous-iour.
Mais son ame à la fin se veit blesme enfoncée
Dans le gouffre ennuyeux d'vne triste pensée,
De connoistre sa flame, & de voir la beauté,
Dont Amour le rangeoit à telle extremité.
   Mais Angelique apres de sa main desireuse
Luy va fouiller au sein, où belle auantureuse,
Elle y treuua le liure où sont si bien escrits
Les mots pour commander aux infernaux esprits,
L'ouurant en vn endroict elle leut deux paroles,
Et soudain l'air esmeut de cent passades moles,
Bruyoit aux enuirons qui s'alloient brunissans,
De cent diuers Demons qui rodans, & passans,
Venoient au deuant d'elle en luy disant, Princesse,
Nous sommes attirez, par la force maistresse
De ces propos sacrez, à nous mettre en deuoir
A suiure ton desir selon nostre pouuoir,
Pource commande nous, lors la beauté vermeille
Dont Angelique parle auec tant merueille,
Leur vint parler ainsi d'vne royale voix.
Ie veux que vous portiez ce prisonnier François,
Dans la grande Cité de Catay la fatale
A luire comme en grace en grandeur sans esgale,
Et qu'en m'obeissant sans rien vous seiourner,
Par quelque autre dessein, & sans vous destourner,
Vous l'ailliez presenter à Galafron mon pere,
Pour le mettre en prison, & luy contiez l'affaire,
Et le sucez heureux qui suit nostre dessein,

Puis

Puis que le fin Maugis nous est cheu en la main.
A peine elle eut fini, que les dextres puissantes,
Des robustes Demons prindrent, obeissantes,
Maugis, & vistement l'esleuant haut en l'air,
Sous le fil de leur vol l'estonnoient à voler,
Et l'allerent poser en diligence extreme,
Aux pieds de Galafron qui d'effray vint tout blesme
De voir si fiers porteurs: puis oyant leur raison
Et leur raport heureux, fit conduire en prison
Le desolé Maugis dans le fond d'vne fosse,
Cauée en vn rocher où contre tousiours cosse
De toutes pars la Mer en mille flots cornus,
Par les vents mutinez, en poincte entretenus,
Rocher qui droict, & haut vn peu loing de la terre
Se charge, audacieux, d'vn Chasteau pour la guerre.
   Mais la belle Princesse ayant le liure en main,
Et y lisant vn peu rendit le charme vain,
Qui rechargeoit encore aux Geans la prunelle,
Qui venans au resueil, & sçachans la nouuelle
D'auoir esté surpris par vn mesme sommeil,
De honte ne pouuoient en haut dresser leur œil,
Ains de courbez sourcils, & de bouche fermée,
Et d'vne ame aux discours pesamment abismée,
Ils restoient estonnez & troublez du danger
Où le rusé Maugis les auoit sçeu ranger.
   Angelique vint dire à l'Argail, mon doux frere,
Que ce commencement nous est doux, & prospere:
Car ayant ce Maugis, le François le plus fin,
Sans doubte nos desseins auront belle la fin.
Ainsi elle disoit, & la nuict tenebreuse,
Noircissant l'Horison de sa robe sombreuse,
Et le silence doux par tout allant poser,
Conuia ce Soleil d'aller se reposer,
Et de dormir plus seur en son lit admirable,

                              Et

Et dē mesme à son frere au repos desirable
Elle assigna les yeux qui icunes d'vn beau iour,
Recherchoiët tousiours Mars, & luisoiët tont d'Amour
Tandis que leurs soldats curieux de leur charge,
Et chacun par son tour de zagaye, & de targe,
Ayant la main fournie, & d'Argail ordonnez,
A garde mieux soigneuse estoient plus adonnez.
  Mais tandis à Paris dans la Chambre royale,
On tiroit d'vn hermet par vne main fatale
Les noms des Cheualiers qui deuoient, valeureux,
Aller combatre Argail au tournois genereux,
Pour rauir du Leuant la palme plus fameuse:
Car le Roy pour chasser la discorde fumeuse,
Voulut que les Amans par le sort du destin
Sortissent vers Argail lendemain au matin.
Or le premier de tous à donner de la Lance
Fut l'Astolphe l'Anglois, le second l'excellence
Des genereux Heros Renaud le renommé,
Le troisiesme Ferau l'Espaignol estimé,
Le quatriesme Dudon, Grandoine le cinquieme,
Beranger le sixiesme, & Othon le septieme,
Bref: il sortit les noms de plus de vingt guerriers.
Ains que l'on veit le nom de ce front de lauriers,
Le redouté Roland, qui lors d'ame estonnée
Iugeoit de ces guerriers la Princesse gaignée.
  Or l'Anglois sus le soir, preparoit son harnois,
Son cheual mieux courant, sa Lance au meilleur bois,
Pour aller lendemain à l'Aurore nouuelle
Combatre pour gaigner Angelique la belle.

                              AVAN

AVANTVRE
DE RENAVD.

ARGVMENT.

L E Renommé Cheualier Renaud de Clairmont Seigneur de Montauban, estant en Italie
se retire vn soir en vn Chasteau, où apres auoir
finy le souper, le Seigneur du lieu fait presenter vn hanap d'or remply de vin, luy disant que
pour sçauoir asseurement si sa femme luy est
loyale ou non, qu'il essayast d'y boire, & que si
elle auoit perdu l'honneur, le vin se respandroit
sur son pourpoinct, sans qu'il en peust boire nu-
le goute: Renaud estant pres de l'essay le refuse
par quelques raisons de modestie, dont le Seigneur du Chasteau admirant sa prudence, luy
raconte comme il y auoit quelques années qu'il
auoit perdu l'amitié de sa femme, pour en auoir
esté ialoux sans certaine occasion, & l'ayant luy
mesme tentée sous la semblence d'vn Cheualier
son amoureux, & luy auoir presenté vne tres-
ample quantité d'or & de pierreries, mais que
toutesfois parmy sa cruelle douleur vne seule
fortune le consoloit, & c'estoit que depuis dix
ans il auoit fait essayer la vertu de ce hanap à
tres gråd nombres d'hómes mariez, mais qu'il
ny en auoit pas vn qu'il n'y eust connu sa femme

me eſtre infidelle:Renaud l'ayant repris, & blaſ-
mé de ſa ſotte ialouſie, & mal entenduë curioſi-
té.luy parle de la grandeur, puiſſance & diuinité de l'or à l'endroict des humains , & meſme
par l'excellente explication d'vne parole Hebraïque. Ceſte Auanture eſt en partie à l'imitation de l'Arioſte.

E veux peindre en ces vers l'honneur,&
la prudence,
De ce vaillant Renaud,antique fleur de
France,
Et l'infortune auſſi d'vn mary trop ialoux
A chercher dans le fiel ce qu'il auoit plus doux,
Et comme l'auarice,& la traiſtre cautelle,
Domta les ſainčts deſirs de ſa femme fidelle,
Qui s'eſtant deffendue , en cœur tresſerme & haut,
Se rendit à la fin au plus forçant aſſaut,
Et aux plus fortes mains dont l'or,& les allarmes
Luy voilerent les yeux,& volerent ſes armes:
Diſcours graue,& plaiſant,prudent & amoureux,
Meſmes pour les maris qui veulent eſtre heureux.

O fureur lethargique,Harpie inſatiable,
Indiſcrette Auarice,humeur trop miſerable,
Qui d'eſclaues deſir: & de rebelles mains,
Viens perdre , & captiuer le cœur de tant d'humains!
Qui ſus le bord plus beau des meilleures fontaines,
Fais mourir de la ſoif par ardeurs inhumaines,
Tes ſubiects malheureux,meſmes lors qu'à plein corps
Ils ſe pourroient baigner aux flots de leurs threſors,
Qui pourroit te blaſmer d'vne voix aſſez forte?
Puis que tous les malheurs en ta dextre tu porte!

Mais ce qui plus que tout eſtrange,& finement
Me veut mettre en ſilence auec l'eſtonnement,

De

C'eſt alors que ie voy qu'en vne ame cherie
De race, & de vertus & d'honneurs fauorie,
Tu iettes auſſi bien les grains de ton erreur,
Et l'eſclaues autant aux fers de ta fureur,
Que l'eſprit abaiſſé de l'auare vulgaire,
A qui comme en partage eſt ton ſiege ordinaire.
Tel eſt fait d'vn eſprit propre à toutes grandeurs
Qui ſentant de tes mains les trompeuſes odeurs,
N'ayme plus rien que l'or, & du tout à ta chaine
Traffique ſes plaiſirs pour acquerir ſa peine.

Tel d'vn eſprit diuin maiſtre de tout ſçauoir
Vn glorieux Demon en ſon corps ſe fait voir,
Et qui dorant ſa voix de la claire faconde
Va parlant comme à plein des merueilles du Monde,
Et de tout mouuement, ſuiect, cauſe & effaict,
Dont ce bel Vniuers s'entretient ſi parfaict,
Et fait aller ſi haut le vol de ſa ſcience
Qu'il s'en va voir au Ciel la bien-heureuſe eſſence:
Mais ceſt eſprit ſi beau, ce rare entendement,
Qui pare ſes deſtins d'vn ſi riche ornement,
N'a point autre ſoucy tant ſoit-il grand, & ferme,
Si toſt que l'Auarice en ſon ame s'enferme,
Sinon que d'amaſſer threſors deſſus threſors,
Par trauaux, & par ruſe, & par cruels efforts,
Et la faim d'acquerir touſiours plus de richeſſe,
Le deuorant d'vn ſoing qui le pique ſans ceſſe,
Seule va commandant ſa douce liberté,
Sa ſanté, ſes plaiſirs, ſes yeux, ſa volonté,
Et pour plus de malheur ſon honneur plus inſigne,
Qui s'eſcarte de luy comme d'vn cœur indigne,
Qui met tout ſon eſpoir, ſon amour & ſa foy,
Au ſubiect que les Cieux auoient mis à ſa loy.

Tel braue curieux d'vne guerre honorable,
Se voit aller premier à l'aſſaut formidable
D'vn rampart foudroyé, puis tout vaillant & fier,

Heureux, en apporter le plus noble laurier,
Puis estre le premier d'ardeur plus animée
A donner tour au rang d'vne contraire armée,
Et sortir le dernier du vacarme sanglant,
Qui toutesfois ne peut bien qu'il soit si vaillant
Te domter, Auarice, & que ta main cruelle
Ne l'infame par l'or en sa chaine immortelle!

 Ah! que celuy parloit d'Oracles vrais, & hauts,
Alors, qu'il te nomma Racine de tous maux!
Car tu es, Auarice, vne amere Pandore,
Qui de tous les malheurs la terre deshonore.
Maints cœurs de tous beaux arts seroiët haut estimez,
Sans ton lasche desir qui les rend diffamez,
Et leur fait mespriser les deuoirs, & la gloire,
Que donne la vertu d'eternelle memoire.

 Par toy les fiers Destins nous chargent icy bas,
De discords, de procez, d'enuies, de combas,
Par toy l'Ambitieux, le trop superbe Prince,
Veut prendre à ses voisins le sceptre & la Prouince,
Et par luy Mars, Erine, & le sanglant effort,
Tant d'innocens humains sacrifie à la mort,
A fin que par leur sang la conquise richesse
Appaise vn peu la soif qui le brusle sans cesse,
A l'Hydropique esgal qui plus auale d'eau
Et plus l'ardante soif l'altere de nouueau.

 Par toy, l'on ne voit plus les vertus fauories,
Ains d'elles seulement elles sont bien cheries,
Et par toy, la vertu, la grace, & la beauté,
L'antiquité de race, & la fidelité,
Ne sert plus à la Dame, ains par contre-auantage,
S'elle n'est beaucoup riche elle est sans mariage:
Ce n'est plus que l'Amour, & l'excellent honneur,
Conduisent l'Hymenée au giron du bon-heur,
On n'y oyt plus Io, & plus le bon Genie

Les

Les sorts du mariage en ses mains ne manie,
Ains l'on n'y voit rien plus que ce Diable-d'argent
Seruir de promoteur, & d'amour, & d'agent.

    Par toy lâsche Auarice on voit grãds à grãd nõbres
Ignorans, champignons & flateurs pleins d'encõbres,
Et menteurs, & bouffons, & vains entrepreneurs,
Auares d'iniustice & prodigues d'honneurs,
Liberaux de promeß, & serrez de courage,
Desbandez de brauade, & vaillans de langage,
Tant le vice d'àuoir plus riche sa maison
D'autres cruels deffauts appauurit la raison.
Bref: par toy pestilente, inhumaine Auarice,
Les cœurs plus esleuez tombent en precipice,
Et t'adreßant, hautaine, aux grandes libertez
Tu captiues souuent les mesmes Royautez.

    Que diray-ie par toy de beaucoup de grãds Dames,
Heureuses de beautez, & d'amoureuses flames!
Qui contre la vertu, l'honneur & la beauté,
D'vn constant amoureux plein de fidelité,
Demeurent en leur glace asprement obstinées,
Comme contre l'amour proprement destinées,
Et plus que le Porphire assis en son rocher,
Reste ferme, & tres-dur quand on le vient brecher,
Elles semblent brauer auec plus de deffence
Les assauts d'vn amant, & tromper sa constance,
Mais ie voy d'autre part venir en braue train,
La trompeuse Auarice ayant dedans la main
Vn subtil beau reth d'or, qui sans mouuoir la langue,
Pour encheiner les cœurs par le doux d'vne harangue,
Rend tout incontinent pris autant qu'abattu
Leur desdain plus farouche, & leur chaste vertu,
Et les volans si tost qu'il semble qu'elle enchante,
Si tost qu'à leurs regards ce beau reth se presente,
Beau reth, mais rigoureux qui les fait bien souuent

Le butin, & le ieu d'vn homme plein de vent,
De vices, de laideurs, & fans cœur, ny adreſſe,
Tant ſe fait bien paroir la puiſſante richeſſe.

Mais ſi par l'or vaincueur on a veu quelques fois,
Les femmes oublier hymenée, & ſes loix,
Et l'amour dont l'Amour vny ſi bien deux ames,
A ce cruel oubly ſeruent ſouuent les flames
Du ſoupçonneux deſir d'vn mary qui ialoux,
Penſant eſtre bien ſage eſt le premier des foux:
Car le ſecret flambeau qui par la ialouſie
Rend d'vn ſoing curieux la penſée ſaiſie,
Conſomme tout l'amour des mutuels plaiſirs,
Et fait croiſtre pour fruict de ſes laſches deſirs,
Au lieu d'vne moiſſon, les ronces & l'eſpine,
L'Abſinthe, & le chardon, & la cruelle Aluyne,
Ainſi que ces eſcrits teſmoings de la douleur
D'vn mary deſaſtré de ce commun malheur,
En diront le deſtin par ſa foy abuſée,
En ſe trompant ſoy-meſme en ame peu ruſée,
A chercher le peril qu'il vouloit euiter,
Dont il vient en pleurant le diſcours raconter,
Apres auoir cennu la prudence admirable
Du Paladin Renaud qui d'vn ame indomtable,
Et d'vn cœur genereux comme braue & diſcret,
Refuſa de ſonder vn indigne ſecret,
En refuſant de boire en la coupe enchantée,
L'informante liqueur d'Hymen ſi redoubtée,
Liqueur qui fait ſçauoir au mary curieux
Le deſtin de ſa femme au pis, oubien au mieux.

La gloire qui touſiours pouſſe les preux gendarmes
De chercher les honneurs dans l'horreur des allarmes,
Et touſiours embraſant Renaud de ſon amour,
Luy auoit fait quicter les Gaules, & la cour,
Pour ſe mettre du nombre en l'honorable feſte,

Que

Que Mars le Dieu sanglant en Lypaduse appreste,
Au combat signalé du renommé guerrier,
Roland, & Brandimart, & le preux Oliuier,
Contre le Roy Gradasse, & le Roy de Lybie,
Et le vieillard Sorbrin plein d'ame si hardie.
Or en prenant le cours de son guerrier destin,
Ardant, & diligent il suiuoit son chemin,
Et passa les destroicts des Alpes aux fronts larges,
Qui tousiours si puissans ont les neiges pour charges,
Et treuuant l'Italie, hastif il va passant
Le fleuue du Piedmont au beau front fleurissant.
Qui fait voir estoilé son portraict manifeste
A belles ondes d'or vers le Temple celeste.
　　Phebus voyoit desia ses enflammez cheuaux
Tremper leurs cornes d'or aux Ponantides eaux,
Et la brune Vesper, l'amoureuse courriere,
Aux Phorcydes versoit sa plaisante lumiere,
Lors que le Paladin auoit ja loing laissé
Le brillant Erydan qu'il auoit trauersé,
Quand il vint rencontrer en la campaigne verte,
Vn Seigneur qui courtois, & d'vne face ouuerte,
En s'approchant de luy, luy vint parler ainsi:
Valeureux Cheualier, le Ciel te guide icy,
Et te puisse conduire, heureux, en ton voyage,
Autant qu'heureusement le cherche ton courage,
Et que tes verts lauriers soient tousiours verdissans,
Et contre tes haineux tousiours mieux fleurissans.
Renaud le secondant en ceste courtoisie,
Luy respondit ainsi, puisse tousiours ta vie,
Estre agreable aux Dieux, & douce à tes amis,
Et tousiours le laurier sus tes cheueux soit mis.
L'autre apres repartant d'vne audace bien née,
Ie te prie dy moy, si le doux Hymenée,
Te detient point encore en ses mains arresté,

Ie t'en prie, Guerrier, par la fidelité,
Que tu dois à l'honeur de Mars, & de Cyprine,
De m'en ouurir le vray qui luist en ta poictrine.
Renaud luy respondit, ma main, & mes desirs,
Seront tousiours portez à suiure tes plaisirs,
Saiches donc que la loy du sacré mariage
Tient le vol de mes iours en son plaisant seruage,
Voilà de mon destin l'amertume, ou le miel,
Suiuant l'ordre du monde, & les vouloirs du Ciel.
    Le Seigneur lors luy dit, ta courtoise responce,
A te cherir tousiours plus fort, & doux me fonce,
Ie me tiens fort content de sçauoir que l'Hymen
Te dettienne aux pouuoirs de sa royale main:
Mais à fin d'esclaircir ma requeste si promte,
Et faire ma demande auoir à plus de comte,
Ie te prie venir ce soir en mon Chasteau,
Pour y prendre logis propice autant que beau,
Cependant que Diane en sa course esclairante
Donnera la clairté que son œil prend à rente,
Et ie te fairay voir vn secret haut & doux,
Secret que les Maris doiuent cherir sur tous,
Comme leur faisant voir la plus secrette chose,
    Qui contre-eux se retient plus fermement enclose.
Renaud cherchant alors vn lieu pour le repos,
Et voyant d'autre part ce curieux propos,
Comme animé d'vn cœur desireux de nouuelles
Soit de guerre, ou d'amour aux auantures belles,
Accepta la requeste au Seigneur si courtois,
    Qui par nouueau sentier la mena dans vn bois,
Dont en sortant apres aussi long que la traicte
Dont vn Arc faict aller sa volante sagette
Ils se treuuent au front d'vn Palais grand & beau,
Qui soudain fut luisant de maint ardant flambeau,
Que six ieunes garçons portoient devers la place

Pour y donner le iour d'vne nouuelle face.
    Le Cheualier François d'vn esprit curieux,
Estant en ce Palais alloit guidant les yeux
Par tous les beaux endroicts de sa riche fabrique,
Qui se faisoit paroir si rare & magnifique.
Et si bien entenduë en tous ses bastim ns,
Que l'œil y limitoit ses humains sentimens.
De serpentin, de marbre & de veineux porphyre,
On le voyoit par tout superbe ment reluire,
En colomnes, en arcs de si belle façons,
Qu'ils pourroient estonner les plus sçauans massons.
Les portes, les degrez, les planchers & les sales,
Et les pauez plantez des mains plus liberales,
De Nature, & de l'art esmerueilloient le cœur,
Tant auec de plaisir leur iour brilloit vaincueur.
On y voyoit sur tout vne riche fontaine,
Qui faisoit deualer sa cristalide veine
Des cornes d'Amalthée en vn large vaisseau,
Qui dedans son albastre alloit cernant son eau.
Vn Ciel d'or le couuroit diuisé de huict faces,
Qui de son arc brillant se mantelloient leurs places,
Le ciel estoit dessous tout coulouré d'esmail,
Où l'Orfeure auoit mis par curieux trauail,
Les plus belles couleurs, huict beaux portraicts de Da-
Cest immobile ciel riche d'eaux, & de flames, (mes,
Soustenoiët du bras gauche, & d'vn maintien si doux,
Qu'il sëbloit qne l'Amour en desserroit maints coups.
Elles se differoient de vesture, & de face,
Mais de mesmes façons, & de pareille grace,
L'Ouurier ingenieux auoit faict leurs attraicts
Leurs gestes amoureux, leurs regards & leurs traicts.
Dè marbre Parien se formoient ces images,
Et bordàns la fontaine au rond de leurs corsages,
Leur main dextre portoit vn peu versant en bas,

                                                    La

La corne d'abondance, où l'eau d'vn volant pas,
Alloit fleurant au iour, & d'ame vagabonde
Dans le vase d'albastre enfermoit sa belle onde,
En murmurant le son d'vn mignard gasouillis.
Ces portraicts amoureux en blancheurs nouueaux lis,
Reposoient la douceur de leurs plantes isnelles,
Sus l'espaule en amour de seize images belles,
Assises sus le plinthe : Or ceux qui soustenoient
Ceste amoureuse charge, à les voir fredonnoient,
L'œil le croyoit ainsi, vne voix immortelle,
Pour chanter les honneurs de leur charge si belle,
Et d'vne bouche ouuerte ainsi que doux chantant,
Il sembloit que le chant les allast enchantant,
Et que tous leurs desirs, leurs façons, leurs paroles,
Louuageoient les beautez que portoient leurs espaules.
　Renaud à la faueur des esclairans flambeaux,
Conttemploit tout rauit ces ouurages si beaux,
Puis voyant dans la main des plus basses figures
Le nom de ses portraicts par longues escritures,
Auec vn bref discours de leurs claires valeurs,
Qui fleuriroient de gloire en immortelles fleurs,
Il nomme mille-fois heureuse l'Italie,
Qui se doit voir vn iour si riche, & ennoblie,
De tant de beaux suiects d'esprit, & de beauté,
Dont le renom viura parmy l'eternité.
Or Renaud en soupant, encore de la table
Pouuoit voir à souhait cest œuure delectable,
Et y tenoit souuent les yeux comme rauis,
Mais la pluspart du temps tenant quelques deuis
Au Seigneur du Palais il discouroit des armes
Et par fois des discours des amoureux allarmes.
Et le iugeant prudent autant que tres-courtois,
Il l'alloit requerant par differentes fois
De luy effectuer le but de sa promesse.

I 2

Puis que si librement il luy en feit largesse.
Ainsi luy reparlant, il obseruoit ses yeux
Agitez d'vn soucy pesamment ennuyeux,
Il iugeoit à son front qu'vne triste pensée
Luy demeuroit en l'ame estroictement pressée,
Et à sa bouche aussi, d'où il voit maints souspirs
Glisser à tous momens à trauers les Zephirs
Dont le sein animoit le vol de sa parole.
Bref. il croit que l'ennuy cruellement l'affole,
Et trois, & quatre fois il eut la voix à port,
De vouloir s'enquerir de quel ennuy si fort
Luy venoient les souspirs, & la façon si triste,
Qui tousioors langoureuse en sa face presiste.
Mais d'vn modeste frein retenant son parler,
Et son desir au sein, pour mieux le deceller,
Il rebouchoit alors le cours de sa requeste,
Qui desia pour sortir eu la bouche estoit preste.

     Or estant le souper de tout poinct terminé,
Voicy vn iouuenceau pour ces faicts destiné,
Qui met dessus la table vne Coupe luisante,
Ouuragée d'or fin par la main artisante,
Et timbrée au dehors de maint prix Leuantin,
Et remplie au dedans d'vn doux odorant vin.
Alors ce Cheualier se resgayant la face,
Et d'vn certain soub-ris se repeignant de grace,
S'adressa vers Renaud, mais d'vn air de langueur,
Il semble mieux pretendre à s'alleger le cœur
D'vne plaincte pressante, & d'vn secret martyre
Que ses yeux ne font voir l'aparence du rire,
Or il luy dit ainsi, Il est temps, Cheualier,
Que ie sorte l'effaict dont l'honneur me requier,
Comme il temps aussi que ma main accomplisse,
Pour estre de la voix, & du cœur la complice,
De te faire sçauoir sans nul differement

Ct

Ce que ie t'ay promis si volontairement,
Ie te veux faire voir par moyen de ce vase,
Vn essay si profond qui de merueille rase
L'honneur plus renommé des oracles passez,
Et qui rend de son bien leurs pouuoirs surpassez.
Or cest essay si grand tout homme en mariage
Deuroit de tres-bon gré l'aimer à l'auantage,
,, D'autant que le mary selon ce que i'en croy,
,, Doit tousiours espier si l'amour, & la foy,
,, Demeurent fermement au cœur de sa compaigne,
,, Et si de son honneur son desir s'accompaigne,
,, Il doit chercher tousiours s'il est tousiours aimé,
,, Du cœur où l'Hymenée a son cœur enfermé,
,, Et si son nom aussi s'en esleue, ou suprime,
,, Et comme en ce destin homme, ou beste on l'estime:
    ,, Les Cornes sont d'vn faix le plus rude & leger,
,, Que lon ay veu iamais, aussi venant charger
,, La teste d'vn mary sa charge est si nuisante,
,, Qu'elle le poind sans fin de douleur plus cuisante
,, Et chascun les connoist luy difformer le chef:
,, Mais luy qui les soustient par merueilleux meschef
,, Ne les voit, ny les sent, si subtile est la charge,
,, De ce faix malheureux qui tant de testes charge:
,, Faix, qui par vn malheur le plus gros de courroux
,, Vien troubler les humains en leur destin plus doux,
,, Cocuage si grand qu'ainsi qu'en apanage
,, Il semble estre de droict aux biens du mariage,
,, Tant on le voit aller redoutable en tous lieux
,, Planter fecondement ses rameaux odieux.
Or donques si tu sçais & tu crois que ta femme,
Te soit bonne & fidelle, vne amoureuse flame
Te doit doubler l'amour pour presque l'adorer,
Et pour l'aimer plus fort & plus fort l'honorer,
Qu'vn autre qui connoist & qui voit sa partie,

Loing du loyal amour folement deſpartie,
Et plus auſſi qu'vne autre en qui l'aſpre rigueur
D'vn froid ſoucy ialoux luy tenaille le cœur.
   ,, Les Maris de pluſieurs qui ſont chaſtes & ſain-
,, Ont les ames à tort de ialouſie atteinctes,   (ctes,
,, Et d'autres non moins ſots penſent aſſeurément,
,, Que la fidelité demeure fermement
,, Auec l'eſgal amour au cœur de leurs compaignes,
,, Qui portent neantmoins ſoit parmy les campaignes,
,, Et dedans les Citez, tant ſoient-ils doux & fins
,, Sous le rond du bonnet l'enſeigne des Bouquins.
   Or ſi tu veux ſçauoir ſi ta femme eſt pudique,
Comme ie crois auſſi que la raiſon te pique
A la tenir pour telle, & le dois croire auſſi,
Car autrement l'honneur, & l'ennuyeux ſoucy,
T'affligeroit par trop de reproche, & de peine:
Si tu n'en eſt ia clair par la preuue certaine,
Toy-meſme ſans qu'autruy t'en tienne nul propos,
Tu le pourras ſçauoir maintenant à repos,
Et tu verras le vray où ton cœur deura croire,
Si dans ce riche vaſe il t'agrée de boire :
Car ce vaſe ſi rare icy n'a eſté mis,
Qu'à fin de te monſtrer ce que ie t'ay promis,
,, Car ce que l'on promet nous doit faire entreprendre
,, Du meilleur de nos cœurs à ſon terme le rendre.
Donques ſi tu vas boire en ce puiſſant vaiſſeau,
Tu connaiſtras ſoudain que s'il paroit ſi beau,
Et ſi riche & plaiſant, que l'art de la Magie
Vne vertu tres-grande en luy tient eſlargie:
Car tu verras bien toſt vn merueilleux effaict,
Alors que tu voudras prendre le premier traict,
Car ſi tu vas portant les marques rigoureuſes
De l'Hymen offencé des cornes malheureuſes,
Le vin ſe reſpandra tout ſoudain ſus le ſein,

                                                          Et

Et d'vne seule goute en trompant ton dessein
Il ne suiura ta bouche, ains la laissera seiche:
Mais si ta femme est chaste & que l'ardante fleche
De l'amour desreiglé n'ay iamais veu son cœur,
Tu boiras iusque au fond nettement sa liqueur.
Cherches donc à ce coup de voir iusques en l'ame,
Par ce moyen si beau les secrets de ta femme,
Et aprens maintenant si le destin t'est doux
A t'auoir mis au rang des plus heureux espoux.

Le Seigneur de la sorte icy borna son dire,
Et d'vn ardant penser où son dire se vire,
Il porta tout en l'œil son esprit agité,
Et le tint vers Renaud fermement arresté,
Pour voir comme le vin en suiuant sa coustume
Luy mouilleront le sein de sa fuyande escume,
Comme il auoit tousiours aux autres curieux
Honteusement souillé le pourpoinct precieux.

Or Renaud flottoyant de pensées diuerses,
Qui luy rouloient au cœur cent discours de trauerses,
Desia deuers le vase alloit tendant la main,
Mais d'vn meilleur aduis se rauisant soudain,
De ne vouloir chercher ce qui parauanture
Il ne voudroit trouuer par aucune auanture,
Il retira la main de l'enchanté vaisseau,
Et de mesme le cœur de cest essay trop beau,
Car son esprit nourrit d'vne belle science,
Luy desclairoit le vain de ceste experience,
Et luy monstrant aux yeux & à l'ame, combien
D'en aprendre le vray ne luy seruoit de rien,
Ainsi ce bon aduis où son desir se couche
Engarda d'aprocher le vase de sa bouche,
Mais employant apres la voix au iugement,
Il discourut rassis son refus grauement.

,, Celuy seroit bien fol tant des yeux que de l'ame,
,, Et

,, *Et meriteroit bien de languir en diffame,*
,, *S'il cherchoit vn suiect qu'il ne voudroit treuuer,*
,, *Car ce seroit courir à tout perdant resuer!*
,, *Pourquoy doit on briguer à se mettre à la chaine,*
,, *En cherchant son malheur, son tourmët & sa peine?*
,, *Au lieu qu'on doit tousiours veiller & attenter,*
,, *De chercher le plaisir & en luy s'arrester!*
,, *Ma femme est vne femme, & toute femme est mole,*
Et subiecte à faillir, c'est pourquoy de parole,
Aussi bien que d'effaicts ie ne veux consentir
De sonder vn secret que ie ne veux sentir :
Non que i'aille doubtant de l'honneur de ma femme,
Et que i'aye de peur d'en auoir du diffame
Maintenant deuant toy, mais c'est par le bon-heur
Que ce que i'en connoy me contente d'honneur.
Laisse moy donc l'amour de ma douce creance,
Sans la subtiliser par ceste experience,
Laissons ceste creance ainsi qu'elle a esté
Par le passé nourrice à ma felicité,
Et l'est, & le sera tout autant que ma vie
De sa fidelle ardeur caressera l'enuie.
    Que puis-ie meilleurer de vouloir rechercher
Le fiel dedans le miel qui m'est si doux & cher?
Que me profiteroit de faire ceste espreuue,
Pour voir la mort au fruict où la vie ie treuue?
Le plaisir en seroit beaucoup inferieur,
Au dommage sus tous grand, & plein de rigueur:
Car ce diuin Seigneur tout puissant & tout sage,
Qui gouuerne ce Tout, son admirable ouurage,
Desdaigne bien souuent le curieux tenter,
Dont l'homme audacieux se voit precipiter
Aux abismes du mal lors qu'aueugle en ses fautes,
Il se croit de voler sus les choses plus hautes.
Ie ne sçay pas pourtant si m'armant de refus,

                                          Pour

Pour ne boire le vin dans ce beau vase infus,
Ie suis ou sage, ou fol, ou bien d'humeur gaillarde,
Où d'vne ame aux hasards trop bassement couharde,
Mais ie ne veux sçauoir plus qu'il ne me conuient:
Aussi le plus grand mal qui par nous nous auient
Est produict d'arrogance, & de recherche vaine
D'vn cœur enialousé qui se paist de sa peine.
Que ce Vase & ce vin me soient ostez d'icy,
Ie n'en ay point de soif, ny ne veux pas aussi
Qu'il m'en vienne desir, car de ceste asseurance
Dieu deffend la recherche auec plus de deffence,
Qu'au premier geniteur cest arbre qui iadis
Ferma l'huis de sa branche au double Paradis.
,, La recherche qui passe vne reigle modeste,
,, Au lieu d'estre agreable est tousiours fort moleste;
Car de mesme qu'Adam apres apres auoir gousté
Du sainct fruict deffendu par la Diuinité,
Deuala de la gloire en la peine cruelle,
Et d'immortelle vie s'en la vie mortelle,
Et transformant sa ioye en ameres douleurs,
Et ses pensers diuins en soucis, & en pleurs,
Dont apres les malheurs fluans de sa disgrace
Enferrerent ses iours, & les ans de sa race:
Si de la femme, ainsi le mary veut sçauoir
Ce qu'elle fait, & dit, pense & desire auoir,
De ce desir trop grand il cherra miserable,
Dans le centre inhumain d'vn enfer formidable
De mortels desplaisirs, de soucis & d'ennuis,
De peurs, & de discords & d'immortelles nuicts.

   L'Honneur des fils d'Aimon, clair Laurier de la
Vint repousser ainsi de voix, & d'asseurance, (France,
Le hanap odieux quand il vit abonder,
Des yeux du Cheualier maint languissant onder,
De pleurs larges coulans escortez des haleines

                        I 5

Des soufpirs les tefmoings des plus secrettes peines,
Lequel apres qu'il eut aucunement laiffé
Le tourment aparent qui l'auoit fi preffé,
Dit ainfi à Renaud, Que les fiames du Pole,
Lafchent mille malheurs au chef dont la parole
Attira mes defirs à experimenter
C'eft effay infernal, & par luy m'aporter
Vn malheur fi cruel que i'en perdis ma femme,
Ma femme que i'aimois de l'amour de mon ame.

Que ne t'ay ie connu aumoins defpuis le temps,
Que le Pere du iour de fes yeux de Printemps
A refait de dix ans les Dances couronnées?
Que ne m'ont ils permis les fieres deftinées
Aumoins cefte faueur? tellement que de toy,
I'euffe eu meilleur confeil auant que deuers moy,
Se desbandaft la plainfte, & la dure deftreffe,
Les douleurs, les regrets & la blefme trifteffe,
Les foufpirs, & les pleurs dont les flots redoubleZ
Helas! me font les yeux à peu pres aueugleZ.
Mais fi tu veux ouir d'vn homme miferable
Le malheureux malheur fus tous incomparable,
Efcoute cefte hiftoire ou tu verras comment
Ma cruelle infortune a pris commencement.

Tu quiftas cy deffus vne Ville voifine,
De laquelle l'entour de l'onde criftaline
D'vn beau fleuue argenté prend vn lac affez grand,
Qui l'effoignant apres vn autre branfle prend,
Et leue doucement en beau fleuue fes cornes,
Pour aborder le Pau le rempart de fes bornes,
Cefte Ville fut faifte au temps que les Palais
Du dragon d'Agenor furent en bas crouleZ,
Là ie nafquis de race affez noble, & prifée,
Mais de riches moyens bien peu fauorifée.
Mais quoy? fi la fortune aueugle en fes faueurs,

Ne voulut m'honorer du bien de ses douceurs,
Nature à ce deffaut suplea fauorable
Me formant de beauté si rare,& admirable,
Qu'en ma ieune saison i'ay veu beaucoup de fois,
Amour qui range tout au diuin de ses loix,
Rauir de mon amour,& chaufer de mes flames,
Les yeux,& les desirs de maintes belles Dames,
Aux beautez de mon front ie sçauois aporter
Les douceurs,les attraicts,pour les yeux enchanter,
Bien que de s'estimer trop librement soy-mesme
On semble estre porté d'vne arrogance extreme.
    Or en nostre seiour vn Sage residoit,
Qui des plus grands sçauoirs l'humain croire excedoit,
Que lors qu'il acheua ses douces destinées
Il viuoit de six vingts & deux fois quatre années,
Solitaire,& sauuage il vesquit tout son cours,
Sinon que sus la fin touché du feu d'amours
Il gaigna par argent vne Dame gentille,
Dont il luy en nasquit vne tresbelle fille.
Et à fin d'euiter que la fille ne vint
Ressembler à la mere,& telle ne deuint,
Veu qu'elle auoit vendu par la richesse blonde
L'honneur qui seul vaut mieux que l'or de tout le
Il l'osta ieune d'ans du sein de la Cité,   (Monde,
Et au lieu qu'il connu des gens moins frequenté,
Il fit edifier par sa force magique,
Ce Palais que tu voy si riche,& magnifique,
Et sous le sainct respect,& l'esprit & l'honneur,
De Dames aux longs ans agrandis de bonheur,
Il fit nourrir icy sa fille qui fort belle
Se gaignoit tous les iours quelque grace nouuelle,
Tant aux beautez du corps,qu'aux autres de l'esprit,
Que d'vn esprit bien né glorieuse elle apprit.
Et voulut qu'en cest age au doux amour propice,

Elle ne veit nul homme à fin que l'artifice
Du parler, & des lieux ne luy toucha le cœur
Du doux poignant desir de l'Archerot vaincueur,
Et à fin que la fille eust exemple de suiure,
Toute pudique Dame, & ainsi quelle viure,
En l'honneur immortelle & demeurer tousiour
En l'amour des vertus contre le faux amour.
Il y seit entailler, & en couleurs portraire,
Non celles seulement que ce siecle reuere,
Amies des vertus, & qui de leurs clairtez
S'esgalent aux honneurs des antiques beautez,
Dont l'illustre renom par l'art, & la science
Ne connoistra iamais le fleuue d'oubliance:
Mais encor du futur maint genereux soleil,
Qui d'eternel renom ouurira son bel œil,
Et qui de toutes pars nous rendront embellie
Par leurs rares vertus la beauté d'Italie,
Comme ces huict icy qui sont en ceste Font
Et qui de leurs beautez vn paradis y font.

　　Or apres que la fille au pere sembla d'age,
Pour goûter les douceurs du sacré mariage,
Où fut par ma disgrace, ou bien par mon destin,
Ie fus esleu sur tous digne de ce butin,
Par les vouloirs vnis de la fille, & du pere.
Ces champs delicieux qui ses longueurs modere
En vingt milles autour de ce doré Chasteau,
Abondant en viuiers & païsages beaux,
De pres, & de iardins, de bois & de paccage,
Me fut lors assigné par le doux mariage,
Pour le dot de ma femme, en qui mille beautez
Et autant de maintiens en douces majestez.
L'embellissoiet si bien de graces immortelles,
Que lon n'aspiroit pas à de beautez plus belles.
La sçauante Palas de l'aiguillé, & du fil,

　　　　　　　　　　　　　　N'eusse

N'euſſe pas fait mieux quelle vn ouurage ſubtil,
Et de la voir aller, & d'ouïr ſes paroles,
Et le doux dont ſa voix ſembloit venir des Poles,
Celeſte, & non mortelle elle ſe faiſoit voir,
Tant les perfections la faiſoient bien paroir,
Mais aux Arts liberaux elle eſtoit, abondante,
A peu pres tout autant que le pere, ſçauante.

    Auec ce grand eſprit, & non moindre beauté,
Qui d'amour aux rochers euſt molli la durté,
Eſtoit ioinct tel amour, & douceur d'outrepaſſe,
Qu'au ſouuenir le cœur me ſemble qu'il treſpaſſe,
Tant ſon doux paſſetemps, & ſon plus cher plaiſir
Eſtoit d'eſtre auec moy, & ſuiure mon deſir,
Long temps ſans nul diſcord noſtre amour fut par-
Mais puis par mō deffaut elle ſe veit deffaicte. (faicte

    Mon beau pere eſtant mort cinq ans apres le iour
Que ie fus marié, voicy ſans long ſeiour,
Commencer les trauaux qu'encor' ie ſens en l'ame,
Et te diray comment, cependant qu'en ma femme,
D'vn mutuel amour ſe repoſoit mon mieux,
Et tout ce qui plus beau me contentoit les yeux,
En ce Païs eſtoit vne Dame fort belle,
Qui ſentant de mes yeux l'amoureuſe eſtincelle,
S'enflamma pour m'aimer d'vne ſi viue ardeur
Qu'elle ſembloit bruſler en la meſme grandeur.
Elle ſçauoit de charme en forces treshautaines,
Et de ſorts effrayans, en perilleuſes haines,
Autant qu'en ſçeut iamais la femme de Iaſon,
Et murmurant par fois vne obſcure oraiſon
Elle eſclairoit la nuict, & le iour plus aimable
Elle affubloit ſouuent d'vne nuict effroyable,
Et ſembloit quelques fois par ſon art nompareil
Faire trembler la terre, & planter le Soleil:
Mais elle ne peut pas auec tant de puiſſance

                    I 7

Aquerir mon vouloir à son obeiſſance,
Pour luy guerir le cœur de la playe d'Amour,
Car d'vne autre amitié mon ame auoit le iour,
Et puis ie ne pouuoy contenter à ſa flame
Sans offencer par trop la gloire de ma femme,
Qui m'euſt trop reproché mon amour & ma foy,
Et poſſible euſt tenté d'en faire autant à moy.

   Non pour voir mon amante aſſez gentille, & belle,
Et voir quels feux d'amour ſe rallumoient en elle,
Ny moins pour les preſens, & promeſſes auſſi,
Qu'elle me fit ſouuent d'vn œil plein de ſoucy,
Et de languiſſemens doublez de longue inſtance,
Elle ne peut changer mes vœux, ny ma conſtance,
Ny pouuoir obtenir qu'vn rayon ſeulement
Altera mon amour de ſon ſainct element,
Pour en donner à elle à cauſe qu'en m'a femme
   En la croyant fidelle eſtoit toute mon ame,
   L'eſpoir, & la croyance & la certaineté,
Que i'auoy de ma femme en la fidelité,
M'auroit fait meſpriſer la beauté plus hautaine
Que poſſeda iamais la Princeſſe Spartaine,
Et tout ce qui de beau fut offert de ſçauoir,
De ſens, & de bonheur, d'or & de grand pouuoir,
Au grand paſteur Troyen ſur la montaigne Idée:
Mais quoy? tant de reffus à rigueur plus bandée,
Ne peurent tant valoir de limiter les feux
Dont elle me prioit en deſpit de mes vœux.
Son nom eſtoit Meliſſe, or vn iour par ces plaines,
Que i'eſtois à la chaſſe en agreables peines,
Elle me treuua ſeul pour me pouuoir parler,
Et ſuiuant ſes deſirs ſes plainctes m'eſtaler,
Et pour changer ma paix en diſcorde immortelle,
Et par la ialouſie inhumaine, & cruelle,
Me priuer de la foy ſi bien ferme en mon cœur,

Elle

Elle vint loüanger d'vn discours deceueur,
Mon amour, & ma foy pour l'honneur d'hymenée,
Puis en continuant sa voix empoisonnée,
Elle me discouroit. Tu ne peux seurement,
Dire, & croire assez bien d'estre aimé fermement,
Si tu n'as de l'amant vne certaine preuue,
Et si vray ou menteur à l'espreuue on le treuue,
S'il n'a faillit encore, ou bien s'il peut faillir,
Alors qu'il se verroit chaudement assaillir.
Tu croy que ta compaigne est tresferme, & loyale:
Mais d'où vient qu'en ton cœur telle foy se deuale?
Car tousiours on la voit à tes flancs, & iamais
De parler à nul autre onques tu luy permes,
D'où vient donc ce vanter, & ce dire stoïque,
De vouloir m'affermer qu'elle te soit pudique?

Comment peut elle auoir vn honneur asses haut,
Si iamais les valeurs d'vn attaquant assaut
Ne sont venus tenter sa force, & sa constance,
Pour luy donner la gloire auec la resistance?
„ *Car iamais le Laurier au soldat n'est permis,*
„ *Que pour auoir domté quelques forts ennemis,*
„ *Toute vraye vertu meritante de gloire,*
„ *Est celle qui diuine emporte la victoire,*
„ *De son fier ennemy qui d'vn camp vicieux*
„ *Veut forcer, & rauir son sceptre glorieux,*
„ *Et qui de viue force asprement aduersaire,*
„ *Vient choquer mille fois opposement contraire*
„ *Son honneur, & ses vœux qui toutesfois plus forts,*
„ *Vont tousiours atterrans les vicieux efforts.*
„ *Or toute autre vertu qui n'a sentit la flame*
„ *De l'ennemy qui rend plus fin l'or de nostre ame,*
„ *Sans gloire, & sans renom n'a qu'vn peu de lueur:*
„ *Car la gloire s'achepte au prix de la sueur.*
Or donc pour illustrer la vertu de ta femme,

Que

Que ce conseil d'honneur te soit receû en l'ame,
Tiens-toy pour quelques iours absent de ta maison,
En l'esloignant assez, & par feincte raison,
Cherche que tes voisins croient de ferme courage
Que tu t'en sois allé pour faire vn long voyage,
Et que tu as laissé ta femme en liberté,
Et commode aux Amans espris de sa beauté,
Comme pour en tirer dons, lettres & prieres,
Et si ta femme reste en ces douceurs guerrieres,
D'vn cœur fidelle & fort, alors certainement
Connoissant ses vertus par cest esloignement,
Tu te pourras vanter qu'elle est autant fidelle
Qu'elle semble à tes yeux douce, agreable & belle.
　　Auec semblable dire, & maints autres aussi,
Dont elle ne cessoit de me voir en soucy,
L'enchanteresse en fin rangea du tout mon ame,
A suiure son aduis, & la ialouse flame,
Pour espreuuer ma femme en assaillant sa foy,
Et preuuer si son cœur n'aimoit rien que pour moy.
Posons donques le cas qu'elle soit infidelle,
Bien que ie ne sçaurois la vouloir croire telle,
Luy dy-ie, quel moyen me pourray-ie tirer
De croire qu'auiourd'huy ie me doiue asseurer
Qu'elle soit chaste encore, & d'vn merite insigne,
Où bien de quelle peine elle doit-estre digne,
Si ie la treuue apres sans honneur, & sans foy,
Melisse respondit, i'ay vn vaisseau chez moy,
Que ie te veux donner pour connoistre ta femme
Aux destins perilleux de l'amoureuse flame,
Morgane le donna à son frere vaillant,
Pour le faire certain de l'honneur deffaillant,
De Geneure sa femme, or l'homme qui possede
Vne femme où la foy ses merites concede,
Qu'il y boiue hardiment, mais l'autre infortuné

D'vn

D'vne Dame infidelle aux liens d'Hymené,
Qu'il ne le prenne pas & que point il n'auance
Ses leures dans le bord, car si tost qu'il commence,
De les tremper au vin, le vin en tressaillant
Sort tout incontinent par assaut deffaillant,
Et s'espanche ondoyant par dessus sa poictrine.
Or auant qu'à partir ce dessein t'achemine,
Tu feras ceste preuuè, & ainsi que ie croy
Tu y boiras bien net, car encor' plein de foy
Comme ie puis penser est le cœur de ta femme
Au moins tu en verras la honte, ou le diffame.
Mais estant de retour s'il te plaist d'essayer
En ce mesme vaisseau son cœur, & son loyer,
Ie ne t'asseure point le sein qu'à la remuetse
Le vin en decellant sus luy tout ne se verse,
Mais si tu boy le vin sans mouiller le pourpoinct,
Tu es sus les Maris tres-heureux de tout poinct,
   l'accepta son dessein & sa traistre priere,
Dont le second effaict fut la cause meurtriere
De mon bien plus aymé, lors elle me presta
Ce vaisseau qni mon heur en ses bords limita,
Pour le poursuiure trop, O plus heureux que sage!
Si ie n'eusse entrepris ce funeste voyage,
Pour vouloir le mal-heur au milieu de mon mieux.
Tres-heureux, & contét presque autát que les Dieux,
Si i'eusse esté content de la preuue premiere,
Où ie connu ma femme en honneur tres-entiere!
Car en faisant la preuue à boire la liqueur
Dans le vase enchanté, ie treuua que son cœur,
Tres-fidelle à mes vœux, m' aimoit d' amour parfaicte,
Et qu'en mon seul penser sa pensée estoit faicte,
Et bref ie la connu selon que mes desirs
Demandoient son amour, & ses plus doux plaisirs.
Tant son ame estoit pure, & son amour fidelle,

                                        Que

Que pour embellir trop ie fis venir cruelle,
   Melisse alors me dit voyant ce bel effaict,
Qui chantoit de ma femme vn amour si parfaict,
Pour vn mois ie te prie ou pour deux abandonne
Ta femme qui te semble à cest essay si bonne,
Puis estant retourné ressaye de noueau
Pour connoistre la foy de boire en ce vaisseau,
Ou bien de t'en mouiller iusques dans la chemise,
Las! ie luy accorda ceste fole entreprise,
Bien qu'il me fascha fort de quicter le seiour,
Où ma femme auec elle auoit tout mon amour,
Mais non pas pour doubter de son amour fidelle
Ains pource que tousiours ie m'aimois aupres d'elle.
   Melisse en poursuiuant son dire, & son venin,
Ainsi me repliqua, par vn autre chemin
Ie te veux promener pour auoir l'asseurance,
Et le fruict desiré de ceste connoissance,
Ie veux changer ton front, ton air & tes cheueux,
Ton parler, tes façons, ton corsage & tes yeux,
Et que tu sois ainsi sous la forme enchantée
Pour t'aller presenter d'vne face empruntée,
Au deuant de ta femme, à fin de la sonder,
Iusqu'au mieux de son cœur, & feinct luy demander
En Amant courageux son amour, & sa grace,
Tandis que de feincts pleurs s'arrosera ta face.
   Or sçaches qu'icy pres se voit vne Cité,
Que le Pau menaçant de son front indomté
Deffend audacieux par maintes fieres cornes,
Son Estat est semé iusques aux moites bornes,
Du Neptune prochain, Or en antiquiteZ
Elle cede aux saisons des voisines CiteZ,
Mais en autres honneurs, superbe, elle en querelle
Soit pour estre opulente, ou soit pour estre belle.
La relique Troyenne eschapée du fleau

D'A

D'Atile, la fonda pres d'vn fleuue si beau.
Vn Seigneur ieune & braue, & de grande cheuance
D'vn mors, estroit, & lent la range à sa puissance,
Qui cherchant par ces prés vn iour vn sien faucon,
Par vn destin d'Amour, s'en vint dans ma maison,
Et y voyant ma femme en beautez si aimables,
Son cœur s'ouurit soudain par les traicts agreables,
De l'amour, & depuis ardant il ne cessa
Que par mille moyens il ne la pourchassa
A fin de l'incliner à sa flame nouuelle:
Mais fidelle enuers moy, comme enuers luy cruelle,
Elle luy fit donner tant de glaçans refus,
Qu'en fin il modera la fureur de ses feux,
Pour ne la tenter plus, mais pourtant ses doux gestes,
Ses attraicts, ses discours & ses beautez celestes,
Qu'Amour luy sçeut grauer de son burin vaincueur,
N'abandonnerent pas le marbre de son cœur.
   Or par l'incitement d'vn langard artifice,
Et de feinctes raisons l'amoureuse Melisse,
Me sçeut si bien gaigner qu'il me fit consentir,
De prendre les façons, & la forme vestir
De ce ieune amoureux, ainsi par sa science
Qui pour m'infortuner auoit trop de puissance,
En vn autre semblance elle me mit si bien,
En visage, en parole, en œil, port & maintien,
Esgal à cest Amant que ie ne sçauroy dire,
Combien son vray semblant en moy se voyoit luire.
   Auant que me donner à ce desguisement,
Qui deuoit descouurir ma perte, & mon tourment,
I'auoy ja pris congé de ma femme, & par feincte,
Dont ma double parole estoit trop libre & feincte,
Ie luy dis que i'allois vers le doré Leuant
Si bien contre mon bien ie m'alloy deceuant,
Or ainsi transformé par ma simple malice,

E#

Et par la traiſtre main de l'amere Meliſſe,
Qui s'eſtoit deſguiſée au port d'vn iouuenceau,
Nous partiſmes au vœu d'vn deſſein ſi nouueau,
Meliſſe ayant chez ſoy pour mieux ioüer ſa rage
Par ſon art maints threſors de l'Indien riuage,
    Trois iours eſtans paſſez que nous eſtions partis,
Nous reuinmes au ſueil d'où nous eſtiens ſortis,
Et pour ſçauoir ſi bien de mon Palais l'vſage,
Ie monta dans ma chambre en aſſeure viſage,
Où ie treuua ma femme au vœu de mes ſouhaits,
Car elle y eſtoit lors ſans Dames, ny valets,
Et comme ſi ie fuſt le Seigneur qui dans l'ame
Portoit par ſes beautez la Cyprienne flame,
Ie la vins ſalüer d'vn langage d'amours,
Et d'amoureux regards donnant grace au diſcours,
Auec certains souſpirs à menuës ſecouſſes,
Qui ſembloient requerir ſes amitiez plus douces,
Elle me bien veigna d'vn doux craintif accueil,
Et de diſcours ſuiuy d'vn gay baiſſement d'œil,
Auec vn front pourpré de ſoudaine penſée,
Penſant de voir en moy, par les charmes forcée,
L'amoureux Cheualier qui bruſloit de ſes yeux,
Mais tandis plein d'amour en Amant furieux,
Du mal, & du deſir que la flame amoureuſe
Sçait grauer dans le cœur, d'ardeur trop vigoureuſe,
Ie luy diſcours ainſi: Madame, ſi l'Amour
Par moyen de vos yeux me fait cherir le iour,
Mais pluſtoſt ſi vos yeux par leur flame ſi belle
Me font plaire aux efforts de ma peine cruelle,
Et ſi depuis le temps que vos beautez m'ont pris
Plus vous m'auez glacé mieux vous m'auez eſpris,
Que n'auez vous pitié de mon ſort miſerable,
Et de mon long tourment trop cruel, & durable,
A ſe rendre plus dur me voyant endurer,

Et

Et rauir mes espoirs me voyant esperer?
Belle, si c'est pour vous que l'amoureuse peine
S'anime en mon esprit si viue, & inhumaine,
Que n'ay-ie de vos mains quelque douce faueur
Pour l'honneur de vos yeux, & pour guerir mon cœur?
Vous estes le Soleil qui me donnez la vie,
Mais par vos cruautez ie me la sens rauie,
Si bien que ie puis dire en viuant de tel sort
Que de vostre party vient ma vie & ma mort.

Mais quoy? pour vous cõnoistre vn Soleil manifeste,
Vous voulez faire ainsi que le Soleil celeste,
Qui fait naistre les fleurs, & puis les va perdant,
Par les dards chaleureux de son œil si ardant:
Toutesfois, beau Soleil, eu vos façons meurtrieres,
Vous differez par trop à ce Roy de lumieres,
Car il tue les fleurs par ces douces ardeurs,
Et vous, tuez mes feux par vos fieres froideurs!
Mais comme le Phenix reuit de sa desfaicte,
Mes amoureux desirs d'vne essence parfaicte,
Sortent plus grands & beaux du milieu de mes feux,
Apres estre meurtris par vos glaçans refus.

Vous estes mon Soleil ainsi que ma Deesse,
De vous ie prens le iour, à vous mes vœux i'adresse,
Ne laissez pas mourir faute d'vn regard doux
Ce cœur qui n'est point cœur que pour viure pour vous.
D'vn nouueau doux langage à mes vœux fauorable,
Soyez douce à mes yeux tout autant qu'admirable,
Que ce soit vn oracle à me faire esperer
Plus de bien que mon cœur n'en a peu desirer,
Puis que par vos rigueurs trop constantes & fortes,
Mes desirs plus ardans viuoient de telles sortes,
Que presque ainsi que morts ils me peuploient le cœur,
Sans aucune esperance à guerir ma langueur,
,, Combien qu'en esperant l'amour sans fin chemine,
,, Et

„ *Et que priué d'espoir il voit tost sa ruïne:*
„ *Car amour est desir qui tousiours veut aimer*
„ *Auec le doux espoir, & de luy s'enflamer.*

    Ne fuyez point l'honneur de ma douce entreprise,
Voyez combien mon ame est de vos feux esprise,
Puis que dés si long temps au ciel de vos beautez
Ie combat de douceurs vos fieres cruautez.
Si ie n'aime que vous, si vostre ame si belle
Seule en ma volonté la lumiere de celle,
Sid e vous seulement ie dois auoir secours,
Las! allegez mon cœur pour allonger mes iours!

    L'Amour, le temps, le lieu, vous cõmandẽt, Madame,
D'auoir en vos faueurs les desirs de mon ame,
L'Amour vous le commande à cause qu'en vos yeux
Il se rend plus parfaiĉt, doux & victorieux,
Et que dreſſant en eux sa gloire & son Empire
Tous les feux, & ses traiĉts en leur ciel il retire,
Et de là, triomphant par vos regards si doux
Les valeurs de sa main il fait sentir à tous,
Et bleſſant de vos feux les ames plus parfaiĉtes
Il le rend à vos loix fidellement subieĉtes,
Et seule vous prisant sus toutes les beautez,
Qui dorent ses lauriers des cœurs plus indomtez,
Il vous suit, il vous aime, & presque il vous adore,
Tant il se va plaisant alors qu'il vous honore!
De sorte, beau Soleil, qu'ayant ainsi le cœur
D'vn Dieu qui luist\ par tout diuinement vaincueur,
Il ne faut pas bander les forces de vostre ame
A desdaigner ses traiĉts, & mespriser sa flame,
Car en ces froids desdains, & rigoureux effort,
Vous vous faiĉtes la guerre, & suiuez vostre tort.

    Belle vous dementez l'honneur de vostre face,
La gloire de vos yeux l'espoir de vostre grace,
De vous rendre ennemie à ce grand Dieu d'Amour,
Puis

Puis qu'il esleue en vous son celeste seiour,
Et qu'il blesse par vous mon ame & mon courage,
Et qu'il me rend par vous à iamais en seruage,
Et qu'il vous aime tant qu'il fait de vos beaux yeux
Son seiour, & son throsne, & sa gloire des Cieux,
Ainsi pouuez-vous bien estre à l'Amour rebelle
Sans estre en mesme temps ingrate, & fort cruelle?
Ingrate en mesprisant ses faueurs & son iour,
Et mesconnoistre aussi sa gloire & son amour,
Et cruelle à tuer mes desirs, & ma vie,
En desdaignant mes vœux, & fuyant mon enuie:
Que donc pour vostre honneur, & pour ma loyauté,
La noire ingratitude, & l'inhumanité,
N'aye plus dedans vous sa place & sa retraicte,
Ains autant que la face ayez l'ame parfaicte.
,, Les vices plus cruels dont les foibles humains
,, S'opposent plus aux Dieux de desirs & des mains,
,, C'est la rigueur iniuste, & la glace si rude
,, De la sombre, terrestre & basse ingratitude.
    Pour prendre encore à doux mes rigoureux tourmés,
En moderant l'aigreur de mes embrasemens,
Le temps vous y semond par raison naturelles,
Dont l'vne prend le cours de vos beautez si belles,
Car ces rares beautez, ces Printemps amoureux,
Sont menacez du vent d'vn Hyuer rigoureux,
L'autre coule à grand flot du rocher immuable,
Dont ie vous ay fait voir ma foy inuiolable,
Depuis l'heure & le iour que i'osa vous aimer,
Et parmy vos glaçons mes desirs rallumer:
Pensez vous que le Ciel vous aye fait si belle,
Pour viure d'vne humeur tousiours froide, & cruelle
A vous bannir d'amour, & payer de rigueur
Un amant dont vos yeux ont si bien pris le cœur?
,, L'amour & les beautez sont comme de fleurettes,
                                        ,, Qui

,, *Qui fleuriſſent aux champs à fraiſes d'amourettes,*
,, *Pour ſe laiſſer cueillir durant que leur beauté*
,, *Souſpire en ſon ardeur, & en ſa gayeté.*
Vous verrez quelque iour la tremblante vieilleſſe
Vous mettre au ſouuenir voſtre belle ieuneſſe,
Et comme ſans amour elle alloit neantir,
Dont alors le regret, l'ennuy, le repentir,
Vous ſaiſiront ſi fort que vous n'aurez pas veines,
Nerf, arteres, tendons, qu'ils n'en ſentent les peines,
Vous haïſſant vous meſme au penſer du beau iour
Que vous eſtiez ſi belle auec ſi peu d'amour.
,, *Qui refuſe le bien que le temps luy preſente*
,, *En fin le repentir l'afflige & le tourmente,*
,, *Et trop tard repentant de ce qu'il a perdu*
,, *Voit en vain ſes regrets du deſtin entendu:*
,, *Car le temps qui s'en-vole en emportant nos ages,*
,, *Ne retourne iamais pour nous faire plus ſages,*
,, *Il nous faut donc ſeruir du temps que nous auons*
,, *Pour ne perdre le bien de ce que nous pouuons.*
    Or pour fauoriſer la grandeur, & l'euuie,
De l'Amour, & du temps en ſecourant ma vie,
Le lieu vous le commande, ô ma belle, mon cœur,
Voyez combien le lieu vous porte de faueur.
Puis qu'ore en ceſte chambre à mes flames heureuſe,
Perſonne ne paroit pour troubler rigoureuſe,
De voix, ny de preſence en aucun poinct les vœux
Dont voſtre bel eſprit ſe doit plaire à mes feux,
La fortune amoureuſe ore nous expedie
Le lieu autant pour vous que pour ma maladie,
En faiſant pour mon bien voſtre mary ialoux
Loing de vous bien aimer eſtre fort loing de vous,
Ce lieu nous viens offrir pour alleger mes peines,
Et pour plaire à vos feux les faueurs plus certaines,
Ne refuſez donc pas le lieu, l'occaſion,

A vous

A vous seruir d'amour en mon affection,
,, Il faut prendre d'vn lieu la faueur opportune,
,, Pour se bien mesnager des biens de la fortune.
   Toutesfois si l'Amour, ny le temps ny le lieu,
Ne vous peuuent flechir aux amours de mon feu,
Tenez, prenez ces biens, ces belles pierreries,
Pour le voir de vos mains plus que moy fauories,
Et pour monstrer combien mon cœur est glorieux,
I'offre à vos belles mains ces dons si precieux,
Prenez donc ces rubis, & ces perles d'eslites.
Ces brillans Diamans, ces viues Chrisolites,
Ces saphirs radieux, ces pierres au teincts vers,
Et ces autres au front si celestement pers,
Et ces amas d'opale, & ces topasses fines,
Aussi ceste escarboucle œuure de mains diuines,
Ces enseignes de Reine & ces carquans iumeaux,
Cès chaines, ces camars & ces flambans anneaux,
Tenez, prenez le tout il est vostre, Madame,
Aussi bien que mon cœur, mes pensers, & mon ame,
Mais quoy ? ne pensez pas qu'en vous donnant cecy,
Ie pretende achepter vostre douce mercy?
Ce seroit entreprendre vne chose trop vaine,
Car vostre belle humeur est trop belle & hautaine,
De se laisser aller par les plus riches dons
Aux efforts gracieux des amoureux brandons,
Ie vous fay ce present pour vous monstrer l'ennie,
Que i'ay de vous seruir du meilleur de ma vie,
Et de tout mon pouuoir : car mesme en tout destin,
Vostre amour en mon ame est de vie sans fin:
Mais ce present si rare, & richement fidelle,
Que ie vous offre icy d'vne amour immortelle,
N'est rien au prix si grand de mille autres faueurs
Que vous aurez de moy, si par quelques douceurs
D'amour & de pitié vous soulagez ma vie,

                              K.

Que la flame d'amour par vos feux à rauie,
Mais vous le deuez faire à fin de faire voir
Que la vie, & l'amour est en vostre pouuoir,
Aussi vous le fairez : car ma iuste complaincte
D'vne douce pitié rendra vostre ame atteincte,
Et ces souspirs mourans, & ces pleurs qui tousiours,
Distilent de mes yeux vaincus de trop d'amours.

Ainsi, grand Cheualier, ie disois à ma femme
Ces discours amoureux amis de mon diffame,
Malheureux, acheuez auec l'estalement
De ces riches thresors qui par trop vaillament
Seruoient d'vn esperon à courir vers le vice.
Et cruels tresbucher aux pieds de l'auarice
Le cœur plus arresté de prudence, & de foy,
Or Melisse tousiours estant aupres de moy
Comme i'allois finir mon propos miserable,
Respandoit promtement ces ioyaux sus la table,
Et monstroit en ses mains ceux de plus riche pris,
Pour mieux à mon espouse esmouuoir les esprits,
Laquelle en obseruant mes façons amoureuses
Des pleurs & des souspirs si douces langoureuses,
Et iugeant mon discours d'amour si violent,
Par le trop souspirer par fois trop bas, & lent,
Sus le commencement elle vint estonnée,
De voir mon amitié si ferme, & obstinée,
Lors d'vn craintif penser à cest assaut nouueau
La vergoigne pourproit son teinct si blanc, & beau,
Et me vint refuter fort rudement la plaincte,
Se monstrant de courroux, & d'ennuis estre atteincte:
Mais si tost qu'elle veid luire ce beau thresor,
Qui diuers flamboyoit comme la tresse d'or,
De l'esclatant Soleil en ses veuës nouuelles,
Et qui de rais pointus d'aimables estincelles,
La blessoit iusque au cœur en luy troublant les yeux,

Son

Son cœur qui fut si ferme, & si audacieux,
Deuint tout esperdu, & manquant de courage,
Il oublia l'honneur pour vn vain auantage,
Et au lieu de paroir plus fort, & plus constant,
Il tomba foible & lasche à l'assaut tremblotant
De ces ioyaux flameux, or de ceste responce,
Dont le dur souuenir dans le trespas m'enfonce,
D'vne asseurée audace elle me vint parler,
Faisant à miel d'amours ce langage couler.
Genereux Cheualier, en fin ie voy certaine
L'amour que tu me porte, & ta cruelle peine,
Ie suis ore asseurée, & ie le crois aussi,
Que de m'aimer tousiours est ton plus doux soucy,
Donc en reconnoissant ton amoureuse flame
Ie veux auoir pitié des peines de ton ame,
Ie veux qu'ores mon cœur escarte ses froideurs,
A fin de s'allumer au feu de tes ardeurs,
Ton cœur est assez ferme en l'amoureux martyre
Pour gaigner les faueurs où l'amoureux aspire,
Aussi tu m'as faict voir en ce royal present
Combien est ton amour admirable, & luisant,
Non pas que ie le prenne en qualité de vendre
Par son prix mon amour, & en tes mains le rendre,
Comme chose venduë, ains c'est tant seulement
Pour me ressouuenir d'vn si fidelle amant
En si grande faueur qui comme luy tres-belle,
Toutes autres faueurs des amoureux excelle,
Ainsi que son amour est le plus valeureux
De tous ceux que l'amour a veu mieux amoureux,
Tu prendras donc de moy la faueur tant aimée,
Mais qu'au secret amy elle soit enfermée,
  Telle responce fut vn traict enuenimé,
Qui d'vn ireux despit roidement emplumé,
Cruel, vint penetrer le plus vif de mon ame,

K 2

Qui presque lors tomba sous la mortelle lame,
Vn assassin glaçon me couru par les os,
Et tout le long du sang,& les poumons enclos,
D'vn camp d'estonnemens retenoient arrestée
Ma voix qui de sa voix estoit plus qu'enchantée.
Melisse ostant alors l'air de l'enchantement,
Et le front desguiseur me fit subitement
Reprendre le portraict de ma forme premiere,
Or pense maintenant,ame grande guerriere,
De quel teinct si honteux se peignoit elle alors,
Qu'elle se veid treuuer en ses tristes desbors,
Par moy,& deuant moy,ah ! ie ne sçauroy dire
L'ennuy qui sus son front imageoit le martyre!

   Nous deuinmes tous deux de la mesme couleur,
Dont la mort va peignant du crayon de douleur
Vn corps blesme tombé sous sa main rigoureuse,
Tous deux muets,tous deux d'vne ame douloureuse,
Nous retenions les yeux contre bas arrestez,
Mais nos esprits ainsi de nos esprits domtez,
A peine peux-ie auoir la langue assez puissante,
Pour ouurir ceste voix dont l'ame languissante
Ainsi donna le iour à son cruel penser:
Me trahirois-tu donc ? he ! voudrois tu laisser,
Toy ma femme,la foy des Dieux tant honorée,
La foy de tant d'honneurs si viue & decorée!
Lors que tu trouuerois vn Prince,ou vn Seigneur,
Pour acchepter de toy, l'honneur de mon honneur?
Elle ne sçeut respondre autre chose que larmes,
Du feminin cerueau les ordinaires armes,
Larmes,qui de soupirs contre-carrans leurs cours,
Ses iouës arrosoient des plus fascheux destours.

   La honteuse vergoigne au palais de son ame
Se plaça grauement, & beaucoup plus la flame
D'vn despit aduersaire allumé de fureur,

Contre

Contre moy le motif de sa fragile erreur,
Au plus hautain despit son cœur monta de rage
D'auoir receu par moy tel blasme & tel outrage,
Et croissant sa fureur sans iamais s'arrester,
En fin son cœur ireux se vint precipiter,
Du mont de la rancueur dans la Scille inhumaine
De la dure, seuere, & tres-sanglante haine,
Et desseigna soudain de se banir de moy,
Et de faict aussi tost que le Delien Roy,
Donna son char brillant aux filles Nereïdes,
Pour endormir le iour dans les Creppes humides,
Elle courut au fleuue & montant prestement
Dans vne barquerette en haste, & promtement,
Durant la froide nuict elle se fit descendre,
Fauorie du flot qui dans mer se va rendre,
Et au poinct que l'Aurore auec ses belles mains
Taschoit à reconduire vn beau iour aux humains,
Et monstroit au Soleil tout clair son champ celeste,
Ma femme en ses despits trop fermement moleste,
Alla se presenter au Seigneur amoureux,
Qui pour elle autresfois d'vn feu si chaleureux
Amour auoit espris, & duquel le visage
I'empruntois à tenter pour treuuer mon dommage.
Or à ce Cheualier qu'Amour tenoit encor'
Par les yeux de ma femme en ses doux liens d'or,
On peut croire combien contre moy, fauorable
Sa venuë luy fut plaisante & agreable.

Elle est auecque luy, helas ! despuis ce iour,
Et se moque de moy riant en son amour,
Et ma faict dire encor' pour derniere alegeance
Que i'enterra du tout l'attente, & l'esperance,
De la r'auoir iamais, & d'estre plus aimé,
Et moy de ce malheur si fier & animé,
Que ie me pourchassa d'vne humeur trop cruelle,

I'en suis malade encore, & ma peine mortelle.
Ne me donne iamais ny trefue, ny repos.
Le mal estant au cœur sinistrement enclos
S'acroist de plus en plus, mais par iuste mesure
C'est raison que le mal m'en paye à double vsure,
Bien qu'à me consommer au malheur de son feu
Ma vie son tison ne soit plus que bien peu.
　　Mais sans vn seul confort qui benin me soulage,
Ie croy que i'auroy cheut en ta mortelle plage,
Au mois que commença la nuict de mes amours:
Le confort que ie prends, & qui retient mes iours,
C'est que de tous ceux là qui despuis dix années
Sont estez sous mon toict suiuant leurs destinées,
A tous ce clair vaisseau i'ay offert au deuant,
Mais ie n'en vis pas vn qui d'vn contraire vent
N'ay mouillé de ce vin sa barbe & sa poictrine:
Ainsi bien qu'vne estoile à mes vœux trop maline,
Ay versé dessus moy les sorts plus rigoureux,
Si est-ce que voyant d'vn troupeau si nombreux
Seconder mon malheur ie prends quelque alegeance,
Parmy les coups amers de ma longue souffrance.
De mesme que celuy qui dedans vn Vaisseau
Veut ioindre par la mer vers le Monde nouueau,
Lors que les vents mutins & la mer oragée,
Disputent de rauir sa nauire chargée,
S'il voit autour de soy l'accompagnable essein
De passans, & nochers il s'asseure le sein,
Contre les coups diuers dont le temps le tourmente,
Beaucoup mieux que celuy qui tout seul se lamente,
Sans compaignon en mer en vn estroict vaisseau,
Tourmenté sans relasche, & du vent & de l'eau.
» Car le plus malheureux treuue quelque liesse,
» D'auoir de compaignons au malheur qui l'oppresse.
　　Toy, seul entre infinis qui sont estez icy,

Et

Et qui fots, ont pefché le reuiuant foucy,
Et noye leur plaifir au fond de ce breuuage,
Toy, feul tu as efté l'heureux, le grand, le fage,
Qui refufa l'effay du vafe dangereux,
Qui doit eftre fi craint des maris plus heureux.

Ainfi voulant chercher la moitié d'auantage
Qu'on ne doit pas pretendre au feminin courage,
Celà fait que mes ans foient courts, ou foient chenus,
Seront d'ennuis cruels toufiours entretenus.
Meliffe de mon mal fut la caufe premiere,
Mais elle veid bien toft fes defirs en fumiere:
Car puis qu'elle me feit ces malheurs receuoir,
Ie la haiffois fi fort que ie ne pouuoy voir
Son ombre feulement, car mon ame trahie,
Conceuoit fa prefence vne horrible furie.
Elle s'impatiant de fe voir tant fuyr,
Du fuiect dont fes vœux l'affeuroient dé iouïr,
Au lieu qu'elle en croyoit d'en refter la maiftreffe,
Lors qu'elle auroit bany par fa traiftre fineffe
Ma femme loing de moy, elle conneu combien
Le deffein des mortels s'abufe en moins d'vn rien,
Car à fin de ne voir fa douleur fi voifine,
Qui l'afligeoit toufiours auec plus de ruine,
Ne tarda guiere apres à fe partir d'icy,
Et fi bien la guida fon tourmenté foucy,
A fuïr de ces lieux que d'aucune nouuelle
Ie n'ay defpuis apris nulle auanture d'elle.

L'adoulouré Seigneur ainfi de fes malheurs
Difcouroit le fuiect qui par maintes douleurs,
Luy furgeonnoit encore aux yeux de chaudes larmes,
De fouspirs en la bouche, & au fein des allarmes,
Tandis que le Seigneur du fameux Montauban,
Dans vn profond penfer où l'ennuy fe refpan,
Demeuroit eftonné d'hiftoire fi piteufe,

Qui touchoit de pitié son ame genereuse,
Mais il luy dit apres. Certes le fol conseil,
Dont Melisse blessa d'vn glaiue si cruel
Tes sens & ta raison, fut vn mauuais Ministre,
Pour te rendre seruy d'vn malheur si sinistre:
Mauuais fut le conseil qui te feit decreter
D'aller tout nud de sens les Guespes irriter,
Qui de mille aiguillons aux poinctes tres-cruelles
Penetrerent ta peau, tes os & tes mouëlles,
Aussi tu fus alors à croire trop aisé,
Et fus en ce conseil du tout mal aduisé,
Tu fus bien abusé de courir à la chasse,
Où la prise n'estoit qu'infamie, & disgrace,
Cherchant ce que iamais tu n'eust voulu treuuer,
Et suyuant le printemps pour vn fascheur Hyuer.
   Mais quoy si l'auarice ayant vaincu ta femme,
A te faucer la foy vint conuier son ame,
Ne t'en estonue pas: car en si grande erreur
Elle n'a pas perdu la premiere le cœur,
Ny moins elle n'est pas la diziesme des belles
Trises par si grand lucte aux amours infideles:
Vn esprit plus ancré se voit bien souuent pris
De faire plus grand faute à beaucoup moindre prix,
Combien as-tu conneu par mainte claire histoire
D'hommes pour l'Auarice auoir perdu la gloire?
Et trahis leur amis, leur Païs, leur Seigneur,
Et bref: au prix de l'or mesprisé leur honneur!
   Mais ie te veux parler, desloyale Auarice,
,, Fain infame de l'Or, vice plus plein de vice,
,, N'es-tu pas le moteur d'enuie, & de rancueur,
,, Et indigne à iamais d'aprocher d'vn bon cœur?
Monstre plein de trauaux & chargé de richesses,
Souffreteuse abondance au milieu des largesses,
Aux parens, aux amis sans amour, & sans foy,

Auare

Auare à son prochain, & plus chiche pour soy,
Tantale en ses moyens afligé d'indigence,
Aux peuples sans faueur à son cœur sans clemence,
Ennemy tout a faict des actes genereux,
Et contre son pouuoir de vouloir malheureux.
  Mechanique rampant aux desirs plus infimes,
Et trainãt tousiours bas pouuant l'hõneur aux cimes,
Et sans vser du sien se peiner d'auoir tout,
Cherchãt vn nouueau mal quand vn autre à son bout.
Maistre si miserable en erreurs si cruelles,
Qui ses bons seruiteurs rend traistres, & rebelles,
Ses amis ennemis, sa bource vne prison,
Où son cœur enferré captiue sa raison,
Ayant pour doux obiect vne basse victoire,
Qui plus est de grand fonds moins aporte de gloire.
  Source d'ingratitude, & plante des discords,
Engeance des procés, infamie du corps,
Ruine de l'esprit, mespriseur de science,
Enfer dessus la terre, ingrat à toute outrance,
Aimant l'auoir d'autruy, & mesprisant le sien,
Prenant, & conseruant par iniuste moyen,
Veillant, & trauaillant par conuoitise vaine,
Où plus il voit son mal plus il trame sa peine,
Qui donne le desir, & deffend le plaisir
Et permet l'aquerir sans donner le iouïr.
  Mõstre par trop difforme, à soy mesme trop chiche,
Pour faire vn heritier plus prodigue que riche:
Monstre de qui les pieds, & les yeux, & les mains,
Sont de crocs, d'hameçons, & de fers inhumains,
Pour prendre, pour piper, pour garrotter ensemble
Tout le bien des humains que tout sien il luy semble:
Monstre dont les habits de tenaille, & de glus,
Se prenent contre toy ne pouuant prendre plus!
  Seigneur, voilà comment de quel traict de peincture
                              K   5

On peint ceste fureur, ce grand mal de nature,
C'eſt aueugle Auarice, & combien ſon pouuoir
Commande les humains pour prendre, & pour auoir:
Tu ne deuoy donc pas auec ſi fieres armes
Adreſſer à ta femme vn train de tant d'allarmes
Si tu deſiroy voir de quelle grand vertu
Elle rendroit ton doubte à tes pieds abattu,
Et voir luire ſa gloire aux rais de ſa conſtance,
Et d'vn combat d'honneur te plaire en ſa deffence.

　　Hé quoy? ne ſçais-tu pas que contre l'Or vaincueur,
Le marbre, le porphire, & l'acier le plus dur,
Arment leurs calitez comme de foible eſcorce,
Pour tromper ſes douceurs, & ſa charmante force?
Les cœurs les plus ferrez s'ouurent pour faire lieu
A l'Or qui ſus la terre eſt comme vn ſecond Dieu!

　　Et c'eſt pourquoy les vers des antiques Poëtes,
Qui chantoient les Heros aux Olympiques feſtes,
Diſent-ils pas qu' Amour porte dans ſon carquois
De belles fleches d'Or, pour ranger à ſes loix
Les plus audacieux? comme faiſant entendre
Que par l'Or ſeulement on voit tout entreprendre,
Soit à ſe faire aimer, ou bien donner d'amour:
Car où l'Or ne reluiſt Amour n'a point de iour!

　　Il nous ont dit auſſi pour monſtrer la puiſſance
De l'Or, & de l'argent ſi grands en excellence,
Que l'auare Pluton eſt ordonné des Dieux
D'habiter aux enfers à iamais hors des Cieux,
Comme s'ils redoubtoient qu'eſmeu de l'auarice,
Et friant comme il eſt de ce terreſtre vice,
Il ne vendiſt vn iour corrompu par preſens
Aux curieux humains les Aſtres reluiſans.
Et que pour plus grand mal qu'à quelque fiere race
De Geans eſchelleurs enorgueillis d'audace,
Il ne preſta la main en eſpoir du butin,

                                        A les

A les rendre Seigneurs de ce Temple diuin.
,,   L'Or faict toufiours ouurir la porte plus ſerrée,
,, Pour teſmoing lon a ceſte pluye dorée,
,, Où Iupin ſe changea pour entrer en la Tour,
,, Où lon empriſonnoit l'Aſtre de ſon amour,
La belle pluye d'Or, de la fille d'Acriſe,
Qui veid ſa Tour rendue à ſi forte entrepriſe,
C'eſtoit riches preſens l'vn ſus l'autre plus beau,
Dont il en corrompit les ſoldats du chaſteau,
Et la Princeſſe auſſi Danaë ſa maiſtreſſe,
Qu'il conqueſta ſi bien par la douce richeſſe.

Mais qui plus brauement feit triompher Paris
Sur le butin promis de la mere Cypris?
Combien qu'il fut ſi beau parmy tant de ieuneſſe,
Ne fuſt-il pas mieux l'Or, les grandeurs, la richeſſe,
Qu'il luy gaigna ſi bien Heleine aux beaux cheueux
Car en liſant penſiue aux eſcrits pleins de vœux,
Que luy mandoit Paris, tant de pompes royales,
Et d'honneurs ſi brillans aux lettres liberales,
Cela l'eſmouuoit plus que non pas ſes beautez,
Tant l'Or meſme eſt puiſſant deſſus les Royautez,
Bien que par ſes beautez Paris l'euſt atrapée,
Mais que ſe voir plus grande elle fut mieux trompée.

Combien ſe feit-il grand, & glorieux encor'
Philippe pour vſer en la guerre de l'Or?
Car bien qu'il fut vaillant, & prudent Capitaine,
A gaigner par valeurs meſme ſa Macedoine,
Si eſt-ce que par l'Or il ſe feit plus puiſſant
De gens, & de païs & d'Eſtat fleuriſſant,
Que par ſon cœur hardy, ny par ſa forte eſpée
Au ſang de tant de Grecs ſi ſouuent occupée:
Mais ne ſuiuit-il pas doctement, & de cœur,
L'Oracle qui luy dit, pour eſtre grand vaincueur,
,, Auec lances d'argent commence, & fay la guerre

,, *Lors tu renuerseras toute chose par terre:*
Car il en subiuguoit les plus aspres rempars,
En acheptant contant les Chefs, & les soldars.
     Et son fils Alexandre eut il pas bonne grace,
Alors qu'on luy parloit d'vne tresforte place
Estimée imprenable, en disant promtement,
Si vn cheual ayant de l'Or son chargement,
Y pourroit bien entrer, comme voulant entendre
Que par moyen de l'Or elle se pourroit prendre,
Si la morne auarice au cœur du Gouuerneur
Auoit place, & retraicte au lieu du vray honneur.
,, *Car il n'y a Chasteau tant soit-il imprenable,*
,, *Qu'il ne soit dans vn iour facilement forçable,*
,, *Si celuy qui le garde est d'vn cœur traistre, & vain,*
,, *D'aimer plus que l'honneur les thresors en la main:*
L'esprit, l'effort, le bras, la fortune & la ruse,
Du sçauant Archymede honneur de Siracuse,
Ne l'asseureroit pas de cœur, ny de vigueur
Qu'il ne rendist à l'Or son honneur, & son cœur,
,, *Voilà pourquoy Licurgue ayant veu le dommage,*
,, *Qui vien souuent de l'Or en deffendit l'vsage,*
,, *A son peuple Spartain qui fut si valeureux,*
,, *Bien qu'en fin il fallut pour estre plus heureux,*
,, *En amasser encor' pour payer les gensdarmes,*
,, *Qui sãs l'espoir du gaing n'ont iamais bõnes armes:*
     Mais que feit-il Cesar, ce Phenix des guerriers,
Plantant en nos païs ses plus heureux Lauriers?
Des armes des Romains il conquestoit la France,
Et de l'Or des Gaulois par douce difference,
Fin, il en acheptoit les vouloirs des Romains,
Et par amples presens de ses royales mains
Il se rendoit amis ceux dont l'ame plus graue
Souloit mieux s'opposer à son dessein si braue,
Ainsi vaillant par l'Or autant que par le fer

Il vint par toute guerre en heureux triompher.
,, Mais y a-il beauté, ny valeur, ny sagesse,
,, Qui puisse rien paroir sans auoir la richesse?
,, Soy beau comme Adonis, ta grace & ta beauté,
,, Si tu n'as point d'argent ce n'est que vanité.
,, Soy noble, & valeureux côme vn Roy de Bretaigne,
,, On ne te suiura point si l'Or ne t'acompaigne.
,, Soy sçauãt s'il se peut presque autãt côme vn Dieu,
,, Si tu n'as point d'argent tu ne feras point veu.
    Mais la grandeur de l'Or, & sa force heroïque,
Se voit elle pas bien au langage Hebraïque?
Qui du beau nom de l'Or donne le nom luisant
A la belle Lumiere au regard si plaisant:
Car comme la Lumiere œillade manifeste
De l'Astre de beautez, le grand flambeau celeste,
Nous esclaire les yeux, & nous donne le iour,
Et nous dresse l'esprit au Ciel du vray amour:
Mais qui tient trop les yeux à son brillant visage,
Se sent les yeux perdus d'vn tenebreux ombrage,
Et au lieu de reuoir le beau iour, & les Cieux,
Rien que nuicts, & qu'ennuis ne luy cernent les yeux:
Tout de mesme vers l'Or la lumiere du monde,
D'y tenir trop le cœur d'vne veuë profonde,
Au lieu de se seruir de ses riches valeurs,
Et s'affranchir en luy des soings, & des douleurs,
Ses rayons esclattans de flame precieuse,
Luy esclipsent du cœur la veuë glorieuse,
Et rangent sa raison aux erreurs de la nuicts
Pour ne voir plus là haut l'honneur qui si bien luist,
Et d'vne ame du tout d'auarice aueuglée,
Au beau iour des vertus il n'a plus sa volée,
Mais tousiours dans la Terre allant desreglement
Il ne peut rien plus voir que son aueuglement:
Or ainsi que celuy qui mesnageant sa veuë,

A voir par trop Phebus iamais ne s'esuertue,
Voit tousiours clairement,& d'vn œil glorieux
Il contemple certain l'air,la terre & les Cieux,
Ainsi qui bien prudent n'arrestera son ame,
A cherir le bel Or d'vne trop viue flame,
Heureux, il iouïra de l'heur qui vient de l'Or,
Amy de la fortune,& des vertus encor'.

C'est pourquoy,il me semble en suiuant la nature
De la saincte Raison qui tout iuge en droicture,
Que tu faillis cent fois,& mille encore plus,
En tout poinct abusé de mille erreurs confus,
Que non pas ton espouse en qui ceste cautelle
Gaigna si vistement la constance fidelle.
Mais quoy?ie ne sçay point si elle eust essayé
Ta foy d'vn mesme essay, si tu ne fust ployé,
Aussi-tost de bon cœur,& non d'ame demie
Aux persides deffauts de plus grande infamie?
Veu que tant de thresors que tu luy presentois,
Et l'amoureux Seigneur que tu representois,
Le lieu, le temps ,l'amour, & sa fraische ieunesse,
Estoient assez puissans pour vaincre vne Deesse!

Icy le preux Renaud d'honneurs tout embellit,
Acheua son discours en demandant vn lit,
Pour prendre vn brief sommeil,à fin qu'à l'Aube belle
Il se remit au train où la guerre l'appelle.

AVAN

AVANTVRE
DE PYTHAGORE.

ARGVMENT.

C'est icy où Pythagore enseigne encore
la vertu au Monde, discourant de l'honneur
immortel que lon aquiert d'estre vertueux, &
par le contraire l'opposition au nom & à la vie
du delinquant. Donc pour rehausser d'authori-
té ses admonestemens, il represente la mere
Nature qui de voix incite les humains en l'a-
mitié de la vertu, & à l'abhorrement du vice,
en leur proposant l'excellente calité de l'ame,
qui tient en l'estendue de son pouuoir le vouloir faire, ou ne le faire pas, dont il vient à dire
que c'est vainemenr aspirer au deffectueux d'a-
tribuer la cause necessitante de son mal à la
puissance des Astres, puis que l'ame n'est point
contrainte par aucun destin à suiure plustost
le mal que le bien, d'autant que sa volonté est
tousiours la souueraine Dame de ses actions:
mais outre que naturellement l'ame entend, &
attent aux choses belles & diuines. Or à l'e-
xemple des plus admirables parties de l'Vniuers elle recommande les reciproques amours
pour les graces reçeuës, & de ceste intention
elle s'en retourne au Ciel.

I E ne

E ne ſçaurois eſcrire auec plus de me-
rites,
   Ny mieux ſeruir l'honneur des ſçauan-
tes Carites,
N'y redorer mes iours de plus celeſtes feux,
Qu'au Temple de mes vers te conſacrer des vœux,
Et, dire que ton ame en vertus admirables
Fait ſembler les vertus beaucoup plus deſirables,
Tant elles ſont en toy iuſque au plus beau degré,
Tant elles en toy leurs merites ſacré.
C'eſt pourquoy ton eſprit, & ta douce faconde,
D'vn miracle d'honneur te font paroir au monde,
Et t'eſleuant plus haut que ne vont pas nos yeux
Ils aſſeurent tes vœux, & tes palmes aux Cieux.
Auſſi qui veid iamais le renommé Cynée,
O FRANCIN, bien diſant, ame de gloire ornée,
Auoir mieux de Pithon l'eloquence, & l'eſprit,
Soit au miel de la bouche, ou aux fleurs de l'eſcrit,
Que toy, dont les eſcrits, & le doré langage,
Les plus rebelles cœurs en ſes charmes engage?
   Auſſi lors que ta voix deſploye ſes douceurs,
Auec tant de beaux mots en or fin rauiſſeurs,
Les glas plus emmarbréz des ames plus barbares,
S'adouciroient au iour de tant de beautez rares,
Et voire les Lyons, les Tigres & les Ours,
Charmez, ſe flechiroient au rais de tes diſcours!
Ainſi l'on voit Pithon & la plus chere Muſe,
Dorer aux feux du Ciel ta louange fameuſe,
Mais auec ces valeurs les plus rares vertus
On en toy les deſtins & l'effort abatus:
Car le Ciel t'a rendu pour du tout te parfaire
Autant comme à bien dire excellent à bien faire.
   C'eſt pourquoy tes vertus, & ton parler de fleurs,
Ayant dans mes Lauriers eſmaillé tes valeurs,

Font

Font que parfaictement mon cœur t'aime, & t'honore,
Et que ceſt eloquent, ce diuin Pythagore,
S'enuole de ma main, & du vœu de mon mieux,
Au Monde ſous les airs de ton nom glorieux,
Et que viuant heureux ſous l'azur de ta gloire
Il va domter les ans de nouuelle victoire.
  Or vn de ces beaux iours que l'amoureux Printẽps
Attrait les ieunes cœurs à la beauté des champs,
Que par tout le tapis du verd, & des fleurettes
En autant de couleurs imprime d'amourettes,
Ie m'eſtois eſcarté dans le ſerain d'vn bois,
Où de maint Roſſignol s'entrebattoit la voix,
Où tandis qu'attentif leur notte boccagere
De cent mille douceurs ſe faiſoit meſnagere,
Ie m'aſſied ſus le verd ombragé d'vn Ormeau,
Qui d'vn eſpais fueillard arrondoit ſon rameau,
Et de telle façon ſi pleine en toute face
Qu'à peine à les percer Phebus y treunoit place,
Or de tant de chanſons ces mignards oiſellets
Employerent leur bouche en leurs airs nouuellets,
Que d'vn tendre ſommeil ie ſenty mes paupieres
S'affubler, & m'oſter l'ouïe & les lumieres:
Mais auec vn ſommeil qui bien que fort aux yeux
Laiſſoit pourtant l'eſprit au veiller de ſon mieux,
Or ie ſongea de voir vne fort grand plaine,
De Ronces & de fleurs fort diuerſement pleine,
Où ſus le vert milieu il me ſembla de voir
Vn Temple dont la voute au ciel ſembloit paroir:
De toutes parts du Monde à l'entour de ce Temple
Ie voyoy des humains en eſcadre tres-ample,
Pour y entrer dedans, & y ſacrer de vœux,
Pour acquerir l'amour d'vne Dame des Cieux.
Au deuant de la porte en or fin eſleuée,
En fleurs, en animaux, en eſmaux releuée,

En

Flamboiét deux throsnes d'or sus douze clairs degrez,
D'estincellans rubis, & de cristal ouurez,
Dont l'vn se rehaussoit du port d'vne Deesse,
Hautaine, & belle ensemble en parfaicte largesse,
Autant, mais beaucoup plus que le plus cher pinceau
Ne pourroit s'admirer en son trauail plus beau,
Et aupres de son flanc ceinct d'vne robe verte,
Paroissoit vn Gregeeis d'ardeur douce, & ouuerte,
Qui pressoit l'autre Throsne en certaine façon
Comme bien prest à dire vne haute leçon,
Et lors il me sembla qu'il ouurit ses paroles
Et que d'œil, & de main il marquoit les deux Poles,
Auec semblables mots, que d'vn desir ardant
Il alloit de sa bouche aux peuples respandant.

Ah! celeste Vertu, que tu es douce & belle!
Que d'amour immortel luist ta face immortelle!
Celuy qui te connoist t'ayme si fermement,
Que non moins que soy-mesme il t'aime extremement:
Aussi pour estre heureux en l'amour de soy-mesme,
Et d'vn extreme amour gaigner vn bien extreme,
Il te faut caresser, & t'aymer & seruir,
Et par toy, nuict & iour à l'honneur s'asseruir,
L'honneur qui de tes mains si diuines & calmes,
Reçoit ses verts lauriers, & ses fleurs & ses palmes.

Aussi, pour estre heureux en ton amour diuin,
Et cherir tes beautez d'vne amitié sans fin,
Il faut sans s'esbranler aux attaques du vice
Se donner à tes mains en deuot sacrifice,
Et honorer tes loix, & tes commandemens,
Comme la seule gloire, & les contentemens,
Et paroir tousiours ferme, & de face seraine
Au trauail genereux de ton poudreux Arene.

Mais pour voir tout à plein le ciel de la beauté,
Et iouir pleinement de ta felicité,

Il faut en te seruant tres-fidelle paroistre,
Et t'aimer tousiours mieux à fin de te connoistre,
,, *Car pour connoistre bien les celestes beautez,*
,, *Il faut aimer premier d'amours non limitez,*
,, *D'autant que ces amours ouurent la connoissance*
,, *De la gloire du Ciel, & de sa belle essence.*

Or estant amoureux de tes beaux yeux si doux,
Et de tes clairs honneurs ayant le cœur ialoux,
Ie veux s'il m'est possible aux peuples plus estranges
Faire aimer ton merite, & priser tes loüanges.
Ie veux que tout le Monde apprenne ore de moy,
Combien douce est ta face, & parfaicte ta loy,
Et combien les beautez de ta grandeur diuine
Doiuent plaire sus tout à l'humaine poictrine,
Aussi tant de plaisirs me foisonnent au cœur,
Pour aimer les amours de ton bel œil vainqueur,
D'vn repos si diuin mon penser se renflame.
Pour adorer le beau qui flamboye en ton ame,
Que parfaict amoureux, & aimé de l'aimé
Ie me voy presque en toy, de tout poinct transformé!
Tant l'amour est parfaict dont i'adore ta face,
Et parfaict le desir dont ta dextre m'embrasse!
Et qui sus le Sainct Mont dans les cieux asseuré
Me fait voir les beautez de son temple azuré,
Et me comble d'honneurs, & par vne couronne,
Que le chaste Oliuier de gloires enuironne,
Elle m'orne le front qui sous vn don si beau
Me fait paroir par tout vn celeste flambeau,
Et m'asseure à iamais les plaisirs de la gloire,
Mes destins de faueurs, & mes ans de victoire.

Mais si vous desirez de connoistre mon nom,
Et si ie suis connu par quelque beau renom,
Sachez, peuples heureux, que ie suis Pythagore,
Qui l'Isle de Samos de ma naissance honore,

Qui

Qui par membres obscurs, & par discours diuers,
Va preschant la vertu par ce large Vniuers,
En l'apprenant tousiours, & la faisant apprendre
A tous ceux qui deuots veulent ma voix entendre:
I'ay paré mon esprit du sçauoir des Hebrieux,
Et des Egyptiens, & des Grecs glorieux,
Et heureux en vertu qui par tout me renomme
I'ay fait dresser des loix au second Roy de Rome.

    Or qui voudra iouyr comme moy de ces fruicts,
Que l'amour de vertu nous tient sans fin produicts,
Qu'il l'aime ainsi que moy, qu'il l'honore, & la serue,
Qu'en ses mains tout son cœur s'entretiéne & cõserue:
Qu'il soit laborieux amy de la sueur,
Pour gaigner son amour, & sa douce faueur.
Et bref: qu'auec l'honneur toutes ses entreprises
Soient de feux de vertu parfaictement esprises.

    Mais pour vous enseigner le seiour precieux,
Où se tient la vertu ce beau ioyan des Cieux,
Ie porte tout expres ceste mystique lettre,
Pour le faire bien tost à vos yeux apparoistre:
La ligne que voicy, tant estroicte en ses bords,
Qu'à peine vos regards peuuent marquer son corps,
C'est le chemin heureux: mais las! tres-dur & rare,
A ceux qui n'ont l'honneur pour compaigne, & pour
C'est le chemin heureux qui meine à la vertu, (phare!
Mais pour estre si peu recherché, ny-battu,
Il est ainsi estroict, pierreux & difficile:
Car le Mont de vertu, ce luisant Domicile,
Est si peu bien requis, connu & frequenté,
Que presque il en deuient quelques fois deserté:
Car le monde leger qui tousiours brosse & vole,
Apres les feincts plaisirs de Volupté la fole,
Va tousiours s'escartant de cest heureux chemin,
Par la commune erreur d'vn bien faux & malin,

                                  Et

Et laisse ainsi agreste, & rudement farouche,
Ce chemin où son pied iamais ne va, ny touche:
Et d'ailleurs pour croupir en mortels passetemps,
Et s'enuieillir au vice ainsi qu'auec le temps,
Autant que la mort mesme ils haïssent la peine,
Qu'il faut pour acquerir la gloire plus hautaine,
Au chemin raboteux qu'on doit passer premier
Que d'auoir de vertu le triomphant laurier.
Or le chemin estroit de ceste rare ligne,
Le lieu de la vertu royallement assigne:
Car pour aller au sein de l'honneur immortel
Le chemin peu connu se fait paroistre tel,
Et plus petit encore à cause que sa trace
D'vn herbage nouueau de iour en iour s'entasse:
Mais toutesfois tousiours il se treuue quelqu'vn,
Qui domtant la sueur, & l'ennuy importun,
S'esleue heureusement par ceste heureuse voye,
Et va iouyr au Ciel de l'eternelle ioye,
Que la saincte vertu luy auoit destiné,
Pour s'estre aux saincts labeurs fermement adonné.

L'autre ligne qu'on voit d'estendue si large,
Et qui dans vn enfer ses limites descharge,
C'est le signe commun de ce chemin si grand,
Où toute ame coüarde à toute heure se rend:
C'est le large chemin de l'execrable vice,
Qui traine ses vassaux au mortel precipice,
Chemin tout frequenté, tout batu, tout poudreux,
Et si large de front, & d'attraicts malheureux,
Qu'il tient presque couuert en son volage espace
Les champs plus copieux que l'Hemisphere embrasse:
Ce chemin si ouuert, & si facile à tous,
Sur le commencement n'est rien moins que fort doux,
Mais si tost que le fort fait connoistre son terme
L'incensé passager aux abysmes s'enferme,

Si

Si par vn bon aduis il ne sort promtement
De ce chemin trop ferme à plaire feinctement.

    Or si vous ne cherchez la vertu genereuse,
Et vain, peuple cherit, vostre ame est desireuse
D'acquerir les honneurs, & la felicité,
Dans le Temple diuin de l'Immortalité.
Et si de peu d'amour, & de peu d'exercice,
Vous suiuiez la vertu, vous luy faisiez seruice,
L'immortelle faueur de ce Temple diuin
Ne vous donnera pas le bien qui vit sans fin:
Car il la faut aimer du meilleur de son ame,
Et que tousiours deuot on recherche sa flame,
A fin qu'en cest amour sainct, heureux & parfaict
On en gaigne à iamais le bon-heur en effaict.

    Mais si par les erreurs dont l'vniuers abonde,
Vostre ame en beaux desirs ne soit plus si féconde
A suiure le chemin de la noble vertu,
Et rendre à vos honneurs le mal-heur abatu,
Ne dites pas pourtant pour raison, ny excuse,
A fin que le bon-heur ses biens ne vous reffuse,
Que vous estes contrainct par l'effort du destin
A cheoir dessous le vice, & d'estre son butin,
Et que les feux errans du Celeste visage
Font à leur volonté l'ignorant, & le sage:
Mais plustost, chers humains, qu'vne si vaine erreur
Ne vous tienne iamais vn seul poinct dans le cœur:
,, Car si nos volontez estoit du Ciel contrainctes
,, A cherir les erreurs ou les vertus si sainctes,
,, Que seruiroient les loix des humains, & des Dieux,
,, Tant pour le bien viuant qu'enuers le vicieux?
,, Que pourroit meriter la vertu plus loüable?
,, Que pourroit mal-heurer le vice plus coulpable?
,, Si l'on estoit contrainct, & non de volonté,
,, D'exercer les vertus, & la meschanceté!

                                        Donc

Doncques ne croyez pas que l'astre de Mercure
Des torts, & des larcins vienne influer la cure,
Et que les feux de Mars ordonnent le guerrier
Sanglant, intemperé, tyrannique & meurtrier,
Que la douce Venus de beautez couronnée
De l'amour non permis pousse la destinée:
Car tous les clairs flambeaux qui decorent les Cieux
Disposent les humains au bien plus precieux,
Et donnent les rayons, les airs & les semençes
Des beautez, des vertus, des arts & des sciences.
Mais par contraire effaict les rebelles humains,
Pour le terrestre obiect vont employans leurs mains,
Et portent les thresors dont le Ciel les fleuronne,
Non point au clair honneur du Prince qui les donne
Mais bien contre sa gloire, & son sacré vouloir,
Et tresbuchans du vice en bas les faire voir.

    Mais si vous ne croyez à ma science saincte,
Qui vous dit la vertu sans erreur, & sans feincte,
Et qu'il la faut vser de pure volonté,
Pour acquerir les biens de l'immortalité:
Voicy aupres de moy nostre mere Nature,
Qui ne fait iamais rien que par saincte mesure.
Laquelle vous dira de sa diuine voix,
Dont les moindres souspirs sont de tres-grandes loix,
Que pour vous rendre heureux des beautez de ce Té-
Et gaigner dignement sa richesse plus ample,   (ple,
Il faut de cœur ardant, & constant au labeur
Courtiser la vertu au prix de la sueur:
Entendez donc la bien d'vne ardeur tres-entiere,
Et ne mettez son vœu, ny sa voix en arriere.

    Ainsi dit Pythagore, & lors que le repos
Alla couurir le cours à son diuin propos,
Aussi-tost i'apperceux ceste belle Deesse,
Nature à qui les Dieux ont le desir sans cesse.
                                        Regar

Regarder d'vn œil vif, & tout flambant d'amour
Les peuples qui diuers l'aprochoient tout autour,
Et se dressant du Throsne, & d'vn parler de basme,
Qui sembloit encheiner toute audace & tout ame,
Elle vint dire ainsi dressant sa face au Cieux,
Et dilatant ses mains & l'azur de ses yeux.

 Vous, de qui la grandeur, le pouuoir & l'essence,
En la Terre, & au Ciel marque vostre puissance,
O troupe glorieuse, ô fauorables Dieux,
Qui habitez la gloire au sainct Palais des Cieux!
Et de qui l'excellence, & la grace diuine,
Orne de tant de biens ceste ronde machine:
Ie vous rends grace, ô Dieux, des infinis amours,
Dont vostre alme bonté m'honore tous les iours,
Ie vous rends grace, ô Dieux, de ceste heureuse grace,
Et de tant de beautez dont vous dorez ma face:
Car ie tiens de vos mains toutes sortes d'honneurs,
Toute essence & desirs, ô celestes Seigneurs!
C'est pourquoy, puissans Dieux, pour auoir d'habitude,
Et de nature encor' fuit l'ingratitude,
Ie vous honore icy deuant les yeux de tous,
Des immortels presens que i'ay receu de vous.
Mais si vostre bonté diuine, & sans esgale,
Se monstre en mon endroict si douce & liberale,
Vous me monstrez encor' par vne autre faueur
Vn amour si bouillant de gloire, & de douceur,
Que ie ne puis auoir ny pensers, ny langage,
Pour dire en ce suiect mon parfaict auantage,
Si haut & si diuin est cest autre present,
Où mes traicts plus parfaicts ma main va reposant.

 En me donnant l'honneur d'estre ceste Nature,
Qui gouuerne ce Tout par poids, nombre & mesure,
Et qui sans faire erreur au bal des Elemens
Ensuit si bien des Cieux les astrez reiglemens.

Vous

Vous m'auez mis au sein, ceste diuine race,
L'Homme viuant tableau de vostre heureuse face,
L'Homme de qui l'esprit, & le sort glorieux
L'esleue tout diuin auec vous dans les Cieux!
Mais helas! vn penser d'autre part me tourmente,
Et d'vne froide peur ma gloire se lamente,
Quand le contentement de son nectar vaincueur
Au iour de ces enfans me vient rauir le cœur:
Car ie viens à penser en la pasle ruïne,
Où le vice cruel les humains achemine:
Luy donnant sous le miel, le fer, le feu, le fiel,
Et pour vn bien mortel luy des-robant le Ciel.
En leur faisant haïr ceste belle Deesse,
La vertu, qui les cœurs au Ciel tousiours adresse
En luy faisant fuir ce Soleil dont le iour
Esleue ses amans au sein du vray amour.
Doncques mes chers enfans, mon amoureuse image,
Mon amour desiré, mon beau parfaict ouurage,
Que tousiours vostre cœur soit ardant reuestu
De celestes desirs pour aimer la vertu,
A fin qu'vn iour au Ciel sous l'appuy de ses ailes
Vous iouyssiez heureux, des gloires eternelles.

Moy, qui suis la Nature, & la mere de tous,
Vous incite, & vous prie, enfans mon bien plus doux,
De suiure la vertu, & d'abhorrer le vice,
Qu'à cherir la vertu soit tout vostre exercice,
Tant de l'ame, & du corps à, fin qu'auec l'honneur
Vous puissiez aquerir le celeste bon-heur.
Mais si vous ne suiuez l'aduis que ie vous porte,
N'esperez pas iamais d'auoir en nulle sorte
Aucun pardon du Ciel: car pour vous excuser,
De n'estre assez puissans de vous bien opposer
Contre l'effort du vice, en vain lasches, & moles,
S'escoulerons en l'air vos pleurantes paroles:

L

Car puis que de ma voix vous estes inuitez,
D'honorer, & cherir les diuines beautez,
Vous n'auriez point de droict de vous parer d'excuse
D'auoir suiui le vice aux efforts de sa ruse.
Aimez donc la vertu ie vous en prie encor!
Ah que de rais d'amours parent ses cheueux d'or!
Que ses beaux yeux sont pleins d'amoureuses merueil-
Et sa voix des douceurs des gloires nompareilles! (les,
Que sa main est diuine, & diuin son aller,
Et son chant qui les cœurs fait aux astres voler!
Ah! mes aimez enfans, si vous la voyez nuë,
Si vous la pouuiez voir sans ombrage, & sans nuë?
Vous seriez tellement de ses beautez espris,
Et si bien ses beautez rauiroient vos esprits,
Que vous viendriez tout ame en amours manifestes,
Pour mieux estre enflamez de ses flames celestes!
Mais pour dire en vn mot ses beautez iusque au bout,
Moy, qui suis la Nature vn second Dieu de Tout,
Ie l'aime tellement, & me plais tant en elle,
Que pour elle ma vie est au double immortelle!
Tant elle a du merite, & de perfections,
Et tant à la seruir ie vis d'affections.
Aimez donc la vertu d'vne amour toute extreme:
Vous en estes priez de la Nature mesme,
Non seulement priez: mais encore incitez
De vos pensers plus doux d'adorer ses beautez!
Si vous ne la seruez du meilleur de vostre ame,
Et si vous ne l'aimez en immortelle flame,
En vain vous recherchez l'honneur & l'heur sans fin,
En aportant vos vœux à ce Temple diuin:
Car la gloire, & le Ciel dont ce Temple se dore,
Iamais de ses Lauriers ses suplians n'honore,
Si lon n'a tout en peine, & poudreuse sueur
Sus le mont de vertus honoré son labeur.

E ii

En vain les doux presens de l'aueugle fortune
Vous acompaigneroient d'ardeur plus opportune.
En vain d'auoir aquis mille auares thresors,
Et d'auoir à la guerre illustre ses efforts,
D'auoir mis à ses loix mille riche Prouinces,
D'auoir raui la palme aux plus valeureux Princes:
Celà ne seroit rien pour aquerir aux Cieux,
Et ça bas l'honneur vray, & les gloires des Dieux,
Si la belle vertu ne luist comme essence
Parmy vostre desir, & sur vostre puissance:
Car d'vn amour parfaict il faut suiure ses pas,
Et toussiours plus auant ne s'en destourner pas,
Il la faut honorer pour l'amour d'elle meme,
Non moins que pour l'espoir de sa gloire supreme:
Ainsi qu'il faut fuïr le vice, & son erreur,
Non pour la peur des loix mais bien pour sa laideur,
Et glorieux Atlethe en l'honorable Arene
Le destruire, constant de courage, & de peine,
Comme ce Demi-dieu, l'alcide Lybien,
Qui ferme subiugua le monstre Lernéen:
Comme la iuste main qui ses foudres esleue
Pour venger l'innocent contre l'iniuste glaiue:
Comme ces grands Heros, les antiques François
Pour amoindrir l'erreur, & augmenter leurs loix:
Et comme des Romains les valeurs plus antiques
Pour desterrer le vice, & les cœurs tyranniques.

   C'est pourquoy, mes ioyaux, mes fleurons les plus
Comme de tout mon cœur ie vous aime sur tous, (doux,
Honorez le conseil si doux, & salutere,
Dont vous honore icy Nature vostre mere:
Et comme vous voyez que de tant de thresors,
Dont les Cieux on comblé mon esprit, & mon corps,
Ie vous en fais present de main fort liberale,
A la bonté des Dieux en grand desir esgale:

Ainſi ie vous ordonne en priere, & en loix,
Du meilleur que ie puis, & du plus que ie dois,
Que vous ſoyez touſiours de cœur, & d'habitude
Fiermement oppoſez contre l'ingratitude:
Car ne voyez-vous pas que tant d'aſtres des Cieux
Ont des Dieux tous leurs biens, leur pouuoir & leur
Et ne voyez, vous pas que d'vne meſme grace (mieux
Tous les celeſtes feux vont employans leur grace
Leurs beautez, leurs ardeurs, & leurs claires beautez,
Pour rendre aux elemens l'a force & les bontez?
Voyez, auſſi que l'air, & la mer & la terre,
Chaſcun ſuiuant les Cieux mille graces deſſerre,
Soit à rendre les vents, les pluyes, les chaleurs,
Les Oiſeaux, les poiſſons, les animaux, les fleurs,
Les fruicts, & les threſors dont leur riche matrice
Les donne en deſpitant ce plus antique vice,
Pour liberaliſer tant leurs cœurs, que leurs mains
A l'honneur & au vœu de vous, heureux humains.
Ainſi pour imiter tant d'excellences belles,
Et gaigner des vertus, les faueurs immortelles,
Ne ſoyez point ingrats ains en perfections
Aimez d'affection les ſatisfactions,
A fin qu'en ces vertus des vertus les premieres
Vous puiſſiez iuſque au Ciel aquerir les dernieres,
Et qu'alors embraſſez de la Felicité
Vous gaigniez le Laurier, & l'immortalité.
    Ainſi diſoit Nature en amoureux viſage,
Aux peuples, qui flechis de ſon noble langage,
Regardoient plus deuots, & en craincte le ſueil
Du temple ou ſe donnoit le bon-heur immortel:
Combien que quelques vns, mais bien petis en nombre,
Ayant deſia domté maint vicieux encombre,
Et tenans en leurs mains la palme, & les Lauriers,
Entroient heureuſement en triomphans guerriers

                                        Dans

Dans ce Temple immortel, où l'eternelle gloire
Recompense sans fin l'honneur de leur victoire.
Cependant aux Zephirs de ce double discours,
La plus grande partie en destournant son cours
S'escartoit du beau Temple, & d'vne ame asseurée
Alloit ferme cherchant la vertu desirée,
Pour la rendre seruie, & par elle aquerir
Le guerdon que le temps ne voit iamais perir,
Guerdon dont la grandeur de ce Temple admirable
Contente en infini la vertu memorable.

　　Nature ayant fini son discours maternel,
Ie vis venir soudain de l'azur eternel
A grands plis d'or brillans, & desclairante flame,
Vn nuage odorant les roses & le basme,
Qui tout semé de fleurs vint doucement leuer
La Deesse Nature, & aux Cieux l'esleuer,
Et laissant Pythagore à l'honneur de la terre,
Pour faire en toutes pars aux volages la guerre.
Mais lors que la Nature aux Astres s'esleuoit,
Vn acord si serain en son char se leuoit
Autant par instrumens que de voix mieux fidelle,
Qu'aux angeliques sons de musique si belle,
Le plus seucré plaisir me vint si bien au cœur
Qu'il me fit separer ce sommeil de douceur,
Et le songe si beau d'ont le beau qui m'esueille
M'a fait remettre au iour si plaisante merueille,
FRANCIN, pour t'en donner ce present de Vertu,
Autant pour mon deuoir, comme pour ta vertu.

                            L 3

AVANTVRE
DE FELIDE.

ARGVMENT.

FELIDE Nymphe de ce païs de Prouence, est aimée de Laurin vaillant chasseur, lequel elle va payant de reffus, dont par ceste rigueur cest Amant n'en pouuant pas retirer aucune faueur, se laissoit mourir de desespoir, quand vn sien amy le retirant de ce malheur le meina vers vn Vieillard descoureur de bonnes fortunes, qui le conseilla de s'acheminer vers vne fontaine, & qu'il s'y iecta dedans, & qu'il y viuroit comme la Nymphe mesme de la source ce qu'il feit. Tandis Amour feit aller vn Cerf aupres du Chasteau de Felide, quand elle l'aperceuant luy darda vne fleche supposée d'Amour, dont estant blessé il cherche aussi-tost le Dictame, & en mange, & soudainement la fleche s'en retourna vers Felide son archere & se perdant en son sein la blessa dans le cœur dont par ce coup impreueu espreuuant vn nouuel amour, elle s'en va durant quelques iours à la fontaine ou estoit Laurin, où se mirant elle le voit, mais l'onde le rendant semblable à elle, qui renflammée plus fort le prioit de sortir de la fontaine: mais son amour ie renforçant d'autant plus, &

croyant

croyant d'estre comme vn amant Narcisse, elle
se desespere si pesamment que de douleur elle
estoit preste à finir ses iours pres de ceste fontaine, lors que Laurin en sortit lequel luy re-
monstra son amitie, & luy expliqua les vers enchantez d'vne Diane, & d'vn miroir dont elle
auoit esté honorée en sa naissance, par lequel
secours Felide reprenant ses esprits en l'amour
de Laurin s'vni l'endemain auec luy sous l'in-
dissoluble, & sacrée vnion d'Hymenée.

A Terre, ny le Ciel qui toute chose en-
  serre,
 Vnissant ce grand Tout d'vne paisible
  guerre,
N'ont point en leur enclos rien de si glorieux
Qu'il ne cede à l'Amour, & ne serue à ses yeux:
La terre, l'onde, l'air & la cernante flame,
Mesnagent sous son Arc leur matiere, & leur ame
Et mesme dans le Ciel par vn diuin amour
Ce vaincueur indomté treuue son beau seiour:
Mais aussi sur la terre, ou par l'amour celeste,
Où bien de l'ordinaire aux humains manifeste,
Tout cœur, & tout esprit sent ses ardans flambeaux,
Par moyen des suiects non moins puissans, que beaux:
Comme parmy ces vers les diuines Carites,
Le fairont voir au Monde au discours des merites
D'vne tresbelle Nymphe où cest Archer volant
Feit sentir si rusé son feu si violant:
Ceste Nymphe Felide honneur de la Prouence,
Qui de dire ses feux me conuie, & m'auance,
Et m'incite de mesme à dire de Laurin
Son amant si heureux, l'amour, & le destin,
Donc pour plaire à ses vœux d'vne ame autât fidelle,

Côme aux penſers plus beaux elle eſt heureuſe & belle,
Maintenant que les feux de l'Aſtre plus ardant
Vont par tout liberaux les chaleurs reſpandant,
Et que meſme en la ville on entend les Cigales
Chanter à longs caquets les ardeurs eſtiuales,
Ie veux porté d'amour par ſouſpirs doucereux
Dire l'heureux deſtin de deux cœurs amoureux,
Tandis qu'en ces verdeurs où Flore tient ſon throſne
Auec mes compaignons ie contemple le Rhoſne,
Qui des cheres fraicheurs de ces flots aZureZ
Nous charme la ſaiſon, par ces bords redorez.

Toy, bel Aſtre d'amour, qui connoy ceſte hiſtoire,
Vien m'enrichir le cœur d'audace, & de memoire,
Puis que par tes beautez la gloire de ces lieux
Nos feux, & nos honneurs ſe ſont mis dans les Cieux.
Vien moy donc deſcouurir la fortune amoureuſe
De la belle Felide en ſes larmes heureuſe,
Et ſers moy de diſcours, & de lumiere auſſi,
Pour chanter de Laurin la gloire, & le ſoucy,
Laurin qui pour l'aimer endura tant de peine,
Qu'en fin par le miroir d'vne belle fontaine
La bleſſa de ſes yeux ſi chaudement au cœur,
Que luy vaincu d'amour en deuint le vaincueur.

Au cœur d'vn doux Printĕps que la douce ieuneſſe
Connoiſt mieux de l'Amour la force domtereſſe,
Felide belle Nymphe, ornement de nos ans
Naſquit en nos foreſts pour doubler le Printemps,
De mille gayes fleurs vniquement nouuelles
Dont elle flamboyoit ſus les beautez plus belles.
Mais au poinct que le Ciel la feit paroiſtre au iour,
Comme vn nouueau ſoleil de graces, & d'amour,
Meliſſe la ſçauante en magique ſcience,
Pour rehauſſer d'honneur ceſte belle naiſſance,
Feit venir en albaſtre à l'entrée du bois

L'image

L'image de Diane auec son beau Carquois,
Son Arc, & ses fillets & sa fleurante lesse,
Dont elle commandoit la vigoureuse presse
De Dogues fiers chasseurs, qui de marbres diuers
Sembloient representer mille fueillages vers,
Et sembloit à les voir, d'alleure & de corsage
Qu'ils s'encouroient ardans vers le prochain bocage,
Au iour, & aux raisons de cest enchantement
Chascun se veit surpris d'vn froid estonnement,
Les Chasseurs, les pasteurs, les bouuiers, les bergeres,
Les Nymphes des Rochers, auec les bocageres,
Et celles des Ruisseaux en connurent la peur,
Auec l'estonnement ieur esmouuoir le cœur,
Et sus tout par les vers qui doroient vne Targe,
Dont la Deesse auoit la reluisante charge,
Deuers le gauche Flanc brillant de son cristal,
Où rayonnoit escrit cest Oracle fatal.   (reuse,

LA PARFAICTE amoureuse, heureuse & non heu-
En n'aimant plus au lieu que la feit amoureuse
Aimera mieux le lieu qui la feit enflamer,
Et finissant d'aimer commencera d'aimer,
Et lors elle sera vraye heureuse amoureuse,
En se voyant amante en amours non heureuse.

Or ceste belle Nymphe en augmentant ses iours,
En grace, & en beautez, alloit croissant tousiours,
Et si bien la Nature & le ciel fauorable,
En celestes presens la feirent admirable,
Qu'en l'age de douze ans sa beauté ressembloit
Vn Ciel qui ses regards de merueille combloit:
Ce n'estoient que Lauriers, que palmes, & trophées,
Et que roses d'amours de lumiere attiffées,
Ses attraicts, ses discours, sa voix & son parler,
Et ses douces façons, & son plaisant aller,
Tout le monde admiroit ses beautez, & ses graces,

Qui des cœurs plus madrez faiſoient tõber les glaces,
Les hommes l'admiroient comme l'Aſtre du iour,
Qui ſemoit de beautez autant comme d'amour,
Les femmes l'admiroient d'vn œil atteinct d'enuie
De la voir ſus toute autre en beautez acomplie,
Mais auec ceſte enuie vn penſer gracieux
Leur influoit l'amour de l'amour de ſes yeux,
Et bref : elle luiſoit ſi belle, & ſi galante,
Et de corps, & d'eſprit ſi rare, & excellnte,
Qu'en la nommoit par tout la nouuelle Cypris,
Qui domte plus de cœurs qu'elle n'en croit de pris.
Car les plus beaux Adons autãt ceux des mõtaignes,
Que ceux qui habitoient les plus douces campaignes,
Eſtoient frapez d'amour par ſes Aſtres vaincueurs,
Mais comme en ſes beautez ſe plaiſant aux rigueurs
Elle n'en aimoit point, ains encor' plus cruelle
Elle leur refuſoit ſa lumiere ſi belle,
Et fiere, ſe cachoit la plus grand' part du temps,
Soit que l'Eſté bruſlaſt, ou fleurit le Printemps,
Où l'Automne, ou l'Hyuer, tant ſon humeur glacée
Meſpriſoit de l'Amour la plaiſante pensée,
Et deſdaignoit d'auoir pour honneur immortel
Le cœur de mille amans offrir à ſon autel.

　Mais parmy ces mignons dont l'amoureuſe bande
Enduroit pour l'aimer mainte paſſion grande,
Laurin ieune Chaſſeur, & fort doux aux neuf ſœurs
S'enflamoit par ſus tous de ſes yeux rauiſſeurs,
Auſſi pour mieux paroir admirable à la chaſſe
Il reluiſoit par tout des chaſſeurs l'outrepaſſe,
Comme en eſprit fecond à eſcrire, & parler,
Et connoiſtre les Cieux, & leur ſecret aller,
Mais tant de qualitez qui l'ornoient de merites,
Ny ſes riches moyens, ny ſes yeux de carites,
N'auoient pas tant de force à mouuoir la rigueur

Dont

Dont la belle Felide enuironnoit son cœur,
Ny moins de luy changer la fiere destinée,
Qui la rendoit si fiere asprement obstinée
A se tenir cachée à fin que ses beaux yeux
Ne feissent aux amans l'espoir plus glorieux:
Aussi tant seulement au tour des bonnes festes,
Quand les ris, & les ieux sont par tout en conquestes,
Elle se faisoit voir ainsi qu'vn nouueau iour,
Qui despictant l'Hyuer se fait beau tout au tour,
Et soit qu'elle fut lors dans le Temple en priere,
Ou bien dans vne sale à la dance premiere,
Tousiours l'Amour vaincueur, & l'admiration,
Suiuoient les pas luisans de sa perfection.

   Mais cela qui plus fort la rendoit animée,
Pour desdaigner l'Amour, & sa blesseure aimée,
Cestoit le iour luisant d'vn miroir enchanté,
Où son ame s'aimoit en mirant sa beauté,
Au iour qu'elle nasquit du païs la merueille,
Faisant paroir des-ja sa beauté nompareille,
Elle eut ce beau miroir, trop doux, & trop luisant,
D'vne Dame fort promte à semblable present,
Qui l'honneur du païs, & belle en son vieux age
En beautez, & vertus luisoit à l'auantage:
Autour de ce miroir se rayonnoit escrit,
Pour contenter les yeux, & ensemble l'esprit,
TANT que tu t'aimeras de plaire à ceste glace
Les amoureux flambeaux seront doux en ta face.

   Felide par ces vers de conseil amoureux,
Se formoit le penser plus ferme & froidureux,
Contre les chauds desirs de la troupe sidelle,
Qui mouroit de la voir trop belle, & trop cruelle,
Et sus tous ses amans le glorieux Laurin
Espreuuoit de son glas plus cruel son destin,
Et mille fois le iour d'vne ame pleine d'ire

De cent cruels malheurs il dreſſoit le maudire
Vers ce miroir trop doux aux yeux qu'il aimoit tant,
Et qui de ſes plaiſirs l'alloit trop tourmentant:
Car ſa belle maiſtreſſe aux amours inhumaine
N'auoit autre plaiſir, ny faueur plus ſeraine,
Que de ſe voir touſiours en ce brillant miroir,
Et y voir comme Amour ſes yeux faiſoit mouuoir,
Et comme ſes beautez les merites du monde
L'allumoient de leurs feux d'vne amitié profonde.
   Laurin paſſionné d'vn amour violant,
Qui ſans fin pour la belle alloit ſon cœur bruſlant,
Ne ſçauoit plus que faire en ſa douleur extreme
En admirant Felide en l'amour de ſoy-meme,
Par ce cruel miroir trop clair à ſes regards,
Pour luy bleſſer le cœur auec ſes propres dards:
D'autre part le ſoucy, l'ennuy, la faſcherie,
De ne pouuoir parler au ſuiect de ſa vie,
Ny moins de l'aprocher, ny ſes lumieres voir,
Luy faiſoient mille morts en vn poinct receuoir:
Et ſe plaignoit ainſi vn iour ſus les herbages,
Qui portoient d'vn Meurier les bigarrez ombrages.
   Doncques ſans eſtre aimé faut-il aimer touſiours,
Et me faut-il languir ſans eſpoir de ſecour?
Ma douleur ſera-elle ainſi touſiours ſi grande.
Sans que pour la guerir, ie faſſe vne demande?
Ah! c'eſt trop de rigueur en ſon cruel deſtin
D'eſtre ſi languiſſant loing de ſon medecin!
Loing de ſon medecin! non, mais de ſon bien meme,
Qui pourroit d'vn regard guerir mon mal extreme!
Ah! cruelle Felide, ainſi que ta beauté
Que n'as tu le deſir loing de la cruauté!
Ta beauté m'eſt ſi douce au ciel de ton viſage
Et tu m'eſt ſi cruelle au fond de ton courage!
Toutesfois ta beauté m'eſt chiche de ſon iour,

Et

Et ton cœur de rigueurs m'est prodigue toufiour.
Que ne me donnes-tu quelque peu d'audience,
Pour entendre ma peine, & voir ma patience,
Et ie fuis feur qu'alors connoiffant mes douleurs
Tu verrois mes amours, & finirois mes pleurs.
Au moins fi librement tu me monftrois ta face
Encore en mon malheur i'aurois affez de grace,
Et ne me plaindrois pas de l'amoureufe loy
D'eftre affligé d'amour, & languir pres de toy,
Veu que tant feulement fi ta belle prefence
Une fois en vn mois ma veuë recompence,
Ie m'en vois acquicté de fi douces faueurs
Que i'en boy du Nectar les celeftes faueurs:
Mais ton cœur trop glacé pour les feux de mon ame,
Et par trop enflamé de ta diuine flame,
Ne peut aimer que toy de fes embrafemens,
Et laiffe fans pitié confommer tes amans,
Comme moy miferable en tes beautez heureufes,
Qui bruflant fans repos aux flames amoureufes,
Endure inceffamment en l'amoureux treffas
Sans que pour me guerir tu t'auances d'vn pas!
Mais qu'eft-ce que i'ay dit? de t'auancer cruelle?
Au contraire ton cœur, toufiours froid & rebelle,
Te fait loing de mon mal te contenter d'vn bien,
Qu'en te femblant fort grand, toutesfois il n'eft rien:
Car d'vn amour trop vain la beauté de ta face
Te fait de ton amour feul adorer la grace,
Comme vn nouueau Narciffe allumé de fes feux
Pour te voir fi parfaicte en mirant tes beaux yeux.
Mais garde, belle Nymphe, ingrate à mon feruice
Qu'en defpitant l'aigreur de ta fiere iniuftice,
Les Cieux pour me venger de tant de cruautez
Ne te faffent mourir pour aimer tes beautez:
Car ils font toufiours promts, comme par grand eftime

De

De venger l'innocence, & de punir le crime:
Comme ils furent puiſſans, & vengeurs ſans pitié
De punir ce Chaſſeur en ſa propre amitié.
Quicte donc la rigueur en ton deſir trop forte,
Et voy que pour t'aimer ma vie eſt preſque morte,
Pour t'aimer? non, mais bien pour ne voir tõ flambeau
La tirer des ennuis, & des nuicts du tombeau,
Où l'Orient aimé de tes yeux que t'adore
Me laiſſe malheureux ſans eſpoir de l'Aurore.
　　Ainſi diſoit Laurin, ondoyant tout en pleurs,
Et en bas eſtendu par le poids des douleurs,
Ayant aupres de ſoy ſus les fleurs endormie
La troupe de mes chiens dont l'audace bleſmie
De connoiſtre leur maiſtre atteinct de ſi grand dueil,
N'auoit plus à chaſſér le cœur, le pied, ny l'œil,
Ains aupres des fillets, & des dards & des toiles,
Se douloroit au ſon de ſes plainctes mortelles.
Mais durant le diſcours de ce fidelle amant,
Voicy aupres de luy paſſer ſubitement
L'amoureuſe Felide auec Myrthis ſon frere,
Qui d'vn nouueau courage aux foreſts militaire,
Alloit faiſant la guerre aux pacifiques Dains,
Aux plus ſauuages Ours, & aux Cerfs plus humains,
D'arc, & de traicts armée en nouuelle Dictyne,
Qui par le frais des bois ſes beaux penſers deſtine.
Or ſoudain que ſes yeux de leur rayon diuin
Eurent doublé le iour à l'entour de Laurin,
Auſſi toſt l'amoureux print la vigueur nouuelle,
Et le courage enſemble à parler à la belle,
Et haſtif il ſe leue, & redoublant ſes pas
Il court apres la vie où viuoit ſon treſpas,
Sa cruelle Cypris que le ieune courage
Auoit ſeule guidée aupres d'vn noir bocage,
Et lors en s'approchant de ſon œil meurtriſſeur,

E

Et tenant dans la main vn beau dard de chasseur
Il luy vint dire, ô belle, & ensemble cruelle,
Me serez-vous tousiours si fièrement rebelle?
Si vous prenez plaisir de chasser par ces bois,
Plaisez vous y aumoins d'y honorer vos lois
En prenant à mercy, ô douce chasseresse,
Mon ame que l'Amour par vous chasse sans cesse!
Mais que dis-ie chasser? non non, belle Cypris,
Ie suis entierement en vos belles mains pris!
Il n'est pas de besoing de dire que la chasse
S'exerce enuers mon cœur pour vostre belle face:
Mais plustost il faut dire, ô beau Cieldoux vaincueur,
Qu'Amour pour s'esgayer a pour butte mon cœur,
Et que de vos beaux yeux le throsne de sa gloire
Il renouuelle en moy sa sanglante victoire,
En tirant nuict, & iour ses traicts, & ses flambeaux,
Au milieu de mon cœur par vos Soleils iumeaux:
Et voilà ce qui fait, ma diuine guerriere,
Que ie vous ouure icy mes feux, & ma priere:
Mes feux à vous monstrer mon amour, & ma foy,
Et que de vous seruir c'est ma gloire, & ma loy:
Et ma pierre ardante à vous dire ma peine,
Et la griefue douleur sans relasche inhumaine,
Qui me tient & m'afflige, & sans nulle mercy
Me comble de tourmens, & d'immortel soucy,
Pour me brusler d'amour, & loing de vostre veuë
Viure par vne enuie où la vie me tuë.
Ayez donques mercy d'vn si parfaict amant,
Et comme vos beautez connoissez mon tourment:
Mon tourment rigoureux vient de m'amour parfaicte
Et ma parfaicte amour est de vos yeux extraicte.

     On dit, rare beauté, que par vn beau miroir
Connoissant vos honneurs & leur diuin pouuoir,
Vous faites à vous mesme en grand amour hommage,
                              Rauie

Rauie au donx obiect de voſtre beau viſage,
Et que de voſtre amour en n'aimant rien que vous
Il ſemble en vous mirant que vous craignez vos coups,
Lors que l'eſclat ſerain de vos flames iumelles
Vous darde du miroir vos douces eſtincelles:
Or ſi ce dire eſt vray, comme bien ie le croy,
Tant voſtre beau parfaict en gloires apparoy,
Ne deuez vous pas croire en tres-ferme aſſeurance,
Que l'Amour de vos yeux n'a pas moins de puiſſance
A me voler le cœur, l'ame & les libertez,
Comme à rauir vous meſme à cherir vos beautez?
Ainſi voyant par vous le pouuoir de vos graces,
Et comme à vos beautez flechiſſent les audaces,
Et côme Amour vaincueur par voſtre œil ſi tresbeau
Peut embraſer les cœurs d'vn celeſte flambeau,
Que n'auez-vous pitié du tourment qui m'afole,
Par moyen de vos yeux ma fortune, & mon Pole.
Et que ne cherchez-vous à guerir ma langueur
Comme ſans fin ie vole à vous offrir mon cœur?
   Ainſi diſoit l'amant à la cruelle aimée,
Qui d'aucune amitié n'eſtoit point animée,
Ains ſans rien s'eſmouuoir du feu de ce diſcours
Deſdaignoit la pitié pour blaſmer ſes amours,
Pour n'aymer que ſoy-meſme, & en amour ſi rare
Viure enuers ſes amans touſiours fiere & barbare.
Mais ne voulant quicter ce langoureux amant
Sans luy donner aumoins vn feinct contentement,
Luy reſpondit ainſi d'vn attrayant langage.
D'où venez-vous, Laurin, honneur de ce bocage,
Et qui vous fait aimer d'vn amour ſi ardant
Mes yeux contre l'amour que ie me vay gardant?
Certes, ie plains beaucoup voſtre peine amoureuſe,
Et ne blaſme pas moins voſtre ame douloureuſe,
Qui ſe plaint contre moy de l'amoureux pouuoir,

Com

Comme si vos mal-heurs naissoient de mon vouloir!
Fuyez donc desormais l'amoureuse entreprise,
Dont vous dites vostre ame en mes feux si bien prise:
Car au parfaict amour dont i'adore mes yeux
Mon cœur se veut monstrer si avaricieux,
Que rare, il ne veut pas tant sa flame est extreme
En faire aucune part ny faueurs qu'à soy-mesme.
    Laurin à ce discours diuersement troublé
De diuerses raisons sentit son cœur emblé:
Mais en prenant courage au vent de l'esperance,
Luy dit. Belle Deesse, & ma chere asseurance,
C'est à vous que ie dois m'enquerir d'où ie viens,
Puis que tous mes desirs sont plus vostres que miens,
Et que ie suis sans fin tant du vœu que de l'ame,
Enchainé dans les rais de vostre claire flame.
Beauté, ie suis venu expressement icy
Pour apprendre de vous, angelique soucy,
Nouuelles de moy-mesme, & de quelle fortune
Vos astres m'ont soubmis sus l'amoureux Neptune:
Et si par auanture au malheur de mes feux
Vous ne me puissiez dire où ie suis pour mon mieux,
Ie seray bien perdu beaucoup plus dauantage
De voir si loing de vous si prochain mon dommage:
Mais vous me demandez ce que i'auoy desir
De demander à vous pour treuuer mon plaisir,
Si donc vous ignorez ma cruelle auanture,
Au moins apprenez-moy pour les feux que i'endure
Où vous estes, ma belle, à fin qu'heureux, & doux
Ie vous aille treuuer pour me treuuer en vous,
Et qu'auec mon esprit, mes yeux & ma pensée
Iamais de mes regards vous ne soyez laissée.
Mais pourquoy dites vous, qui me cause d'aimer
D'vne amitié si forte, & si bien m'enflamer
Du feu de vos beautez, & vous cherir sans cesse?

Pour

Pourquoy le cherchez-vous? ô celeste Deeſſe!
Voulez-vous ignorer lé pouuoir de vos yeux,
Qui pourr_oient arreſter le deſſein aes grands Dieux?
Pour vous offrir ardans leur Empire & leur ame,
Sans craindre le ſuiect de ceſte viue flame,
Dont vous dites vous meſme eſtre amante de vous,
Pour engager en vous le merite de tous!

*   Ne preſumez donc pas qu'en mon ardeur ſidelle*
Ie penſe d'offenſer voſtre gloire immortelle:
Ains ie la rends plus claire en ſa ſaincte beauté
De vous offrir mon cœur, & ma ſidel. té.
Mais ſi vous me plaignez pour ma cruelle peine?
Que ne vous rendez-vous plus facile & humaine,
Sças que plus voſtre abſence, & vos grandes rigueurs
Abaiſſent voſtre gloire, & croiſſent mes langueurs!
Mais quoy? n'eſtes-vous pas la ſource & l'origine
De l'amoureux tourment qui ſans fin me ruine?
Puis que vous me cachez par vn cruel vouloir
Le beau ioar de vos yeux domteurs de mon pouuoir,
Et que par vne amour, mais bien erreur extreme
Vous ne prenez plaiſir à n'aimer que vous meme.

*   Mais ſi vous me plaignez en mon cruel tourment,*
Que ne vous rangez-vous par vn doux changement
A ſoulager mon mal, & ma flame cruelle.
Sans me laiſſer ainſi à la peine immortelle!
Car en me ſecourant d'vne douce faueur,
Vous ne paroiſtriez pas de diſcours deceueur,
Ains accordant le cœur auecque le langage
Vous gaigneriez l'honneur, & perdriez mon dómage,
Et ce volage amour dont ſi parfaictement
Vous dites vous aimer, & tant extremement
Que voſtre cœur auare aux feux dont il vous aime
N'en veut point departir que pour aimer ſoy-meſme.
*   Mais pourquoy? dauantage auec tant de rigueur*

Ren

Renforcez-vous l'ennuy qui me tue le cœur?
Car bien que vos Soleils soient absens de ma veuë
Toutesfois leur flambeau par mon amour me tuë,
Aidé du souuenir trop promt, & vigoureux,
Qui m'esclaire sans fin de leurs rais amoureux.
Mais aumoins, beau Soleil, clair amour manifeste,
Que n'estes-vous semblable à cest autre celeste,
Qui loing de nostre Pole, & caché de nos yeux
Laisse aux bras des humains le repos gracieux?
Car vous, par trop contraire à ce Roy de lumiere,
Lors que vous me cachez vostre flame guerriere,
Par vn recellement importun, & cruel,
Toutesfois mon tourment n'est pas moins immortel!
  Ains tousiours esueillé de penser à vos graces,
Il me semble admirer vos yeux armez d'audaces
De leurs rais d'Apollon me despartir le iour,
Et les peines d'aimer par les flames d'Amour.

  Ah! que pour vous aimer d'vne amitié trop forte,
Amour me va pressant d'vne cruelle sorte!
Car depuis que vos feux m'embraserent le sein
A rien sinon qu'aimer ne trempe mon dessein,
Et parmy cest aimer mon ame tourmentée
S'est veuë nuict, & iour de trauaux agitée,
  Aux flames de l'amour, & aux flots de mes yeux,
Comme vn vaisseau batu par les vents furieux
Quand le Ciel, & les eaux adressent mieux leurs rages
En la Pontique mer magazin des orages.
Helas! combien de fois accablé de douleurs,
Ay-ie ces doux ruisseaux, augmenté de mes pleurs!
Et combien trop souuent poussé de soif profonde
Ay-ie sucé mes pleurs pensant boire en leur onde!
Et combien l'odorant des verdoyans Zephirs
A-il pris de vigueurs de mes bruslans souspirs,
Tant à mon grand amour il semble que ma peine
                                   vueille

Vueille esgaler par vous sa froideur inhumaine,
Aussi il semble à voir, à reuoir vos rigueurs
Qu'autant que de beautez vous possedez de cœurs,
Pour paroistre en rigueurs la Nymphe nompareille,
De mesmes qu'en beauté la parfaicte merueille!

    Mais si vostre vouloir fait trespasser mes iours,
N'offencerez-vous pas les sainctes loix d'amours
Car ingrate à mes vœux, & à mes sacrifices,
Vous rendriez le guerdon trop contraire aux seruices!

    Mais si de vostre amour vostre cœur est si grand,
Qu'à nul autre plaisir le desir ne vous rend,
Et que vostre miroir trop clair, & trop aimable,
Entretienne en vos feux vostre face admirable?
Ne pouuez-vous pas mieux vous voir, & desirer,
Et de l'amour sans fruict vostre ame separer,
De contempler mon cœur de pensée parfaicte,
Mon cœur en qui l'Amour vous a toute portraicte,
Mieux, & mille fois mieux que l'esclair de vos yeux
Ne peint pas vostre image au cristal radieux!
Car ce fraisle cristal heureux en mon dommage
Iamais ne fait paroir vostre diuin visage,
Sinon iors que vos yeux en l'œilladant de prés,
Vous font paroir portraicte au rebat de vos rais.
Prisez donc mes amours d'vne ardeur aussi grande
Comme vostre deuoir, & mon cœur le demande,
Car c'est suiure la gloire, & le parfaict aimer,
De vous aimer sans fin, & de s'en estimer,
Ainsi que c'est la perte, & l'erreur tout ensemble
Que l'amour de vos feux en vous seule s'assemble.
Ne m'estimez donc pas temeraire de cœur,
Ny moins qu'en vous aimant ie me plaise d'erreur,
Ny moins ne croyez pas de m'estre mieux amie
Au conseil de finir mon amour infinie.

Car

Car i'ay plus de befoing en mon affliction
De gracieux fecours que de correction.

    Laurin difoit ainfi à fa fiere maiftreffe,
Qui toufiours efleuant fa cruelle rudeffe,
Durant les doux foufpirs de fon pleurant difcours
De regards rigoureux combatoit fes amours
Et d'vn defdain trop haut rampant l'orgueilleux fefte
Defefperoit l'efpoir de fon humble requefte,
Iufques que vers la fin rehauffant fa rigueur
L'abandonna, meurtriere, & reffuiuant fon cœur,
Le fuyant s'en alla, fans que d'aucun langage
Elle honora fa peine, & fon loyal feruage,
Sinon qu'en luy difant fort baffement adieu,
Adieu voftre amitié, ie vous quicte ce lieu.

    Mais durant les façons dont cefte ame rebelle
Defdaignoit fes ardeurs en fa glace mortelle,
Ceft amant trop aimant fentoit de traicts fi fiers
De la voir fi fuperbe en fes refus meurtriers,
Que tourmenté plus fort iufque au profond de l'ame
Des cruels defefpoirs de fon ardante flame,
Il fembloit en parlant ceux qui tremblent glacez,
Sous les premiers affauts moins rudement preffez.
D'vne fieure bruflante alors que fa furie
Retente dans le fein fa chaude baterie:
Car affaillit d'amour, & batu de la mort,
Dont fon aftre adoré luy prefentoit l'effort,
Il difcouroit tremblant, peureux, debile & blefme,
Et mouroit & viuoit au cœur d'vn double extreme.
Or à ce dernier traict, & depart rigoureux,
La douleur le faifit d'vn bras fi vigoureux
Suiuit du defefpoir, & de l'ennuy funefte,
Qu'il en fouffrit alors le tourment plus molefte,
Et tomba de fon long vaincu de la douleur,
Sus le frifé tapis de maincte belle fleur.

Qui plus douce cent fois que le cœur de sa Dame,
Le receut doucement en son giron de bame.
Or tombé de la sorte ainsi qu'vn haut sapin
Aterré sus le champ par l'orage mutin,
Il gisoit estendu sans poux & sans haleine
Tant l'amere douleur l'affligeoit à main pleine,
Et si bien qu'il sembloit en ce rigoureux sort
Auoir desia passé l'Acheroutide port.

Mais tandis par le Ciel qui veilloit à sa gloire,
Guirlan. vn de ses chiens plus amy de victoire
Que tous ses compaignons, & promt d'vn plus beau
L'auoit suiuit, pensif, au pas de loing en loing, (soing
Iusque à ce qu'il le veit au depart de sa Dame
Tomber dessus les fleurs comme absenté de l'ame,
Lors plein d'affection, & d'ardante amitié
Il le vint approcher, où de viue pitié
Il flairoit à sa bouche, à fin de mieux connoistre
Si encore la vie entretenoit son maistre,
Et lors par les vapeurs d'vn souspirer fort bas
Il luy connu le sein garenty du trespas,
De sorte que content de le sçauoir en vie
De se reposer là luy vint prendre l'enuie:
Mais aussi tost vn Cerf en trauersant le bois
Luy vint passer aupres, dont esmeu à la fois
De luy donner la chasse ou d'attendre son maistre
Pour plus fidellement son fidelle paroistre,
Il resolu en fin de le faire leuer,
Sans plus à discourir sa vaillance couuer,
Dont pour le retirer de ce sommeil de peines
Il luy vint grondoyer maintes hautes haleines,
Et puis en le mordant sus le milieu du bras
Le pressoit doucement d'vn front à demy las,
Et si bien que l'effort de sa peine sanglante
S'absenta peu à peu de son ame dolente,

E?

Et lors comme esueillé d'vn sommeil fort pesant
Aux flancs de la forest ses yeux il va posant,
Pour voir s'il verroit point la fille trop cruelle,
Qui l'auoit destiné de douleur si mortelle,
Cependant que Guirlan d'vn pas, & d'vn accent,
En luy faisant la court l'alloit esiouyssant,
Et luy signifioit des pieds, & de la teste,
D'aller apres le Cerf, & d'en faire conqueste:
Mais Laurin ayant veu le Cerf qui passoit là,
Vers le doux esueilleur sa veüe deuala,
Et reprenant vigueur bien que sans esperance,
Il s'assit sus les fleurs, & puis par la constance
Asseurant sa pensée, & son cruel mal-heur,
Il vint parler ainsi en souspirs, & en pleur,
Comme si le Guirlan entendoit son langage.
Certes, doux animal, tres-delle au seruage,
Tu es beaucoup plus doux, & plus cher & benin,
Et pour faire aux fureurs changer l'aspre venin,
Que non pas quelques vns de nostre humaine race,
Qui n'ont rien de l'humain qu'en l'apparante face!
Comme ie puis bien dire à l'endroit des beautez
Où l'Amour a rauy mes douces libertez,
Qui n'ayant point d'esgard à mon amour diuine
Me laissent sans mercy aux fers de la ruine,
Et sans me reconnoistre en ce parfaict aimer,
Dont leurs ardans flambeaux me viēnent consommer,
Elles me vont payant contre toute esperance
De refus rigoureux au lieu de recompenso,
Et de froids desespoirs au lieu de la pitié,
Autant pour leur deuoir que pour mon amitié,
Puis qu'aux flames d'amours pour leur faire seruice
Ie donne de bon cœur mon cœur, en sacrifice.

   Cruauté de l'amour, qu'vn debile animal
Aye plus de pitié de mon funeste mal,

                                        Que

Que non pas vne Dame,où la beauté celeste
En Empire d'amour ses grandeurs manifeste!
Mais,ô loyal seruant,ne me conuies point
D'aller apres le Cerf:car ie suis en tel poinct
Que ie ne pourroy pas le blesser,ny le prendre,
Tant aux liens d'Amour Felide m'a sçeu rendre,
Et tant que i'en suis serf & malade tousiours
En la prison d'aimer sans espoir de secours!

   Helas!par cest amour qui m'a mis en seruage
I'ay quicté le soucy de mon doux heritage!
Ie n'ay plus de soucy de brebis,ny d'aigneaux,
De chasses,ny de chiens,de bœufs,ny de boueaux!
Le Printemps esmaillé d'esgayante verdure
Ne m'est plus aggreable,& l'air,& la parure
Des mignards oysellets,Amphions du Printemps,
Ne me sert plus de gloire,& de doux passetemps!
Ains par contraire cœur de douleurs nompareilles
Il me plaist d'escouter le rauquer des Corneilles,
Les abois des Hibous,& le chant languissant
D'vn Cygne qui se meurt pres d'vn flot verdissant!
Ma chere Cornemuse,& mon Luth admirable,
Où ie me faisois voir à l'Apollon semblable,
Me sont ore en horreurs,& loing de tout plaisir
I'abandonne son anse,& ses nerfs au moisir,
Tant la fieure d'amour en ardeurs inhumaines,
Me trouble la raison & me bruste les veines,
Et si bien que mon cœur pressé de tel effort
Ne peut rien esperer qu'en l'impiteuse mort,
Qui finissant mes maux me sera plus propice
Que ceste fiere Dame ingrate à mon seruice.

   Mais que tarde-ie tant?ô pensers des-vnis,
A fin de mettre fin à mes maux infinis?
Sus il faut donc mourir,armons-nous de courage
Pour entrer aux horreurs de ce mortel passage.

Autant que mon amour s'arma de fermeté,
Pour me rendre loyal contre la cruauté!
Disant celà, il print d'vne main courroucée
Sa darde qui luisoit par les fleurs renuersée,
Et s'efforçant le cœur pour ce cruel deffein
Courageux, il alloit s'en emplayer le sein,
Quand son ardant amy, son compaignon fidelle,
Cleophon l'aborda par fortune plus belle,
A fin de le porter au bonheur amoureux.
Qui lors le saisissant d'vn effort doucereux,
Il luy retint la main d'vne main secourable,
Et luy osta le dard par force fauorable,
En luy disant ainsi, comment, fleur des amis,
Estes vous de bon-heur, & de cœur si demis,
De vous vouloir meurtrir, & mourant de la sorte
Rendre vostre valeur deshonorable, & morte?
Non non, n'aportez point tant de fureurs sus vous:
Car c'est le plus dur crime, & le plus grand de tous,
De rauir volontaire, à soy-mesme la vie,
Bien que mesme la mort l'euffe presque rauie!
Puis voyez que les Cieux ayant de vous foucy
Maintenant tout exprex m'ont faict venir icy,
A fin que par moyen de mon secours intime
Vous connoissiez leur grace, & blasmiez vostre crime.
Laurin lors rauisé de ce bien impreueu,
Connu tout aussi tost la rigueur de son vœu,
Mais encore afligé de sa douce fortune,
Qui luy sembloit au cœur trop rude, & importune,
Luy dit en l'admirant d'vn œil à demy mort,
Pourquoy, cher Cleophon, m'opresses-tu si fort,
En me pensant donner vn secours fauorable,
Puis que viuant ie vis toufiours plus miserable!
A cause des refus de ma Nymphe d'amour
Qui pour me desprifer semble fuir le iour!

M

Donques, mon doux amy, laisse fuir ma vie
Par ce moyen plus doux a me la voir rauie,
Que non pas les efforts trop durables & fiers,
Dont Amour me combat de mille traicts meurtriers:
Et puis que sans espoir de voir douce Madame,
Ie me brusle, & me glace en l'amoureuse flame.
Lors Cleophon luy dit. Ah! valeureux chasseur,
Perds ceste intention, & ce soing meurtrisseur!
Et fournis toy d'espoir contre la violence
Dont le sort, & l'amour te volent l'esperance:
Au coing de ce bocage à l'antre d'vn rocher,
Où iamais Apollon ne se peut aprocher,
Demeure vn sainct vieillard qui par haute science
Semble auoir le destin aux mains de sa puissance,
Tant ses dorez discours, & ses sacrez aduis
Semblent auoir les Cieux a son ame asseruis:
Allons luy demander par heureuse auanture
Comme va de ton sort la fatale nature,
Et quel remede il faut pour mater ces malheurs,
Et conseruer d'honneur ta vie & tes valeurs
Ce vieillard en sçauoir non moins rare qu'aimable,
Te donnera soudain vn conseil profitable:
Car c'est vn autre Moyse aux secrets d'vn deuin,
Et pour vn bon conseil le combat de Iupin.
Sus leue toy d'icy, sus donc, quitte ces larmes,
Et au lieu des regrets prens l'espoir pour tes armes.
Laurin lors se leua, reconforté d'espoir,
Et par l'espoir apres prenant nouueau pouuoir,
Il dressa vers le ciel sa veuë larmoyante,
Et pria de la sorte, ô troupe flamboyante,
De brandons safranez d'immortelles chaleurs,
Las prenez à pitié le secret de mes pleurs!
Destramez les discours du destin aduersaire,
Qui contre mes amours se forme si contraire!

Et

Et toy, Dieu d'Amathonte, au tiers ciel habitant,
Amortis le soucy qui me va bequetant,
Pour aimer en ta gloire vne Dame cruelle
Autant grande en beautez qu'a les forces rebelle,
Et suiuant ton merite abaisses son pouuoir
Autant pour mes guerdons comme pour ton deuoir.
   Ayant ainsi poußé sa deuote priere,
Il dit à Cleophon, ma faueur plus entiere,
Mon heureux compaignon, allons sans plus tarder,
Vers le sçauant vieillard qui diuin sçait garder
Ainsi que tu m'as dit la claire connoissance
Du destin des humains en sa belle sçience.
Lors tous deux d'vn vouloir, trauersans les forests
Ils marchent attentifs ayant toußiours apres
Le Molosse chasseur, curieux de son maistre,
Qui toußiours par le bois faisoit ses pieds paroistre,
Desireux de la chasse & de suiure ses pas
En flairant les buissons, & courant ses esbats.
   Or les heureurx amis en telle diligence
Trauerserent le bois de cœur & de puissance,
Qu'ils se veirent au poinct du midy renflamé
Pres du secret seiour du vieillard renommé,
Lequel sortant soudain de sa demeure sombre
De ces parfaicts amis vint augmenter le nombre,
Et leur dit, mes enfans, la fortune & l'amour,
Vous ont faict visiter ce recellé seiour,
Seiour où le thresor dont Nature est feconde
De ses plus riches biens heureusement abonde:
Mais dites-moy au vray de vostre affection
Le destin, & le cours & la deuotion.
Alors les compaignons honorans sa presence
Se flechirent en bas par grande reuerence,
Et Cleophon luy dit. Admirable vieillard,
Qui non moins que les Cieux dures ieune & gaillard,

Le fraternel amour plein d'ardeur mutuelle
M'a conduict vers le front de ta gloire immortelle,
Pour prendre de ta grace vn conseil de secours,
Pour mon amy Laurin malheureux en amours:
Ce Laurin que voicy plein d'ardeur, & de crainte,
Pour implorer ton aide, & ta puissance saincte:
Laurin parlant apres luy dit, Heros diuin,
Qui nous aprens ton nom aux honneurs du destin,
Donne moy par faueur & par celeste grace,
Vn conseil pour chasser le mal qui me pourchasse
Par les flames d'amour, & par l'ingrat plaisir.
Dont Madame se plaist à me perdre en desir.
Lors le sage vieillard pressant sa barbe blanche,
Qui iusques vers le flanc se desramoit fort franche,
Et touchant ses habits estincellans d'azur,
Et de vert, & d'argent & d'or brillant tres-pur,
Il luy dit. Cher enfant, à fin que la fortune
Te deuienne en amours plus douce, & opportune,
Prens d'vn chesne puissant, & d'vn sacre Palmier
Vne branche rameuse, à ce matin premier
Si tost que la lumiere en Paphos adorée
Respandra sus les monts sa beauté desirée,
Et va t'en puis apres vers la Font de renom
Que la belle Gadin honore de son nom,
Et l'ayant par sept fois cernée en ses riuages,
Et ictté pleins de feux sus ses eaux ces branchages,
Et inuoqué les yeux du celeste pourpris,
Et l'amoureux enfant de la douce Cypris,
Et la saincte faueur de Gadin la Deesse
De ces diuines eaux confort de ta detresse,
Lance toy hardiment d'vn cœur promt, & vaillant,
Au profond cristalin de son flot tressaillant,
Où tu seras receu de la belle fontaine
Par estrange amitié pour aleger ta peine,

                                        Alors

Alors que ta Felide ira mirant ses yeux
Sus le bord rayonnant de ces flots precieux,
Suis donc pour ton repos ce seul conseil propice,
Autant pour ton honneur, comme pour ton seruice.
Ce Mage ayant fini cest amoureux conseil,
Se retira soudain du plaisir de leur œil,
Aux ombres de son antre, & lors d'ardeur plus saine,
Le consolé Laurin se sentit l'ame pleine,
Et auec Cleophon l'apuy de son secours
Il sortit de ce bois plus doux à ses amours,
Et y dormit apres parmy la nuict voisine,
Pour commencer son charmē au resueil d'Erycine.
Et si tost que les rais de ce bel œil d'Amour
Commença d'annoncer les fleurs d'vn petit iour,
En despouillant d'honneur les lampes rayonneuses,
Qui piolent des Cieux les voutes lumineuses.
Laurin s'en vint tout seul vers la font de Gadin,
Pour treuuer en amours vn gracieux destin,
Où suiuant le conseil & l'aduis salutaire,
Il s'eslança au sein de la fontaine claire,
Apres auoir parfaict son charme gracieux,
Et imploré Gadin d'vn œil deuotieux,
Qui douce, & fauorable au vœu de sa fortune
Comme Nymphe des eaux le receut opportune.
    Mais Amour cependant veid la priere aux Cieux,
Qu'auoit mandé Laurin d'vn cœur deuotieux,
Et se donnant pitié d'vne ame si dolente,
Et se ressouuenant de sa main si puissante,
Il descendit en terre, & entrant dans le bois,
Où Felide en chassant s'esbatoit quelques fois,
Il se choisit vn Cerf des plus beaux du bocage,
Et luy souflant au sein vn desireux courage,
Il le feit escarter de son fueillard sciour,
Et aller campaigner au deuant du beau iour

De l'amoureux Chasteau de la fille rebelle,
Qui lors se rauissoit en sa face si belle,
En se mirant amante en son miroir aimé
Au sein d'vne fenestre, ou d'vn œil enflamé,
Elle se rallumoit & se plaisoit sans cesse
D'admirer & mirer ses beautez de Deesse.
Et voyant puis en bas sus les diuerses fleurs
Le Cerf qui se paissoit de goust, & de couleurs,
Le desir de gaigner vne proye si belle
Luy feit mettre la main à sa trousse fidelle,
Et y prédre vn traict d'or que cest puissant vaincueur
Auoit ietté dedans pour luy tromper le cœur,
Puis ayant pris son arc elle encocha la fleche,
Et vers le sein du Cerf en destina sa breche,
Et couchant son Iuoyre en efforçant le nerf
Elle la feit descendre à droict fil vers le Cerf,
Qui receut dans le sein sa poincte domteresse,
Dont il en fut couuert de fort griefue destresse,
Mais le Cerf animé de certains feux d'amours.
A fin de se guerir par quelque promt secours,
Alla chercher soudain de pied, d'esprit & d'ame,
Parmy le verd coutau le glorieux Dictame,
Et desia tout souillé de larmes & de sang,
Et portant dans le sein le traict comme en son blanc,
Heureux il le treuua par tres-douce-auanture,
Et soigneux de guerir il en print sa pasture,
Lors l'admirable effaict de ce simple benin
Vint suiuant sa coustume en son pouuoir diuin,
Si bien qu'il renuoya la fleche sanglantée
Vers le sein de l'archer, Felide l'indomtée,
Qui tandis s'esgayoit au miroir enchanté
En remirant l'Amour de sa douce beauté,
Le traict volant ardant vers la belle guerriere
Rencontra ce miroir, où sa poincte si fiere

Feit

Feit tinter vn tel coup qu'en mille clairs esclats
Il feit sauter la glace au milieu de ses bras,
Ne luy aissant en main qu'vn peu de la richesse,
Qui rare luy seruoit de quadrure, & de caisse,
Puis en continuant son effort rigoureux,
Par vn coup signalé, d'effaicts plus amoureux,
Il luy perça le sein, & de sa beauté rare
Il luy remplit le cœur d'vn amour plus auare,
Et luy donnant vn feu si violant d'amours
Qu'il sembloit qu'en s'aimant elle adoroit ses iours.

La Nymphe alors troublée au cours de telle attein-
D'vn froid estonnement eut la pensée atteincte, (ctes
Et demeura rauie à penser, & sçauoir
Comme s'estoit rompu son amoureux miroir,
Et par quelle maniere, & de quelle nature,
Estoit venu l'amour qui d'vne autre poincture
La blessoit si bruslante, & sans point de pitié,
Si promte, & si nouuelle en sa propre amitié,
Mais en se souuenant de l'escrit fauorable,
Qui bordoit le miroir d'vn aduis admirable.
Elle dit. C'est en vain que l'Amour, ou le Ciel,
Vueille changer en fiel ma fortune & mon miel,
Ie veux en despitant le destin en ma perte
Exposer mon amour en douceur mieux ouuerte:
Car ie me veux aimer mieux que par ce miroir
En la font de Gadin où ie me pourray voir,
Ainsi ie plairray mieux à ceste chere glace
Puis qu'il m'en souuiendra en y mirant ma face,
Es les feux de l'amour tousiours me seront doux
Et tromperont tousiours les plus hardis ialoux:
Aussi ie garderay iusques aux moindres pieces
Ce miroir qui rompu rompt vn peu mes liesses,
Et le conserueray en sa desvnion
Autant que ie l'aimois en sa perfection.

M 4

Or le traiſt de l'Amour Felide ayant naurée
Au plus ſecret du cœur de ſa poincte dorée,
Et encore y reſtant pour eternel ſeiour
L'enflama tellement du doux ſoucy d'amour,
Qu'a peu pres eſgarée en ſa flame nouuelle
Elle ſouffroit d'aimer mainte peine cruelle.

      Mais pour ſe contenter en ſa propre amitié,
Et voir en ſe mirant ſoy-meſme ſa moitié,
Elle alla lendemain à la belle fontaine,
Dont la douce Gadin eſt l'amour & la Reine,
Et voiſinant ſon bord frangé de belles fleurs,
Qui deuoient s'arroſer des ondes de ſes pleurs,
Elle aborda bruſlante en ſon amour trop forte
Sus le riuage clair, où de ſemblable ſorte
Elle vint diſcourir en mirant ſes beautez.

      O celeſte Gadin, douceur de raretez,
Belle Fée des eaux de ceſte viue ſource,
Qui ſe dore en ton nom, & t'admire en ſa courſe,
Rends toy paiſible, & douce en ton mouuant criſtal,
Pour mieux voir en ton front mon bel amour fatal,
Le portraiſt de ma face ou de mes propres armes
Ie me conquier le cœur par amoureux allarmes!
La belle ainſi pouſſoit ce ſupliement doux,
Ayant deuotement ſus les fleurs les genoux,
Alors que dans les flots de beauté criſtaline
Laurin ſe feit paroir plein de grace diuine,
Et parfaiſtement beau d'eſgaler ſa beauté
A celle qui lioit ſa douce liberté,
Et qui de ſon amour ſus le front criſtalide
S'aperceuoit en luy belle amante Felide.
Felide alors voyant l'image de ſes yeux
Luire ſi doucement dans les flots radieux,
La voyant rayonner en de façons plus belles
Que non pas de ce temps que les flames iumelles

De

De ses yeux indomtez n'auoient encore espris
De sa propre amitié ses printaniers esprits,
Elle deuenoit blesme, & puis vn peu vermeille,
Et puis de voir si bien sa beauté nompareille,
Vn doux flambeau d'amour la venoit colorer
D'vn teinct varianté de craincte, & d'esperer,
Et se parloit ainsi parlant à la fontaine.
    Belle source d'Amour, doux espoir de ma peine,
Que n'as-tu le pouuoir de me parler vn peu,
Comme à me faire voir le subiect de mon vœu?
Que n'as-tu la puissance à donner la parole
Aussi bien que les yeux à ceste belle idole?
A fin qu'en mon amour glorieuse sus tout
Ie luy dis purement mes desirs iusque au bout!
Mais quoy? tu ne veux pas m'estre si liberale
En me faisant, paroir mon idée admirable,
Ains ayant du plaisir de mon plaisant esmoy
Tu monstres que ma flame, & mon bien est en moy!
En moy respond Laurin du fond de l'onde claire,
Comme si l'Echo mesme à ses vœux debonnaire
Luy respondit du flanc de ses rochers glacez,
Pour alenter l'ardeur de ses desirs pressez.
Lors en continuant son amoureuse plaincte,
O portraict gracieux, ma desirable feincte!
Tu n'est pas tout feinctise en ton feinct emprunté,
Puis qu'en me respondant par tref-rare bonté,
Tu dis que mes desirs, & mon repos encore
Au doux de en pouuoir s'abondance, & s'honore,
Tout de mesme qu'en moy, qui par Amour vaincueur
Sens mes yeux guerroyer mon cœur grand cœur!
Grand cœur, luy respondit Laurin dans la belle onde.
Lors Felide portée en amour plus profonde
Retourna dire ainsi. Certes ie connoy bien
Qu'en toy, bel œil d'amour, est enclos tout mon bien.

M   s

Pvis que tu me conseille en ceste amour nouuelle,
Te tenir vn grand cœur, dont l'audace plus belle,
Et la peine d'amour, & le souffrir constant,
Me rendra en ma flame vn desirer content,
Et possible faira par son ardeur insigne
Que les Dieux me voyant d'vne amitié si digne,
A cherir mon amour, & d'aimer mon portraict,
Transformeront au vray de mon estre parfaict
Ton crayon ondoyant, & à moy tout semblable
Te rendront à mes vœux autant propre qu'aimable:
Ainsi par ce destin nous serons mieux contens,
Mais il me faut partir, il en est des ja temps.
I'attens luy respondit Laurin de la fontaine,
Dont Felide poussée en ardeur plus hautaine.
Luy dit en admirant ses yeux si clairs en l'eau,
Tu attens donc ce bien, mon amour, mon tableau,
Mais helas! que le Ciel si tu es vn oracle,
Ne fasse pour mes feux cest amoureux miracle!
Mais dis moy, beau semblant de mes desirs ialoux,
Qui t'a presté le bien d'vn langage si doux?
Car non moins que la Nymphe en rocher transformée
Tu respons à la fin de ma plaincte enflamée.
Ah! ie croy que l'Amour se loge dans ces eaux
Pour verser en tes yeux ses indomtez flambeaux,
Et pour te fauorir du beau de mon langage,
Autant que tes beautez des rais de mon visage:
Mais auec cest espoir, & ce diuin propos,
Dont tu me vas flatant d'vn merueilleux repos,
Ie te veux dire adieu, sans que plus ie seiourne
Car il faut, mon amour, qu'ore ie m'en retourne.
Retourne respondit Laurin du fond des eaux,
Qui repoussant Felide en mille obiects nouueaux
Luy feit dire au despart, certes ma douce image,
Tour l'honneur de tes yeux, & de ton cher langage,

Ie

Ie ne manqueray pas de venir tous les iours
Contempler tes beautez, & mes flames d'amours.

  Ainsi l'heureux Laurin viuant dans la fontaine
Se presentoit aux yeux de sa douce inhumaine,
En sa mesme semblance, & façons & attraicts,
Comme de sa beauté les celestes portraicts,
Dont Felide enflammée & plus impatiente,
De la flame d'amour si rare, & si cuisante,
Venoit par chascun iour au poinct du chaud midy
Seule à la claire font d'vn desir plus hardy,
Et plus ardant d'amour pour reuoir son image,
Qui tousiours plus aimé luy lioit le courage,
Mesmes par les propos dont sans fin de ces eaux
Son portraict respondoit au vœu de ses flambeaux.

  Or c'estoit vn matin que ceste belle amante
Espreuuant son amour de flame plus ardante,
S'en vint toute ondoyante en amoureux desirs,
Pour reuoir dans la font l'obiect de ses plaisirs,
Et voisinant le bord de la fontaine heureuse,
Où elle estoit si bien amante, & amoureuse,
Elle feit vn souspir si tesmoignant l'amour,
Que la font par pitié dans son secret seiour
En souspira d'amours, & mesmes les fueillages
S'en esmeurent encore, & les flairans herbages
En sentirent aussi l'amoureuse pitié,
Tant d'vne extreme ardeur brusloit son amitié.
Or se posant deuote à genoux sus la frange
De la font où luisoit son beau visage d'Ange,
Elle veid aussi-tost en œilladant les eaux
Paroir sa douce image en mille attraicts nouueaux,
Comme elle estoit de mesme à ce matin plus belle,
Par l'espoir qu'elle auoit que sa flame immortelle
La rendroict plus contente au feu qui la brusloit,
Puis que si proprement son miroir luy parloit,

Et lors en se mirant en l'onde rapportante,
Elle disoit ainsi beau mal qui me contente,
Image de moy-mesme, & mon parfaict amour,
Que plaisant & deuot m'est le doux de ton iour!
Ah! destin! que ie t'aime, & t'aimant chere image,
Que mon amour est plein d'vn diuin auantage,
Veu que ie suis l'amant, & de mesme l'aimé
Qui des feux de tes yeux ay le cœur enflamé!
Mais las d'où vient cecy, que ma sucrée flame
S'esleue maintenant si brûlante en mon ame?
Car ie sens peu à peu mes desirs, & mes feux,
Se rendre plus pressans, & promts & chaleureux!
Seroit ce point Amour dans ces eaux que i'admire
Au lieu de mon portraict où ma beauté se mire?
Car ie vois maintenant que i'augmente tousiours
En soucis violans par mes flames d'amours:
Mais ne responds tu point à mes plainctes fidelles,
Di moy diuin suiect de mes peine cruelles?
Ne me responds tu pas comme les autres fois
Que si diuinement tu me donnois ta vois?
Respond moy, ie te prie, Amour, ou mon image,
Veux-tu qu'au lieu du bien ie treuue le dommage?

  Laurin de son image asseuré dans la font
Luy respondit ainsi Tes beaux yeux qui me font
Et me deffont aussi le martire, & la gloire,
En me tuant d'amours ne me veulent pas croire,
Ie ne suis pas Amour: mais Amour & tes yeux
Me font sembler ainsi parfaict & glorieux,
Pareil à tes beautex, mais toutesfois cruelle,
Tu ne prens point à gré mon amitié fidelle.
A ces mots le plus chaud de l'admiration
Vint embraser la belle en plus d'affection,
Voyant d'vn tel discours & de si longue trace
Parler si doucement le portraict de sa face.

Et

Et lors d'vn nouueau feu son cœur d'amour espris,
Autour de ce propos engageoit ses esprits,
Et retournant parler d'amour plus enflammée.
Et comment!qu'est-cecy! ma belle gloire aimée,
Tu n'as pas seulement ma grace,& mes beautez:
Mais encore mon cœur, mes vœux,mes voluntez!
Et mon esprit ardant pour m'aimer,& me dire
Que pour mon amitié tu portes du martyre!
O merueille d'Amour!ò miracle nouueau,
Qu'en mirant son visage au cristalin d'vn eau,
On voye sa semblance ains plustost son idole,
Aymer,& souspirer & former la parole!
Ah!i'ay bien plus d'effaicts,& d'amour,dit Laurin,
Que non pas de discours en l'amoureux destin:
Mais que ne m'aimes-tu d'vne ardeur aussi grande,
Que ton cœur le desire , & ma foy le demande?
Car en te consommant en ta vaine amitié
Tu n'as point de ton mal ny gloire ny pitié.

Ah!qu'est-cecy, Amour!helas quelle fortune,
Fut iamais si farouche , & douce & importune!
De voir parler d'amour vne image dans l'eau,
Et d'vn air si bruslant de ce diuin flambeau!
Las!dis moy,qui es-tu , si tu n'est ma semblance,
Toy,qui te plains de moy de l'amour qui m'offence?
Tes discours l'autre iour n'estoiët qu'vn mot dont lair
Sembloit prendre sa vie au bout de mon parler:
Mais ore mieux apris d'amour, & d'auantage,
Tu me sembles brauer d'amours, & de langage:
Et ie me sens des-ja tant esprise d'amours,
Que si ie n'ay de toy vn plus propre secours
Pour certain Atropos me volera la vie:
Car de baiser tes yeux ie trespasse d'enuie.
Mais quoy?ne faut-il pas que les Astres des Cieux
Pour accomplir du tout ton miracle, & ton mieux,

Te donnent le pouuoir, le desir & l'essence,
De sortir de ces eaux, & que par ta presence
Venant aupres de moy par ces bois verdissans
Tu moderes l'ardeur de mes feux meurtrissans?
Aussi ie suis des-ja si bien emprisonnée,
Et de te voir tousiours si ferme, & obstinée,
Que si pour mon repos tu ne sors promtement
De ces eaux où tu vis par trop secretement,
Ie verray la douleur par mon amour trop forte
Rendre auec mes souspirs ma vie bien tost morte:
Helas! des-ja mes yeux sourcellent des ruisseaux
Et mes souspirs aussi vont tousiours plus nouueaux!
Suiuant de mon amour la flame violente
Qui moins a d'aliment mieux est viue & bruslante.
    Felide ayant finit ce discours amoureux,
Entendit aussi-tost son ardant Amoureux
Luy parler de la sorte. En vain, belle amoureuse,
Tu te plains de l'amour qui te rend malheureuse,
Et te rend presque morte en ta propre amitié,
Sans que tes yeux si doux l'esmeuuent à pitié:
Ores Amour te paye auec la mesme peine
Dont Laurin en t'aimant t'espreuuoit inhumaine,
Endure donc la peine à fin de mieux durer,
Et n'attens rien d'amour pour mieux en esperer:
Ah! mon Dieu! qu'est-cecy? s'escria lors Felide,
N'est-ce pas le conseil de la noire Eumenide?
Qui me dit d'endurer, & de n'esperer rien,
Pour attendre d'amour plus d'honneur & de bien!
Non, non, ie veux mourir c'est trop de patience
Aussi bien mon amour va tousiours en croissance,
Et tousiours plus cruel à me voir à sa loy
Pour mieux me guerroyer me bande contre moy.
Ah! les pleurs que i'espans de mon dolent visage
Ont troublé la fontaine, & voilé mon image!

                              Mais

Mais plustost cest Amour, que ie croy mon portraict
Ne refuse la veuë, & son plaisant attraict,
Et se cache dans l'onde à fin qu'auec sa face
Il priue son amour d'attendre aucune grace!
Mais quiconques sois-tu, Amour, ou mon tableau,
Sors pour me secourir tout maintenant de l'eau,
A fin de restaurer mon ame tourmentée,
Où plustost pour t'aimer griefuement enchantée.
Toutesfois ie voy bien que pour me secourir
Rien ne sort de la font, aussi ie vay mourir.
Et n'est plus de besoing en ma peine si grande
Qu'aux douceurs d'vn secours te respire, & demäde,
Car ie suis sans pouuoir de plus me soustenir,
Et plus d'aucun espoir ma vie entretenir!
Disant cecy, pleurante, & foible souspirante,
Sous les douleurs d'amour qui la rendoit mourante,
Elle s'esuanouït sus le giron des fleurs,
Et puis se reuenant par nouuelles douleurs,
Elle pleuroit ainsi comme en plaincte derniere,
Qui deuoit limiter sa peine & sa lumiere.

Ah! ie voy bien qu'Amour est vn Dieu si puissant
Qu'il domte mieux les cœurs moins il est menaçant!
Ie pensois l'eschaper en l'amour de moy-mesme,
Mais las! par mon amour il s'est fait plus extreme!
Car de mont amour propre il m'a si bien blessé
Qu'il semble que la mort son traict aye poussé!
Tant le bruslant desir, & la pressante flame,
D'impatiente ardeur me deuore, & m'entame!
Ie me vois bien punir par son iuste courroux,
De ce que i'ay traicté cest amoureux si doux,
Ce meritant Laurin, en la glace mortelle
De tant de fiers desdains, & de peine cruelle:
Ie voy bien maintenant ce destin rigoureux
Dont m'auoit menacé ce fidelle amoureux,

Qui

Qui me difoit vn iour qu'ainfi qu'au fier Narciffe
Les Dieux me darderoient l'effort de leur iuftice,
Puis que fi rigoureufe, & pleine de refus,
Ie mefprifois fon cœur, & l'Amour & fes feux!
Et ie voy bien auffi par vn double dommage
Mon miroir prophetique à mon defauantage,
Car pour ne m'aimer plus, & plaire à ce criftal
Les flambeaux de l'amour me font aimer trop mal,
Et ne m'eftant plus doux come à l'acouftumée,
D'vne trop viue ardeur ils m'on l'ame allumée,
Par le cruel Amour qui me traine à fa loy,
Et me tue en m'aimant pour m'aimer trop en moy!

　　Ainfi fe lamentoit la nouuelle amoureufe
De fa peine d'amour fi fraifche & rigoureufe,
En regardant par fois fon image dans l'eau,
Et rofayant le bord par vn double ruiffeau,
Dont fes yeux larmoyans baignex à large bonde
En larmes fe rendoient vne fource feconde,
Puis remirant en l'eau fon bel œil trop aimé:
Elle reffouspiroit. O fouspir enflamé!
O beaux yeux reluifans, armex de douce flame
Pour en amour plus doux me domter iufque à l'ame,
O glace qui me brufle en immortels reftus,
Ains pluftoft le portraict de celle qui n'eft plus,
Puis qu'en s'aimant ainfi, & d'vne ardeur fi forte,
Elle eft comme hors du fens, & s'en va comme morte!
Dy-moy, eft tu portraict le portraict defireux
De Felide qui pleure à ces bords amoureux?
Dy le moy, par faueur à fin que ie defface
Tes attraicts par trop doux pour sembler trop ma face!
Et qui par trop ingrats à mes regards d'amours
Me font en leur amour haineufes de mes iours!
O claire viue fource, ô fontaine trop belle,
Au lieu de me feruir d'vne glace nouuelle,

Pour

Pour mirer ses beautez, & me plaire auec toy,
Tu sers aux feux d'amour à me remplir d'esmoy!
Mais que ne sont tes flots promts à noyer ma vie,
Comme tes feux ardans à l'amoureuse enuie?
Et que n'es-tu si promte en parque, & en tombeau,
Comme de bord aimable, & de miroir trop beau?
Ton regard m'est cruel, & venimeux encore
Comme d'vn Basilic qui la vie deuore
De son œil meurtrissant qui flambe de trespas,
Tant tu m'es rigoureux, & ie ne le suis pas!
Mais retourne vers moy ton regard plus funeste,
A fin que ie trespasse en ma veuë moleste:
Car tu sçais bien qu' Amour ne me peut pas guerir,
Ains que par ton moyen ie puis viure, ou mourir.

Helas! de moy sans moy, puis qu'vne amour cruelle
M'a volé de moy-mesme, & me rend toute en elle!
Amour, Amour, combien en mon affliction
Fais-tu voir de vengeance, & de punition!
Las! tu la rens plus fiere, & plus rouge d'allarmes,
Que Mars ne la prend pas à l'honneur de ses armes:
Car il ne fait mourir qu'vne fois seulement,
Et toy, pour m'affliger comme immortellement,
Tu me blesses d'vn traict qui me tuë la vie,
Sans que portant la fin se la rende rauie!

Helas! en ce tourment qui me presse si fort
Si Laurin le sçauoit i'auroy quelque confort,
Mais que dis-ie confort? ie n'ay pas la puissance
De me fournir le cœur d'vne seule esperance,
Aussi quelle esperance helas! pourroy-ie auoir,
Puis que tout mon pouuoir consiste au desespoir?
Ainsi pour tout confort de ceste maladie
Il faut qu'au desespoir du tout ie me dedie,
Et qu'en la noire fin posant tout mon soulas
Ie me fasse paroir tout courage au trespas!

Mais

Mais quoy? c'est trop languir en douleurs si cuisantes,
Et c'est trop s'abuser de plaintes languissantes,
Il faut, il faut mourir, aussi bien mon amy
Est toufiours dans les eaux trop ferme, & endormy,
Et du tout immobile à se leuer de l'onde,
Pour me venir guerir de ma langueur profonde!
Adieu donc cher tableau, trop fermement aimé,
Mais bien adieu mon cœur, de moy trop enflammé,
Ie n'ay plus de pouuoir de voir ta belle face,
De prier tes beaux yeux & ta celeste grace!
Vne froide sueur me vient couurir les os,
Tant l'ennuy de l'amour trauaille mon repos,
Adieu donc mon image, adieu loy de mes armes,
Tu n'auras plus mes feux, mes soupirs, ny mes larmes,
Ie m'en vay trespasser sus ces touffeaux de fleurs,
Vaincuë extremement d'amour & de douleurs.

Ainsi pleuroit dolente, en sa cruelle peine,
Felide sous les feux de la flame inhumaine,
Qui en fin la tomba sus le moite giron
Dont le bord se plaignoit de maint tendre fleuron,
Et là par trop d'amour d'aspres langueurs traictée,
Sa vie s'en alloit du trespas limitée,
S'escoulant peu à peu par ses tiedes souspirs
Qu'encore elle laschoit du feu de ses desirs:
Mais Laurin lors sortant de la belle fontaine,
Où il auoit gaigné le secours de sa peine,
S'en vint deuers Felide en grands desirs d'amours.
Pour y prendre sa gloire & luy donner secours,
Et la reuuant à terre, à peu pres comme morte,
Tant la rigueur d'amour luy estoit rude, & forte,
Ardant il s'approcha de sa bouche d'amour,
Où les souspirs mortels tremblotoient à l'entour,
Et d'vn souspir d'amour luy tesmoignant sa flame,
Souspir qu'elle acueilloit au profond de son ame,

A uec

Auec le doux Nectar d'vn baiser precieux
Dont il luy ranimoit ses coraux gracieux,
Il luy refeit le cœur, & ouurit sa prunelle,
Qui s'alloit eclipsant de la nuict plus mortelle,
Alors elle voyant celuy qu'elle aimoit tant;
Luy dit. Las! mon malheur se va donc limitant,
Par toy qui me secours loing de mon esperance
Non moins que ie t'aimois pres de mesme asseurance!
Mais peut il estre vray que tu sois ore icy,
Sans plus me tourmenter, & me piper aussi?
Ah! diuine beauté, Felide fortunée,
A la gloire d'amour si rare, & destinée,
Certes ie suis icy, non pas pour vous piper,
Ny des tourmens d'amour vous geiner, ou tromper,
Mais bien pour vous remettre en vostre douce gloire,
En l'Amour de Laurin en amour si notoire!
Moy Laurin vostre amant dont l'amour si parfaict
En aimant vos beaux yeux la si sainctement faict,
Qu'il le feit transformer en l'heureuse semblance
De vos rares beautez des belles l'excellence,
Et viure dans ces eaux enflées de mes pleurs,
Pour vous vaincre par moy de vos propres valeurs:
,, Car le parfaict amour pour gaigner ce qu'il aime
,, Se doit changer en luy comme vn autre luy mesme,
Ne me fuyez donc plus puis qu'amour & les Cieux,
Me destinent à vous au desir de vos yeux.
    Laurin disant cela, & voyant sa guerriere
Retournoit peu à peu en sa forme premiere,
Retenant toutesfois l'air, la grace & les traicts,
Dont sa Dame luisoit en si diuins attraicts,
Qui luy dit lors plus forte, & sus les fleurs assise,
Par ce loyal secours, & si belle entreprise.
Mon amant tres-aimé, puis que ton grand amour
Paroit pour mon bon heur non moins beau que le iour,
E ?

Et que les Cieux benins par ſi grande auanture
M'ont faict ſentir par toy l'amoureuſe poincture,
Ie ne refuſe point ta gloire, & tes plaiſirs:
Ains ie te fais preſent de mes plus chers deſirs,
Et veux qu'en nos amours le plaiſant Hymenée
Redouble nos lauriers en amour ſi bien née.
Mais voyez, beau Soleil, alors luy dit Laurin,
Si noſtre doux amour ne vient pas par deſtin?
Puis que voſtre miroir où d'vne ame enflammée
Vous, vous plaiſiez ſi fort d'eſtre de vous aimée,
Et les vers que Diane en ſa targe fait voir,
Le bien de nos amours nous font ore ſçauoir:
Tant que tu t'aimeras de plaire à ceſte glace
Les amoureux flambeaux ſeront doux à ta face,
Ce diſoient les eſcrits que le miroir portoit,
Car voſtre cœur d'amour ſi bruſlant ſe domtoit
Que pour vous aimer trop, & par trop vous cõplaire,
A voir vos yeux diuins, ſeul aſtre qui m'eſclaire,
Le traict d'or de l'Amour vous rompit ce miroir,
Pour ranger vos deſirs en vn plus beau pouuoir,
Et de brandons plus doux eſteindre voſtre glace:
Combien que quelques iours faſcheux en leur audace,
En vous anoüant mieux ſous l'amoureuſe loy,
Et d'vn miroir plus ſeur vous faiſant voir en moy.
   Or l'oracle d'amour eſcrit deſſus la targe,
Dont la ſœur d'Apollon ſa douce gauche charge,
Porte ainſi ces propos qui pour vous beau Soleil,
En voſtre premier iour ornerent leur reſueil.
LA PARFAICTE amoureuſe, heureuſe & nõ heureuſe
En n'aimant plus au lieu qui la feit amoureuſe
Aimera mieux le lieu qui la feit enflammer,
Et finiſſant d'aimer commencera d'aimer,
Et lors elle ſera vraye heureuſe amoureuſe.
Et ſe voyant amante en amour non heureuſe.

N'auez

N'auez vous pas bien veu, doux myrthe de mõ cœur,
Que lors que plus parfaicte en amour plus vaincueur
Vous aimiez vos beautez en vous si amoureuse,
Vous n'estiez pas au vray en amour bien heureuse?
Car vous estiez heureuse à vous aimer si bien,
Et non heureuse aussi pour ny conquerir rien,
Mais n'aimant plus au lieu qui vous rendit amante
Lequel lieu c'est vos yeux ma gloire plus luisante,
Vous vintes à m'aimer par le parfaict amour,
Et mieux aimer aussi ces beaux astres du iour:
Ainsi en finissant vostre amour inutile
Vous auez commencé le vray amour fertille,
Mais lors que vous pensiez n'aimer rien dedans l'eau
Que l'azur esclatant vostre amoureux tableau,
Vous estiez malheureuse, & d'amour trop pressée,
Vous pensiez que l'erreur vous lioit la pensée:
Mais ore en connoissant au vray l'amour heureux,
Dont Amour vous blessoit par moy vostre amoureux,
Ne vous croyez vous pas vraye heureuse amoureuse,
Et sus tous les amans en nos amours heureuse?
Ah! fidelle Laurin, douce ame de mon heur,
Seul suiect, & laurier de mon plus cher honneur,
Ta constance, & ta foy, ta prudence & ta flame,
Ton acquis tout à faict mes desirs & mon ame!
Allons chere Felide, allons ma seule amour,
Luy repartit l'Amant, vers nostre doux seiour,
Où parmy les beautez de ce plaisant village,
Et parmy les honneurs de nostre parentage,
Nous ioindrõs nos Printẽps aux douceurs de nos iours,
Pour recueillir le fruict de nos sainctes amours.

   Ainsi par grand amour ces Amans admirables
Ayans à leurs desirs les destins fauorables,
Furent en leur Village espousez sainctement,
Auec autant d'honneurs que de contentement.

                                      Or

Or le iour fortuné qui veid leur mariage
La Diane plantée au front du verbocage,
Se disparu au poinct que le beau Roy des yeux
S'enthrosroit flamboyant sus le milieu des cieux,
Pour mieux marquer d'honneur l'auanture immortelle
Du bien-heureux Laurin, & Felide la belle.

A V A N

AVANTVRE
DV PROCES
D'AMOVR.

ON voit icy pour entrée myſtique de ce Procés , vn amoureux Filiſel agité en vne merueilleuſe, & eſpouuantable tourmente de Mer, embarqué pour tirer en vne des plus celebres parts
de Prouence, à fin d'y entendre le cours , & l'iſſuë du plaidoyé d'vn amant nommé Cleandre,
agitant & pretendant contre Amour au ſiege de
la Raiſon, où abordé il l'entend , & en ſuite la
repartie, ou deffence d'Amour , où l'on voit d'vne part vn accuſateur inuentaire de toutes les
peines, douleurs tranſports, viuantes morts, vies
mourantes, treſpas renaiſſans, deſeſpoirs , & recherchées langueurs, dont les Amans fantaſient
l'eſſence de leurs angoiſſes : Dont au reuanche
Amour apres auoir repris , & accuſé ſon aduerſaire, s'explanade en l'infinie campaigne de ſon
Empire, où il eſtale en triomphe de bonnes Feſtes les myſteres de ſes naiſſances, les richeſſes
de ſon antiquité, l'eminence de ſon eſtre, la grãdeur de ſa puiſſance, & l'infinité de ſes victoires,
& bref: combien grandement ſon entretien eſt
requis par tout. La Raiſon donnant en ſuicte
la ſentence , propoſe , & poſe quelques ordonnances , & loix, en la republique d'Amour, à fin

d'y

d'y tenir le Prince sans accusation de Tyrannie, & les subiects hors de pretention de Police
mal reiglée & de plainctes contre l'Amour.

L'AMOVREVX Filisel ayant l'ame
enflammée
De la fiere Marsire à son cœur trop ai-
mée,
Et trop belle à ses yeux, puis que par son amour
Apres ses cruautez, il mouroit nuict & iour,
Vn des iours du Printemps que les belles fleurettes
Faisoient rire les champs d'vn monde d'amourettes,
Que des préz & des bois les diuerses verdeurs
Combloient les yeux de gloire, & les ames d'ardeurs,
Ce fidelle Amoureux lors absent de sa belle,
Par le vent du renom si prompt de voix & d'aile,
Apprit qu'vn amoureux de Cleandre nommé,
Contre le Dieu d'Amour ardamment animé
L'auoit fait appeller au siege venerable
De la saincte Raison Deesse inuiolable,
A fin d'auoir iustice en son plaidoyement
Enuers sa tyrannie, & contre son tourment.
C'est pourquoy par le bruit de si rare nouuelle,
Admirable à ses vœux autant que rare, & belle,
Desireux d'assister en ceste saincte court
Où se deuoit plaider contre le Prince Amour,
Il se mit sur la Mer plein d'ardante esperance
Dans vn leger vaisseau de la belle Prouence,
Pour arriuer plustost par les poupiers Autans
Au Païs gracieux des plus heureux Printemps,
Où sur le riche bord du plus beau royal fleuue
L'Honneur, & la Raison en maiesté se treuue,
Exerçant à leur gloire à tous les requerans
Le merite, & le prix selon leurs differens.

Le silence, & l'obscur archers de la nuict sombre,
Campoient par l'Horison leur cap humide & sombre,
Quand Filisel monté dans le voilé vaisseau
Fit desancrer du bord, & sillonner sus l'eau,
Par le flanc descoupant de là fermé carenne
Qui l'azur, & le blanc en allant pousse & traine.
Le vent doux souspirant à faueur de son vœu
L'enfleure de la voile augmentoit peu à peu,
Et se forçant apres d'vne haleine nouuelle
Il poussa le vaisseau de course plus isnelle,
Et le fit voletter sus le sel ondoyant,
Comme l'oiseau leger, qui fier va desployant
Son aile longue & vite, en l'air haut rauissante,
Pour rauir mieux apres la perdrix innocente,
Le vaisseau de la sorte au iour de son despart
D'vn aller aussi promt l'ondant marbre despart,
Tout s'accorde, & tout rit à sa volante route,
Soit l'Amphitrite, ou l'air, ou la celeste route,
Qui lors luy desployoit en ses cristals si beaux
De ses Astres nuictaux les gracieux flambeaux:
Mais les vents enuieux de la douce fortune:
Qui suiuoit Filisel sus le flottant Neptune,
Et que son ferme Amour, & sa fidelité
Estoient si diferans de leur proprieté,
Ils sortirent mutins du froid antre d'Eole,
Et courans desbandez sous la lice du pole,
De leur bouche de fer souflans haineusement,
Ils chargent le Vaisseau de ce fidelle amant,
Et pressent haut & bas le vagabond Nerée,
Et retissent de l'air la chapelle azurée
De sommeillars nuaux gris, & noirs & pesans,
Pour nuager du tout les Astres reluisans.
Vn vent donne à la poupe, vn autre vers la proüe,
Puis en se biaisant à l'enuy se r̃…

A gros bouillons enflez, menaçans & ronflans
Contre les fermes ais qui luy murent les flans,
Lors la Mer imitant l'effort de l'air son frere,
S'esleue peu à peu hautaine & aduersaire:
Mais en suiuant du tout l'ire des vents mutins
Elle assaut le vaisseau par reflots serpentins,
Et fait que par le choc d'vne onde deualante
La force, & la fureur en va si violente,
Que iusques à la Cage on voit les flots salez
Iaillir neigeusement comme oiseaux bien ailez,
Et quelques fois la vague est si promte, & si forte,
Que roulant escumeuse en la plus fiere sorte,
De la prouë à la poupe elle prend le vaisseau,
Dont elle non vne onde, ains ressemble vn tombeau,
Tandis qu'en y laissant maintes ondes pesantes
Le nouueau poids l'enfonce aux arennes luisantes.

　　Or parmy tant d'assauts & de fier tourmenter,
Les vents auec la mer ressembloient disputer
Qui gaigneroit l'honneur de palmes plus fecondes
A le rauir en l'air, ou l'enfoncer aux ondes,
Tant la mer & les vents sans fin le trauaillant
Le vont de toutes parts asprement assaillant,
Cependant que le bois souspiroit sous la charge
Dont le flot furieux sans repos le recharge,
Et que l'air mutineux d'vn triste siflement
Fait bruire le cordage en son ressouflement.

　La Mer lors gromellât, bruit, bat, tourne & retourne,
Et môtaignât ses eaux iusque aux Astres s'enfourne,
Où perçant le rideau des nuages pluyars,
Elle mesle au salé de ses torrens fuyars,
L'humeur douce qui trempe en ces volantes sources,
Mais par le choc fendant des nuageres courses
Les nuaux se rompans, vont rayans sus son dos
D'vne nouuelle Mer les doux bouuables flos,

Dont

Dont la Mer plus ondante en demeure estonnée
De voir son amertume en douceur retournée,
Et de voir que tant d'eaux que l'air faict desployer
Semblent non pas l'acroistre, ains la vouloir noyer.

D'ailleurs l'Auftre, & l'Oueft pôpäs en Capitaines,
Efmeuuent, animez, mille bandes hautaines
De flots boffans la Mer d'vn front haut de fureur,
Qui pour tymbre & pänache a l'eftume, & l'horreur,
Pour armes, pour harnois, pour reigle, pour audace,
Le heurt, l'effort, le bruit, la mugiffante chaffe :
Pour deffein indomté, pour gloire & pour courroux,
Les Affauts menaçans, la menace, & les coups :
Pour rempart le Vaiffeau, fa fuite pour deffence,
Où l'affaillant vaincueur fe pert en fa vaillance.

Lors que le flot montant monte au Ciel le vaiffeau
Le Nocher eft troublé qu'vn fi pefant cerceau
L'aye porté fi haut, que là du front celefte
Il roye au fond de l'onde vn enfer manifefte :
Puis deualant en bas au plain des fablons pers
Il s'esbahyt de voir la mort & les enfers
Autour des flots grondans, & de foffe fi baffe,
Voir la poincte des flots qui vers le Ciel s'entaffe,
Dont il flotte en martyre en cent foucis meurtriers,
Par ces cruels afpects non moins diuers que fiers,
Tandis qu'ore aux tillacs, & tantoft vers la poupe,
Et foudain vers la prouë où maint flot fe recoupe,
Il aporte fa main, fon art & fon confeil,
Pour rompre l'ire aux vents, & aux ondes l'orgueil,
Mais las ! il voit plus fort qu'en fi fiere auanture
Le cœur cede à la force, & l'art à la Nature.

Par le fecours d'vn vent la nuë va verfant
Ses douces Mers en Mer d'vn pleuuoir renaiffant,
Et par vn autre vent ronflant de mille rages,
La Mer poinctät fes eaux mouille en haut les nuages.

N   3

Et mugiſſant, horrible, en s'eſleuant en haut
Semble atteindre le Ciel, & luy donner l'aſſaut,
Et le Ciel d'autre part semble deſcendre, & fondre
Dans la mer pour plus braue à ſes forces reſpondre,
Tant la mer vers le Ciel, & le Ciel vers la mer,
Semblent l'vn contre l'autre ardamment s'animer.

   Or touſiours l'eſpaiſſeur des abrunis nuages
Redouble de la nuict les tenebreux ombrages,
Et cachant au vaiſſeau les Aſtres radieux,
Luy deſrobe du tout la lumiere & les Cieux,
Et iuſque au lendemain ceſte fiere tempeſte
Pourſuiuant le vaiſſeau d'vne importune queſte,
Luy redouble ſes maux, ſes peines, ſon tourment,
Par les doubles rigueurs de l'humide element,
Car la pluye plus forte, & plus roide & durable,
Va rechargeant la nef d'vn choc ſi redoutable.
Qu'alors les mariniers, & tous les paſſagers
En vont imaginant les plus affreux dangers:
Car à l'enui des flots de la mer courroucée,
La pluye à grand torrent parmy l'air renuerſée
Surcharge la nauire, & de ſes doux ruiſſeaux
Cherche à l'enſeuelir dans les ameres eaux,
Lors tout mouille, & retrempe, & baigne goute à goute
Au nauire où tout flot de toutes parts ſe boute,
Et ſi bien que l'on croit veu tant d'eaux à monceaux
Qu'au lieu de nauiguer il nage entre deux eaux.

   Alors le clair Phebus du berceau de l'Aurore
Auoit tiré ſon poil qui le monde colore
Et de ſes forts rouſſins ſus le Ciel retourné
Auoit aux Horiſons le beau iour redonné,
Hormis à ceſtuy-cy, où ceſte foible barque
Reuit du temps cruel la tempeſte, & la marque,
Car s'il a lors le iour, c'eſt vn iour ſi ſombreux
Qu'il eſt pluſtoſt la nuict au plus plus tenebreux,

Et

Et mesmes les nuaux sont si espais, & sombres,
Qu'ils fuyent de leurs yeux tãt ils sont couuers d'õbres.
Et si par fois les flancs de ces corps pluuiaux
Se donnent à leur veuë enceincte de trauaux,
C'est par le seul moyen des promtes estincelles
Qui naissent des esclairs à passades isnelles,
Parmy le bruit grondant, le traict, le choc qui court
Par Iupin qui brauade en sa tonnante court.

    Alors les mariniers renforçant leur courage
Contre la mer, la pluye, & le foudre & l'orage,
S'asseurent, obstinez d'esperience, & d'art,
Bien qu'ils soyent sans repos batus de toute part.
L'vn trace sus sa carte en quel endroict celeste
Ils courent sous le vol d'orage si moleste,
Et l'autre se renforce à retenir plus fort
Le Timon que le vent, & l'onde en maint effort
Taschent de luy rauir à boutades diuerses,
Ces autres pour bander leur cours en ses trauerses
Vont amaynant la voile, & pour faire chemin
Ils la font plus petite, & par diuers destin,
Forçans, & puis laschans ore l'vne, or' l'autre Orse,
Suiuant du vent qui court le relasche ou la force:
Et baignez de sueur, & de pluye & de mer,
Contre le temps si dur d'art, & de cœur s'armer,
Gouuernant sans repos d'esprit fort de mains lasses,
Gingourles, & bourine, escottes & guindasses.
Et ces autres au fond du nauire énondé
Au trauail diligent l'œil & le cœur bandé,
Vont iettant par la trombe vne mer en meslée
De la vague plus douce, & de l'onde salée,
Et la vuidant, hastifs pour fuïr l'abismer
Ils versent de la sorte vne mer en la mer,
Ces autres vont fermant par le promt artifice,
L'Ais ouuert où la mer se serpente & se glisse

Et d'autres sans pitié pour plus grande pitié
Donnent de leurs moyens la plus chere moitié
A la Mer deuorante à cruelles reprises,
En luy iettant au sein hardes, & marchandises,
Caisses, viures, tonneaux soit d'eaux, ou soit de vin,
A descharger la nef, & par secours diuin,
Comme s'ils les offroient a l'irrité Nerée,
Pour amortir sa rage, & son ame alterée.
Mais ces autres voyant qu'auec tant de pouuoir
La Mer auec le vent les veut du tout auoir,
Et qu'à l'enuers flottane par le grãd poids de l'arbre,
En fin sous les grands flots la nef s'enfonce & cabre,
D'vne hache luisante au trenchant aceré,
Ils luy donnent en bas d'vn effort asseuré,
En trois coups aussi tost cest arbre par sa charge
Se va rompant plustost, & rompu il descharge
La barque tourmentée, en se plongeant dans l'eau
Cõme vn nageur Plõgeon au bord d'vn clair ruisseau.
    Lors la Nef se remet en sa droicte carriere,
Libre du pesant faix de sa charge premiere,
A qui l'on a coupé le cordage poissé
Pour le rendre en la Mer plus libre renuersé.
Mais auec ces efforts tousiours l'aspre tourmente
Continuë en fureurs assaut, bruit & lamente,
Tandis qu'à tant de peine, & de hasars si fiers,
Autant les passagers, comme les mariniers,
S'employent à qui mieux de force, & d'esperance,
Contre l'onde & le vent qui les bat à outrance,
Et mesme le Patron qni contre la fureur
Dont le flot aboyant le presse de terreur,
Dresse le front cornu de la prouë ferrée,
Et diuise en deux parts la vague desserrée,
Cependant que les vents batans de toutes pars
Le tourmenté vaisseau, de cent soupirs espars

Le

Le tourment çà & là le pourmeinent, le traineut,
Et d'vn tourment sans fin sans cesse le demeinent,
Cestuy-cy le poussant ore deuers le Nort,
C'est autre maintenant vers le Barbare bord,
Et cest autre au Ponant, & puis cest autre encore,
Vers le poinct matinier de la vermeille Aurore,
    A ce iour desustré, si iour se peut nommer
Le iour en ceste part que l'ombre a sçeu aruer,
Veu qu'il sembloit plustost la nuict plus tenebreuse
Que l'Orque peut noircir plus pesamment sombreuse.
Les hostes du vaisseau sans nul espoir de port
S'imaginent cent fois les peines de la mort,
Les vns croyoient errer sus les rocs ou Caribde,
Ses gloutonnes fureurs esperance & desbride,
Ces autres deuers Scille, & ces autres au sein
Du Goulphe Adriatique, où le venteux dessein
Se change si souuent en froide repentance,
Ces autres à trauers des Isles d'abondance
Si peuplées d'escueils sus le Neptun Gregeois.
Et ces autres aux bords trop cornus des bourgeois
Plus pres de la Mer noire à Bisance l'antique,
Et quelque autre au reflot du flot qui tousiours pique
Pensoit de nauiguer, & ensemble perir
Dans le fameux Destroict qui Calpe voit fleurir,
Et perissant ensemble aller dedans la barque,
Qui là bas chez Pluton se charge par la Parque,
Tant les peurs, & l'effray, la peine & le danger,
De craintes dans l'esprit leur alloient imager.
    Lors vn froid repentir en leur ame se glisse,
On blasme le courage, on maudit l'auarice,
Qui trop aueuglement sans mercy les a mis
Entre le vent & l'eau, si mutins ennemis.
Or au poinct que leur art trompé de l'esperance
Contre tant de combats oublioit l'asseurance,

N   4

Chascun faisoit de vœux aux Puissances des Cieux,
Pour obtenir le bien d'vn secours precieux,
Et mesmes Filisel qui durant telle peine
Sentoit encor d'Amour la rigueur inhumaine,
Puis qu'auec son esprit s'animoient ses amours,
Ne voulu pas auoir à l'Amour son recours,
Voyant que sans mercy tousiours sa tyrannie
Auoit traicté son cœur de douleur infinie,
Ny requerir Marfire à cause de ses feux
Veu qu'elle le tuoit pour guerdon de ses vœux,
Ny moins prier Thetis, ny Iunon l'inconstante,
D'accoiser les abois de la rude tourmente:
Mais en iectant au Ciel son ancre, & sa raison,
Au Ciel il souspira l'air de son oraison,
Qui braslante sortant de son ame fidelle
Fit appaiser les vents, & la mer trop cruelle,
Et rompant par le vol d'vn traict ailé de feu
Les vents, la mer, la nuë à coup par le milieu,
Il viola plus fort les violentes forces,
Et amortit plus vif les fecondes amorces,
Et desuoila plus clair les voiles tenebreux,
Des vents, des flots marins, des nuages sombreux,
Tandis qu'à longs regrets la troupe en maintes sortes
D'Armes, ses pleurs & plaincts, armes foiblemēt for-
Voyant autant de morts que de vagues en Mer,   [tes
Alloit diuersement les beaux Astres sommer
Qu'vne mort, non si lente ains vne plus hastiue,
Ou bien qu'vn bref secours de faueur non tardiue
Luy vint rauir la vie, & la trop longue peur,
Ou bien la fit aller de voyage plus seur.
Ainsi prians sans trefue, & lamentans sans terme,
Vint deualer du Ciel les clairs feux de sainct-Herme,
Qui luisans se posans au milieu du chasteau
Les asseura d'vn temps plus serain, & plus beau,

Ce

Ce qu'il ne tarda guiere, à cauſe que l'haleine
D'vn Lebech frais, & doux maiſtriſant par la plaine,
Abonnaça la mer, & ſes airs baloya,
Et l'eſclairant ſoleil à plein leur deſploya,
Bien qu'on penſoit deuant tant la pluye eſtoit grande,
Et le nuage enflé d'vne poiſſarde bande,
Que l'Eſchanſon celeſte, & le fier Orion
Euſſent vni leurs mains, & leur moite rayon,
Pour verſer vne Mer de pluye continuë,
Et couurir l'Vniuers de la plus noire nue.

    Alors les Matelots reprenans leurs eſprits,
Se voyans eſchapez du naufrage à tel prix,
Diligens, refont voile auec l'aile moyenne
Et contens, vont fendans la plaine Dorienne,
Apres ce vent ſi propre en tirant vers le flanc
Où l'Ourſe le piuot aux Pilots ſert de blanc,
Et beniſſant cent fois de cœur, de voix, de geſte,
Les ſainɛts feux ſi brillans de lumiere celeſte,
Et ſaluans auſſi les doux regards nouueaux
De l'Aſtre Cynthien monarque des flambeaux.
Le vent propice au vœu de ceſt amant fidelle
Les print lors au Païs où s'eſtendoit ſon aile,
Dont le vaiſſeau flottant au cours de ſes deſirs,
Autant comme autresfois contre ſes doux plaiſirs,
Il laiſſa l'onde amere, & vint prendre la douce,
Entrant dans vn grand fleuue à voile qui le pouſſe,
Qui pleine de bon vent de ce fleuue Royal
Ornoit les bords fleuris en ſon gliſſant loyal.
Il flotta tout ce iour au long des riues vertes,
Par la faueur du vent à voiles treſouuertes,
Laiſſant pluſieurs Chaſteaux, & pompeuſes Citez,
Riches d'Or, & d'honneurs, d'heurs & d'antiquitez,
Et voguant plus auant contre le roide fleuue,
Où parmy le ſablon le beau grain d'or ſe treuue,

N ſ

Il vint à la main dextre ancrer le coing d'vn bord
Sus le poinct sommeilleux que le soleil prend port
Dans le blanc Ocean vermeil de sa lumiere.
Là tout aupres se voit en majesté premiere
Vne grande Cité dont la gloire, & le nom,
Du soir iusque au Leuant honore son renom,
Cité dont les beautez, le païs & la grace,
Passent tout autre honneur de ceste terre basse:
En ce lieu le seiour des beautez, & d'Amour,
Et où le beau Soleil conduict le plus beau iour,
Auecque les vertus, belle troupe indomtée,
Demeure en Royauté la Deesse Amalthée.
En cest heureux seiour ceinct des plus beaux rēparts,
Auec sa sœur Minerue habite le Dieu Mars,
Y descouurant son front & sa claire vaillance
En vn Heros Romain, dont la mesme excellence
Brille de tant d'honneurs & Lauriers precieux,
Qu'il en reluist, diuin vn Soleil en tous lieux.
En ce mesme seiour à son throsne l'Astrée,
Et Themis, & des Sœurs la troupe si sacrée,
Auec leur ornement l'admirable Apollon,
Qui de l'vnique source enclose en vn valon
Peuplent par fois les bords fleurissans de leur gloire,
Dont ce riche Païs en double sa victoire:
Car de ceste fontaine aux saphirs plus fameux,
Diuins, ils font sortir doucement escumeux
Les doux immortels flots de la font d'Hippocrenne,
Tant ceste belle source est heureuse, & seraine.
   Or aupres de la riue où le flottant vaisseau
Trint congé du doux vent, & de refendre l'eau,
Ayant pressé le fond de la vague rodante
Par le fer retenant de son ancre mordante,
Et par vne gumene encor' mieux s'asseuré
En s'agraffant aux flancs du riuage asseuré,

Filisel

Filisel tout deuot aux grands Dieux rendit graces,
De l'auoir garentu des cruelles disgraces,
Et de l'auoir conduict en ce Païs heureux:
Mais à luy plus qu'heureux, celeste & amoureux,
Puis qu'il portoit diuin, sa maistresse Marsire,
Bien qu'elle eust ses plaisirs à le voir en martyre,
Mais aussi le bon-heur le toucha d'autre main,
Apres qu'il luy fut dit qu'au poinct de lendemain
En ceste belle prée aupres de ce riuage
Cleandre l'amoureux plein de diuin courage,
Braue, deuoit plaider aux pieds de la Raison,
Contre le fier Amour pour en auoir raison.

Desia de l'Orient la Nymphe Titanide
Auoit pimpé le Ciel de moisson printanide,
Et donné le courant du clair cirque des Cieux
A l'Astre frisoté des rais plus radieux,
Quand au coing d'vn beau pré voisin de doux riuage
Où le loyal Amant borna son nauigage,
Sous l'ombre, & la fraischeur des branchages diuers
De Meuriers, & d'Ormeaux, & des Lauriers pl⁹ vers
Dans vn beau throsne d'or sits sus quatorse marches
Où l'esclatant saphir merueille les desmarches,
La Deesse Raison parut en graue arroy,
Et diuine esplendeur, ayant aupres de soy,
Mais plus bas la Prudence assise à la main dextre,
Et la Force, ses sœurs, deuers l'autre senestre,
Pour ouïr, & iuger en iustes iugemens
De la plaincte, & du mal des fidelles Amans,
En la cause intentée à la deuote instance
Par Cleandre l'amant encontre la puissance,
Et les dures rigueurs du grand Archer Amour,
Qui de mille tourmens le pressoit nuict, & iour.

D'vn drap d'or damassé de gemmes à merueille,
Entrechangeant de vert, & de rose vermeille.
N   6

Ces belles se paroient, redorans les thresors
De robes qui doroient le thresor de leurs corps,
Et de mesmes couleurs leurs tresses blondissantes
Portoient de doux rubans les fleurs estrecissantes,
Les ceinctures brillans de ces belles couleurs
Portoient en rang de fleurs cent pierres de valeurs,
D'où pendoit richement en manieres plus belles
A main dextre vne bource à brodure de perles,
A la gauche vn beau liure, & au milieu des deux
Au deuant vn miroir tresdoux, & rayonneux.
Le Printemps de leur sein, le Ciel de leur visage,
L'Aurore de leurs mains, la fleur de leur corsage,
Estincellans tousiours la grace, & les beautez,
Ne les sommoient pas moins que des Diuinitez.
    En bas dedans le pré pressoit en afluance
De maint peuple amoureux l'ardeur, & l'abondance,
Pour aprendre comment en ce beau plaidoyé
Le pouuoir de l'Amour se verroit foudroyé,
Et de quelles raisons si certaines, & belles
Amour se defendroit encontre ces querelles,
Et par quel doux bon droict la sentence on donroit,
Et quel des plaidoyans la cause emporteroit.
Mais d'ailleurs de deux parts voicy quatre Deesses,
Qui, diuines, fendans les differentes presses
Conduisoient les plaideurs, d'eux mesmes Aduocats,
Au pres de la Raison sus les degrez plus bas,
Chascun tenant vn coing le senestre Cleandre,
La Raison à l'Amour le dextre ayant fait prendre.
La riante Venus, & la belle Iunon,
Assistoient par amour Amour ce doux mignon:
Et la chere Diane, & la forte Minerue,
A Cleandre seruoient d'escorte, & de conserue.
Amour estoit vestu d'vn violet damas
De soleils, feux, & dards, & fleurs à doux amas,
Ses yeux alors desclos sembloient à deux estoiles.

Aussi d'vn beau damas à vertes estincelles,
Qui muguettoient son champ de toutes belles fleurs,
Cleandre auoit sa robe, or d'vn œil loing de pleurs,
Mais en quelques souspirs cest amoureux fidelle,
Dressant vers la Raison son cœur & sa prunelle,
Apres qu'aux Auditeurs on eut crié paix-là,
A ce iuge equitable en la sorte il parla,
Les Auditeurs restans en repos, & silence,
Qui debout, qui assis, pour plaire à l'Audience.

CLEANDRE.

RAISON, dont la vertu nous fait monter aux
Soleil de nos vouloirs, guide de nostre mieux, (Cieux,
Deesse, dont l'amour tient en gloire les Hommes,
RAISON, qui par raison nous rend plus beau le iour,
Las! admire ton throsne, & ce lieu où nous sommes,
L'vn paradis d'honneur, l'autre l'enfer d'Amour!

    En fin ce fier Tyran, Amour amy de larmes,
Trop iniuste, & cruel en ses sanglants allarmes,
Contrainct ses mieux seruans à se plaindre de luy,
Et ses plus affidez à se rendre rebelles,
Tant de sa Tyrannie on se plainct auiourd'huy,
Comme on se va blasmant de luy estre fidelles!

    Tourmenté de ma peine, & de sa cruauté,
Que plus i'alloy priant plus auoit de fierté,
Que plus i'allois aimant plus i'espreuuoy de haine,
Que plus ie lamentoy plus il me tourmentoit,
Que plus ie confessoy plus il croissoit la geine,
Et que plus ie plaignoy moins il me confortoit.

    En fin passionné de tant de patience,
Et d'esperer plus fort ayant moins d'esperance,
Ie veux quitter ma peine, & sa dure rigueur:
L'vne pour la douceur, l'autre pour l'amertume,
Que ie veux à ma gloire, & cherche à ce vaincueur,
Afin que l'vn y viue, & que l'autre y consume.

R A I S O N , *fille du Ciel,n'ay-ie pas bien raiſon*
De vouloir eſchaper de ſi dure priſon,
Et content,deſdaigner ce vaincueur & ſa flame?
Et pour douce vengeance à l'honneur de mes pleurs,
Souhaiter quelque peine au Tyran de mon ame,
Comme il ſçeut ſans raiſon augmenter mes douleurs.

   R A I S O N , *fais moy iuſtice encontre ce cruel,*
Pour finir en mon ame vn malheur immortel,
Et le mortel plaiſir de ce cœur trop ſauuage:
Ce n'eſt pas que i'en rueille enuers la Deïte,
Mais c'eſt pour deliurer de l'amoureux ſeruage
Beaucoup plus ma raiſon que non ma liberté.

   Car oppreſſé des traicts,& des feux de l'Amour,
Le Soleil vainement ſus nous guide le iour,
Pour me faire admirer les Cieux,& leur Empire,
Puis que par leurs venins ie vis, & ne vis pas,
Et que mourant ie voy que rien ie ne ſouſpire
Qu'vn tourment ſi viuant qu'il vit en ſon treſpas.

   Auſſi ie ſuis viuant en tourment ſi durable,
Que ma vie n'eſt rien qu'vne mort immuable,
Où ſans ceſſe en viuant ie ſens mille treſpas!
Mais las!de quelle mort Amour me porte enuie?
Ie meurs & ne meurs point, ie vis & ne vis pas,
Tant ie vis en la mort,tant ie meurs en la vie!

   Ainſi ie ſuis viuant,& mourant en aimant,
Ainſi ie vis, & meurs l'amoureux tourment,
Treuuãt l'ame en ma tombe,& le gaing en ma perte:
Mais quoy?ſuis ie viuant, & mort enſemble auſſi?
Puis qu'apres ceſte mort ie vois ma vie ouuerte,
Et apres ceſte vie helas! ma mort ainſi!

   R A I S O N , *voilà ma peine, & mon cruel ſoucy,*
Sous le pouuoir d'Amour, ce voleur ſans mercy,
Mais quoy?en implorant maintenant ta iuſtice,
Ie doubte fermement ſi ie vis ſeurement,

Où

Où si de mes douleurs vn songe est la complice,
Tant Amour me transporte, & tant i'ay de tourment!

  Les plaisirs les plus doux aux plus amers ennuis,
Les iours plus gracieux aux plus fascheuses nuis,
Le temps plus printannier en l'Hyuer plus seuere,
La liberté plus chere aux fers plus rigoureux,
Amour me sçeut changer, ranger, plonger, deffere,
Des lors qu'en me haïssant il me fit amoureux.

  Ie ne faisoy qu'entrer en l'Auril de mes ans,
Quãd ce Dieu rigoureux par deux yeux doux luisans,
Et par vn chaud espoir se captiua mon ame,
Et la mit sous le ioug d'vne ieune beauté,
Qui croissoit d'autant plus ses rigueurs, & ma flame,
Que moins i'estois en plaincte, & plus en loyauté!

  Auant que cest Archer eust mon ame blessée,
Et de beaux cheueux d'or, & de feux enlassée,
I'estoy libre, & content, heureux soir, & matin:
Mais despuis que ie courbe aux loix d'vne maistresse,
Mais plaisirs aussi-tost on veu leur triste fin,
Et leur commencement mes pleurs, & ma destresse.

  Ie ne me pouuoy pas garentir de l'aimer,
Tant ses feux estoient beaux, & doux leur enflãmer,
En ce temps amoureux qu'il me rendit sa prise:
Mesme de voir ma belle auec tant de douceurs,
Que de l'aimer d'vne ame autant prise qu'exprise
C'estoit parmy l'espoir desia trop de faueurs!

  Elle auoit de douceurs autant que de beautez,
Soit que ie vis ces yeux nouueaux Cieux de clairtez,
Où soit que i'entendis sa voix si douce, & belle
Mais despuis que du tout ie me mis à sa loy,
Amour, & ceste belle iniuste, & trop cruelle,
Semble auoir creu ma peine à l'ennuy de ma foy.

  L'vn, & l'autre cruel, & tyrannique aussi,
Comme de feux d'Amour m'ont remplit de soucy,
                                        L'vn

L'vn trauaillant mes yeux, & l'autre ma pensée:
Car ayant de mon cœur les clefs, auec les huis,
Il en on sçeut banir toute gloire passée,
Pour y donner entrée aux plus mortels ennuis.

   Las! despuis mon esprit est confus, & troublé,
Despuis mon cœur en feux de soucis est comblé,
Et despuis mes pensers vont contre mon courage:
Car en pensant aux yeux qui me donnent la mort
Les flames de mon cœur s'augmentent d'auantage,
Et pour les endurer mon cœur dure plus fort.

   Despuis i'ay mis mon cœur à plaindre, & souspirer,
A resuer à part moy, à souffrir, à pleurer,
Et croire en mes douleurs les ioyes plus certaines:
Et pour charmer mon ame à viure en ces malheurs,
M'armer de plus d'espoir plus les rigueurs hautaines
Desesperoient ma flame, & croissoient mes douleurs.

   Les discordans pensers, la haine du repos,
Les veilles, les soucis, les incertains propos,
Les songes effroyans, les discours solitaires,
M'ont pressé naict & iour, m'ont suiuit pas à pas,
Se faisans de mon cœur maistres, & secretaires,
Et me faisans à coup aimer, & n'aimer pas.

   Lors d'vne humeur fascheuse, & d'vn peser profond,
Vaincu de ses beaux yeux qui la guerre me font
Ie deuins à moy-mesme ingrat, & aduersaire,
Et m'allois refusant tous pensers gracieux,
Tant l'amoureuse erreur m'auoit rendu forçaire
A forçer mon vouloir, & refuser mon mieux.

   Ie me haïssois moy-mesme, ennemy de mon cœur,
S'il ne viuoit tousiours en peine, & en langueur,
Par moyen des efforts de ma belle homicide:
Et deuins si aueugle en ce desreiglement,
Que pour tout beau confort ie n'auois autre guide
Que ma peine obstinée, & mon aueuglement.

L'œil

L'œil triste, le teinct blesme, & l'esprit soucieux,
Me conduisoient pensif aux plus sauuages lieux,
Pour benir, & blasmer má douleur infinie:
Tout seul en me plaignant ie me plaignois de tout,
N'ayant auecque moy pour douce compaignie
Que mes tourmens cruels qui me suiuoient par tout.

    Alors ie fus blasmé de mes plus chers amis,
Voyant qu'en mes douleurs mon espoir i'auoy mis,
Et que ie m'offençoy de leur auis propice:
Dont venant plus ardant á me voir tourmenter,
Seul errant par les champs c'estoit mon exercice
D'entretenir ma peine, & de m'en lamenter.

    I'imaginoy mes pleurs vn doux Nectar de gloire,
Et pensoy que vaincu ie gaignoy la victoire,
Aimant plus ma douleur plus mon mal estoit fort,
Et prenois en ma mort ma vie, & mon enuie:
Quelle estoit donc ma vie, & quelle estoit ma mort,
Si i'auoy de ma mort l'entretien de ma vie?

    En vain pour moderer mon immortelle ardeur,
I'espandois nuict & iour à torrent de roideur
Mes pleurs sus les flambeaux qui me brusloiët en l'ame:
Car helas! sans s'esteindre, & sans rien s'amoindrir,
Leur inuincible ardeur en augmentant sa flame
Au lieu de m'aleger me faisoit plus souffrir.

    En vain pour limiter mes pleurs tristes ruisseaux,
I'opposoy de mon cœur les indomtez flambeaux:
Car de mes feux d'amour se composoient mes larmes,
Et ces feux de mes pleurs nourrissoient leurs chaleurs,
Voyez donc quel secours me venoit de ces armes!
Les pleurs seruans aux feux, & les flames aux pleurs.

    Ainsi ie ne pouuoy de rien me soulager,
Puis qu'au secours mes maux se venoient rengreger,
Et que de plus d'ennuis mon ame estoit suiuie:
Aussi tout le moyen que ie pouuoy tenir

Ie

Ie n'auois autre espoir qu'en la fin de ma vie,
Pour finir des tourmens qui ne pouuoient finir.

Aussi par ma disgrace ou par autre destin,
I'arriua vne fois en ma mortelle fin,
En admirant vn soir de trop pres ma Deesse:
Blesme, i'euasnouis, tombant sus son giron,
Dont mon ame nageant à Nectar de liesse
Au ciel de ses beautez calma son aileron.

Lors mon ame embrassant le suiect de ses feux
Viuoit toute en delice au parfaict de ses vœux,
Sans craindre ses refus, ny sa rigueur farouche:
Baisant tout d'vn abord ses beaux cheueux dorez,
Les roses de son sein, les œillets de sa bouche
Et les soleils d'Amours ses yeux si desirez.

Rauie de la sorte en si beau paradis,
Pleinement de bon-heur sans aucuns interdis
Mon ame se fermoit en ce Ciel de sa gloire,
Quand ma fiere Cypris qui me poursuit tousiour
Voulut contre la mort me donner la victoire,
Pour me domter apres par les armes d'Amour.

Elle me vint baiser, ah! faueur par trop chere!
Baiser non d'vne amie, ainçois d'vne aduersaire,
Car elle m'en remit l'ame dedans le cœur,
Et me rendit aussi les soucis, & les peines,
Exerçant de nouueau dans ses yeux la rigueur,
Ainsi qu'en mes trauaux les esperances vaines,
Depuis plus rigoureuse elle continua,
Et de toute faueur mes labeurs desnua,
Et pour plus m'affliger m'armant de souuenance
D'auoir eu tant de bien au Ciel de ses beautez,
Et fournissant, diuerse, en tres-ferme asseurance
Mon cœur de loyautez, le sien de cruautez.

Encor ce n'est pas tout d'aimer sans estre aimé,
Et voir en bien seruant son age consommé,

Si la fureur d'Amour, l'ire, & la felonie,
Ne m'eust fait quelques-fois maudire les hauts cieux,
Et pour plus de martyre & de rage infinie,
Pour croire trop mon mal ne croire plus aux Dieux!

AMOVR.

Ah! RAISON, faucement ce cœur harangue icy,
Contre les puissans Dieux ie ne vais pas ainsi,
Au contraire ma dextre au ciel dresse les ames.

CLEANDRE.

Las! est-ce le guider à l'Olympe eternel?
De les brusler sans fin de si cruelles flames,
Et plus estre prié plus se rendre cruel!

AMOVR.

Iamais ne fut amour sans quelque passion,
Ny complaincte d'amour sans quelque fiction.

CLEANDRE.

Iamais amour ne fut sans quelque peine extreme.

AMOVR.

Mais poursuis ton discours, & tes longs erremens,
Puis ie t'esclairciray que toy, contre toy-mesme
Te donnes ces erreurs, & ces diuers tourmens.

CLEANDRE.

Las! il n'est que bien vray que bandé contre moy,
Tourmenté sans relasche en l'amoureuse loy
Ie me donne aux tourmens, & aux erreurs encore:
Car la fieure d'Amour ardante de fureur
Non moins que le repos l'esprit ne me deuore,
Et non moins qu'en ardeur me tient pas en erreur!

Ainsi voilà comment ie me donne ces maux,
Ces erreurs, ces ennuis, & ces ingrats trauaux,
Apres l'ardant amour d'vne belle guerriere:
Guerriere, voirement, mais las! à trop grand tort!
Puis qu'elle m'est plus fiere, & sanglante meurtriere
Lars que bruslant d'Amour ie l'adore plus fort.

Ie

t..	Ie luy fay voir assez ma mortelle langueur,
Et son ingratitude, & sa fiere rigueur,
Et de quel diuin traict mon cœur à son image,
Toutesfois l'inhumaine au lieu de s'adoucir
Elle prise plus fort de me faire dommage,
Et de mes feux d'Amour ses glaces rendurcir!

　　Et suis si bien charmé, mais plustost insensé
D'vn regard de ses yeux lors qu'il m'est eslancé
Qu'au prix de mon repos i'en achepte la peine
Car bien qu'en mes desirs mortel soit son effort,
Toutesfois leur beauté m'est si douce, & seraine,
Que pour voir ses amours ie consens à ma mort.

　　Aussi i'ay tant d'erreurs en ma fieure d'amour,
Que si sans voir ses yeux ie demeurois vn iour,
Les plus griefues douleurs me tueroient sans cesse:
Combien que la voyant, & soulant mon souhait,
Sa cruelle rigueur si fierement m'oppresse
Que pour plaire à mes vœux mon plaisir me desplaist.

　　Helas! pour ne la voir ie donrois volontiers
Le plaisir qui me vient de ses yeux doux-meurtriers,
Tant auec le plaisir sa rigueur est cruelle:
Mais Papillon d'Amour qui cherche son trespas
Autour d'vn œil trompeur, autour d'vne chandelle.
Où il voit son desastre, & feinct ne le voir pas!

　　I'ay tenté quelques fois esmeu de ma raison
De fuïr cest amour, & sa dure prison,
Mais ie n'ay pas si tost vn pied hors de la porte,
Qu' Amour cest enchanteur par vn regard mourant
Me rallumant d'espoir mon esperance emporte,
Et de plus fort liens prisonnier il me rend.

　　I'ay tenté d'autresfois d'aimer en autre part,
Mais en ma liberté ma belle à telle part,
Que plus ie la voyoy plus pres i'auoy sa chaine,
C'est essay ne seruoit qu'à doubler mon ennuy:

Car

Car ie suis tant acquis de ma belle inhumaine
Qu'il ne me reste rien à vaincre pour autruy.

 Quantes fois irrité d'vn desespoir ialoux,
Ay-ie enduré la mort voyant ses yeux trop doux
Au vœu d'vn coriual qui l'aimoit sans martyre:
Et mesme de la voir si cruelle par fois,
Qu'elle croyoit mon mal vne feincte pour rire,
Ou bien d'autre beauté l'amour dont ie brusloi.

 Mais la fureur d'Amour me detenoit si bien,
Que lors que sa faueur me faisoit plus de bien
Ie m'en alloy faschant, & la nommoy cruelle!
Mais voyez comme Amour me portoit à tel poinct,
Que treuuant à mes vœux fauorable ma belle,
Ie prenoy sa faueur, & si ne l'aimoit point!

 Ainsi voila, R S I S O N, comme l'on est traicté,
Ou soit par la douceur, ou par la cruauté
De l'Amour rigoureux qui captiue mon ame:
Mais de quelles raisons le pourrois-ie blasmer?
Quand il me rend iniuste, & cruelle Madame,
Si mesme ie me plains quand il m'en fait aimer!

 Aussi pour tesmoigner aux yeux de l'vniuers
De ce Tyran Amour, les manquemens diuers,
I'ay de fermes suiects en tres-ample opulence
Mesmes en l'accusant de sa natiuité,
On le feinct pour monstrer sa peine, & sa puissance,
Enfant de l'abondance, & de la pauureté.

 Enfant de l'abondance, & de son opposé,
Pour monstrer que l'Amant en ses feux abusé
Tousiours en sa richesse a beaucoup d'indigence,
Et pour monstrer aussi sa liesse en douleurs,
Puis qu'il fait grand estat de languir en souffrance,
Et comme en ses plaisirs se complaire en ses pleurs.

 Il va tout nud aussi pour noter ce defaut,
Comme enfant vagabond qui de rien ne se chaut,

Car

Car ainſi les Amans vont nuds dedans leur amie,
Deſpouillez de raiſon, d'aiſe & de liberté,
D'eſprit, & de moyens, tant auide eſt ſa flame,
Qui deſtruiſt les pouuoirs, & prend la volonté.

　On le tient en iour mortel, & immortel,
Parce que l'Amoureux en ſes erreurs eſt tel:
Car il hait maintenant, & tantoſt il adore,
Ore il ſe croit en vie, & ſoudain au treſpas,
Et à la fois il cherche, il fuit, il prend encore,
Et en meſme moment il aime, & n'aime pas.

　Amour eſt compagnon de l'archer Roy des Dieux,
Qui deſcorne les monts de ſon canon des Cieux:
Car Amour s'eſleuant au beau Ciel d'vne face
De l'aſtre de ſes yeux il foudroye les cœurs,
Surmontant le plus ſage, & briſant toute glace,
Et rauiſſant la palme aux plus vaillans vaincueurs.

　Amour eſt compagnon du Nereïde Roy:
Car ainſi qu'en la mer il ne faut auoir foy,
En l'eſtat de l'Amour on n'a point de fiance,
En la mer on ſe pare or' d'vn, or' d'autre vent:
Mais en la mer d'Amour peu vaut l'experience,
Puis que les plus ſçauans s'y perdent ſi ſouuent.

　Amour eſt compagnon du Roy des lieux ſombreux,
Qui s'eſtablit la gloire au ſein des malheureux.
Car Amour ne ſe paiſt, & ne ſe plaiſt qu'en larmes,
En plainſte, en froids ſouſpirs, en durs gemiſſemens,
Qu'il reçoit pour tribut, & pour but de ſes armes,
De ceux qu'au lieu d'a-moins à tort on nomme amãs.

　I'accompare l'Amour au cruel Phaëton,
Qui menant le Soleil, trop mal adroiſt charton,
Mit preſque tout en feu ceſte machine ronde:
Car Amour eſt ainſi au Ciel de deux beaux yeux,
D'où, roulant haut, & bas autour de noſtre monde,
Au lieu de nous reluire il nous perd en ſes feux.

I'accom

I'accompare l'Amour veu sa prodition,
A celuy qui bruslant des feux d'ambition
Brusla trop rigoureux le beau temple d'Ephese:
Car Amour, ie le croy, pour estre mieux nommé
Nous allume en l'esprit vne immortelle braise,
Dont le cœur à la fin en reste consommé.

I'accompare l'Amour veu sa douce semblance,
Aux Syreines qui vont de si ferme apparence
Cachant le monstrueux, & descourant le beau:
Car il monstre au visage vne humeur enfantine,
Mais il tient tant de fiel, & d'aigreur sous la peau,
Qu'on en dit face d'Ange, & ame serpentine.

I'accompare l'Amour au fruict Egyptien,
Qui fit par son pouuoir perdre au Dulychien
L'amoureux souuenir de sa douce pairie:
Car qui gouste d'Amour la Lotte, ah pauure tout!
Il oublie le Ciel, son honneur, & sa vie,
Et ne se souuient plus qu'a s'oublier du tout!

I'accompare l'Amour aux miroirs d'Archymede,
Qui d'vn poinct de lumiere embrasoient sans remede.
Car Amour reluisant aux yeux d'vne beauté,
Comme ardans ils brusloient leur opposé Nauire,
Il brusle de sa flame aux rais de leur clairté.
Les cœurs qui plus glacez, combattent son Empire.

I'accompare l'Amour au traistre Caracale,
Qui ne faisoit iamais chere douce, & royale,
Qu'à ceux que sa rigueur vouloit faire mourir:
Car plus on a d'Amour de grace, & de liesses,
Plus on doit s'asseurer qu'il les fera perir,
Et qu'apres il donra plus aigres les destresses.

I'accompare l'Amour à ces cruels Barbares,
Qui ne font point mourir leurs esclaues plus rares,
A fin de les garder pour les sacrifier:
Car Amour pour vn temps aux amans est propice,
                                        Mais

Mais c'eſt pour plus perfide apres les auier
En ſes feux immortels en mortel ſacrifice.

I'accompare l'Amour à ce triste flambeau,
Que ſongeoit conceuoir, de ſon heur le tombeau,
La Reine qui depuis en vit ſa Ville en cendre:
Car comme vn ſonge Amour en l'ame eſtant coulé,
En fait tant de trauaux, & de flames deſcendre,
Qu'enfin le pauure cœur en eſt du tout bruſlé.

I'accompare l'Amour à ce Païs ardant,
Qui fecond en horreurs va touſiours reſpandant
D'Animaux monſtrueux à figures nouuelles:
Car Amour nuict, & iour, inuente aux amoureux
Mille nouueaux ſuiects d'ennuis, & de querelles,
Et ſi les rend contens les faiſant malheureux!

I'accompare l'Amour à l'Oceanne mer,
Non pour ſa flame amere à ſon flot ſi amer,
Mais de ce que ces eaux ſans fin vont, ou reuiennent:
Car Amour dans les cœurs fait courir à reflus
Les ennuis, les douleurs, & les peurs qui s'y tiennent,
Mais où l'vn bat plus fort quand l'autre n'y eſt plus.

I'accompare l'Amour veu ſon air different,
A ce ſier Animal qui trahit en pleurant:
Car plus Amour ſe plainct, & ſouſpire amiable,
Plus il va promettant de paix, & de faueur,
C'eſt lors que tout ſoudain il eſt plus dommageable,
Et qu'il ouure plustoſt ſon cœur, & ſa fureur.

I'accompare l'Amour à ces iours du Printemps,
Où l'on voit d'vne part reluire le beau temps,
Et de l'autre pleuuoir à noirciſſans nuages:
Car Amour en donnant de ſes graces aux yeux,
Cruel, fait que les mains, & les hautains langages,
Reſpandent d'autre part l'ennuy plus ennuyeux.

I'accompare l'Amour aux fruicts Gomorrheans,
Qui fort beaux au dehors n'ont rien de bon dedans:

Car.

Car l'estat de l'Amour bien qu'il semble celeste,
Et si doux & si propre au cours des ieunes cœurs,
Neantmoins sous l'estorce il n'est rien que funeste,
Fascheux, & inutille & rempli de rancueurs.
　I'accompare l'Amour au sablon, où plus fort
On va iettant de l'eau plus il est dur & fort:
Car plus on va plaignant, & plus on rend de larmes,
Entre les mains d'Amour pour cuider l'adoucir,
Et plus contre le vœu de si deuotes armes
On voit ses cruautés, & son cœur s'endurcir!
　I'accompare l'Amour à ce Dragon fumeux,
Qui plus estoit blessé plus estoit animeux,
Qui plus perdoit de chefs plus il gaignoit de testes:
Car plus on lasse Amour tant plus il est puissant,
Et plus on le combat plus il a de conquestes,
Plus son feu semble mort plus il est renaissant.
　Aussi il est contraire à ce cruel Serpent,
Car aux cœurs où l'Amour se niche, & va rampant,
Le feu sert de matiere à sa forme enflammée:
Or l'Hydre fut donté par le feu seulement,
Mais les plus chauds despits à flame plus armée
Au lieu d'esteindre Amour le font plus allumant.
　Dissemblable au soleil, & au soleil semblable,
Amour se faict paroir: car cest Astre admirable
Ainsi comme l'Amour va reluisant à tous:
Mais le Soleil aux yeux est fier & doux aux ames,
Et l'Amour au côtraire aux yeux semble assez doux,
Mais il est fier aux cœurs par ses cruelles flames.
　Au Soleil dissemblable, & semblable au Soleil,
Amour se fait paroir, ce beau luminant œil
Rompt la glace endurcie, & chasse la nuict sombre:
Amour consomme ainsi aux ames la froideur,
Mais contraire au Soleil il nous pert & nous ombre,
Plus on suit & poursuit sa cruelle esplendeur.

O

Dissemblable au Soleil, & au Soleil semblable,
Amour se fait paroir, car cest œil merueillable
Esblouy tout autre Astre, & pert l'vsumidité.
Amour aueugle ainsi toute autre ardeur en l'ame,
Mais contraire au Soleil en trop de cruauté
Il nous fait fondre en pleurs, & toufiours nous enflame.

　Au Soleil dissemblable, & semblable au Soleil,
Amour se fait paroir, cest Astre nompareil
Consomme le Phenix, & l'anime en sa cendre:
Amour braisille ainsi les fidelles Amans,
Mais en fin consommez leur ame ils luy vont rendre,
Sans voir en leurs tombeaux leurs berceaux ranimās.

　Les faueurs de l'Amour sont pareilles aux dents
Dont le Thebain semeur vit par griefs accidens.
Les fruicts en prouenus s'entretuer ensemble:
Car en la court d'Amour les traictemens plus doux,
Par l'effort enuieux qui leur nœud desassemble
S'opposent l'vn à l'autre, & se font perdre tous.

　Puis dōc que cest Amour qu'à tort on nōme Amour,
Se fait voir si terrible à nous nuire toufiour,
Puis que tant de rigueurs à ses maux se comparent!
RAISON, pour le connoistre à si peu de raison,
Pourquoy les amoureux ses feux ne desemparent,
Pour reprendre leur gloire en quittant sa prison?

　Car de telle manie vn esprit est poussé,
Quand aux filets d'Amour il se treuue pressé
Que plus il est perdant plus il met d'auantage:
Et de plus grande erreur il est si bien bien surpris
Qu'en y perdant le sens il croit d'estre mieux sage.
Et s'estime plus libre en se voyant mieux pris.

　Comme vn Cameleon qui se nourri de l'air
Sans fin au changement voit ses couleurs voler,
L'Amoureux est viuant autour de l'inconstance:
Ore il a le teinct blesme, & tantost rougissant,

Ore

Ore il se plaist de crainte & tantost d'esperance,
Ore il fuit, & soudain il va mieux pourchassant.
  Il estime sa Dame vne douce Deesse,
Bien qu'elle le trauaille en extreme rudesse,
Et si la hait par fois bien qu'il en soit aimé:
Chascun de ses regards est le dard de Cephale,
Qui de haine ou d'amour viuement animé
Luy r'entame le cœur d'vne playe fatale.
  L'Amoureux en son mal est pire que Leaudre,
Qui noyé dans la Mer sa vie veut respandre,
Attiré de la mort par l'amoureux flambeau:
Car bien qu'en mille pleurs il se noye & se geine,
Et que son feu luy soit la torche d'vn tombeau,
Il ne veut point finir pour ne finir sa peine,
  La voix de sa maistresse ou soit douce, ou cruelle,
Tousiours à son humeur est plaisante & nouuelle,
Comme d'vne Syreine accordée à tous cœurs:
Et le feu de ses yeux qu'il estime ses phares,
Sont des feux Naupliens qui conduisent trompeurs,
Aux escuels de la mort ses liesses plus rares.
  Au bruslant Phlegeton, à le Stix au Cocyte,
A l'horrible Acheron, qui toute horreur incite,
Au Lethés oublieux i'ascompare l'Amant:
Car il est plein de glace en sa plus viue flame,
Et de peurs, & d'effrais il flotte en son tourment,
Et oublie son cœur pour captiuer son ame.
  Aux efforts inhumains des sanglantes Furies,
l'esgale d'vn Amant les fermes resueries,
Les desespoirs, les dueils, les craintes, les desdains,
Les ialouses froidurs, les ardeurs inlassables,
Tant sous les mains d'Amour à differentes mains
On est diuersement esgal aux miserables!
  L'Amant est vn Sysiphe à monter son rocher,
Son desir qui ne peut de sa fin aprocher,

O   2

Et vif enſepüelit ſous l'ardante montaigne,
Il eſt comme Typhé reſpirant ſous les feux,
Où l'Amour le conſomme, & luy rend pour compaigne
Les ſouſpirs en la bouche, & les larmes aux yeux.

Comme vn traiſtre Ixion à la roüe ataché,
Au martyre d'amour l'Amant eſt ompeſché,
Cerchãt touſiours le iour des beaux yeux de ſa Dame:
Où l'Amour arrondit à grands poinctes de traicts,
Et de feux deuorans, ſans fin luy bleſſe l'ame,
Et le bruſle ſans ceſſe à l'entour de ſes rais.

Comme l'aſpre malheur d'vn alteré Tantale,
L'Amant eſt tourmenté de ſa peine fatale:
Car aupres de ſa Dame ayant tout ce qu'il veut,
Il eſt ſi bien charmé d'erreur, d'aiſe & de peine,
Que plus il voit de bien, & moins prendre il le peut.
Et ſi languit de ſoif, & nage en la fontaine.

Comme le vain labeur des Danaïdes ſœurs,
L'Amoureux vainement amorcé de douceurs
Employe ſon eſprit en l'amoureux ſeruice:
Car plus il va portant de pleurs, & d'amitié,
Au ſein de ſa maiſtreſſe, & plus par iniuſtice
Il voit vuide ſon cœur d'amour & de pitié.

Mais comme le tourment du trop hardy Tithis,
Qui ſans fin d'vn Vautour la proye aſſubiectit,
Sent renaiſtre ſon foye à fin de le nourrir,
L'Amant eſt condamné par ſa volonté meſme
De faire ſes plaiſirs naiſtre, croiſtre & mourir,
Et de nourrir ſon mal du bien que mieux il aime.

Mais ainſi qu'aux Enfers les ames tourmentées
Souſpirent vainement à plainctes retentées,
On ſe lamente en vain aux angoiſſes d'Amour:
Mais Orphée adouci l'Enfer par ſa muſique,
Mais pour charmer Amour qui le bruſloit touſiour
Il n'euſt iamais ſecours par art, ny par pratique.

Auſſi

Aussi plus que la mort intraictable est l'Amour,
Pelops reuint en vie en ce luisant seiour,
Par la faueur des Dieux, non moins douce qu'extreme:
Mais qui pourroit guerir de l'Amour rigoureux?
Puis que des medecins Phebus medecin mesme,
Ne s'est pas peu guerir ce mal mal amoureux!

L'Amoureux est pareil au boyuard Hydropique,
Qui plus boit & reboit plus la soif le repique,
Se lassant sans soulas, mais ne se soulant pas:
Car le fol Amoureux incessamment respire
En desirs, en espoirs, en trauaux, en trespas,
Où plus il sent du mal plus la cause il desire.

Au Letargiq dormeur l'Amoureux est pareil,
Qui ne vit & ne voit qu'en vn pesant sommeil,
Où sa vie se pert à trauers mille songes:
Car l'eslat d'vn Amant est vn sommeil d'esprits,
Vne nuict immortelle, vn plaisir en mensonges,
Et vn songe où l'on veille à s'y rendre mieux pris.

L'Amoureux est pareil en sa gloire infidelle,
A ce trompé serpent espris d'amour cruelle,
Qui meurt pour trop se plaire à voir l'Astre des Cieux
Car pour aimer sa Dame, & iouïr de sa veuë,
Sa flame le deuore, où pipé de ses yeux
Il croit tant son plaisir que son plaisir le tue.

L'Amoureux surauance en son pipeur naufrage,
Celuy qui par l'effort d'vn venimeux herbage
Au ris Sardonien mouroit empoisonné:
Car en mille douleurs pour vne seule ioye,
L'Amoureux se ruïne, où d'vn cœur obstiné
Plus il se va perdant plus il poursuit la proye.

L'Amoureux se faict voir en ses cruels flabeaux
Pareil & diferent à deux sortes d'oiseaux,
Qui d'vn cruel venin prennent leur nourriture.
Car l'Amoureux se paist de rigoureux appas,

De souspirs & de feux : mais, ô frere auanture!
Il y prend son trespas,& si ne le croit pas!
   Il est plus malheureux au malheur qui le ronge,
Et qui parmy sa vie à toute heure se plonge,
Que ceux-là qui blessez vn pied trempé dans l'eau
Vont perdant peu à peu la vie sans destresse:
Car en mille tourmens l'Amant voit son flambeau
Luy consommer la vie ainsi que la liesse.
   Le forçat,le malade,& le bas prisonnier,
Donnét quelquesfois trefue à leur soucy meurtrier,
Et soulagent leurs maux par diuerse alegeance:
Mais celuy qui est pris,languissant & captif,
De ce tyran Amour,par aucune esperance,
Ny par les des spoirs ne se voit moins chetif.
   Il n'a iamais ny paix,ny trefue en sa misere,
Mais plus qu'vn prisonnier,vn malade,vn forçaire,
Sans cesse en ses pensers il sent viure ses maux:
Il meurt mais sans mourir,il vit mais sans la vie,
Il deteste sa peine,& cherche ses trauaux,
Et sans rien enuier à tout il porte enuie.
   A part soy,dans son cœur à toute heure il trauaille,
A ses plaisirs plus chers il donne la bataille,
Par moyen des douleurs qui luy trompent les sens:
Sans espoir il espere en mainte chose grande,
Et par diuers pensers diuersement glissans
Il demande,& poursuit,& fuit ce qu'il demande.
   Mais s'il est dans le lict,au lieu d'vn doux repos,
Il prend plus de tourmens,car sans autre propos
Ses pensers amoureux dressent plus fort leur guerre:
Et luy pressent le cœur auec tant de façons,
Qu'esperant,& craignant,ore au ciel ore en terre,
Ore il est plein de flame,& tantost de glaçons.
   Mais si le doux sommeil deuers luy se retire,
Au lieu de s'adoucir ,son rigoureux martyre

N'a pas moins de rigueurs, & des efforts cruels:
Car des ennuis pl° chauds, fieureux iusques aux veines,
Par songes effroyans, ardans, continuels,
Il s'esueille en sursaut à l'assaut de cent peines.

Toutesfois si du tout amortit de douleur
Le sommeil luy est long, pour celà son malheur
N'est pas plus attrempé, ny n'a pas moins d'audace:
Car ayant dedans l'ame enchreiné son tourment
Il souspire, il fremit, il se brusle, il se glace,
Il tremble, il pleure, il plainct! quel repos en dormant!

Et si le iour reuient à beau sein plein de rose,
L'Amoureux toutesfois d'vn seul poinct ne repose,
Ains ses pensers plus vifs se font plus violans:
Ore il va se perdant au fond d'vne valée,
Ore en l'obscur d'vn bois, où par souspirs sanglans
Il ouure la douleur qu'il aime recellée,

Mais il blasme le iour quand il nous est rendu,
Et deteste la nuict quand son voile est tendu,
Il maudit le silence & le bruict tout ensemble:
Il mesprise la terre, & n'aime point les Cieux,
Il s'aime & se veut mal : il vole, il ferme, il tremble
Et n'a rien d'asseuré que se plaindre en tous lieux,

Ainsi quel fruict reuient de seruir à l'Amour,
Sinon que de se perdre en son mal nuict & iour!
De viure en mille erreurs en seruant vne Idole!
D'aprendre en mille ennuis pour prêdre vn feinct re-
De plaindre & lamenter au son d'vne parole, [gard,
Et viure en repentance alors qu'il est trop tard!

Ainsi de tant de maux pesle mesle amassez,
Les douloureux Amans sont sans fin oppressez,
Sans rien s'auantager pour estre mieux fidelles:
Au contraire l'Amour aux plus fermes Amans
Apporte plus de fers, & de peines cruelles,
Comme si leur trauail meritoit les tourmens!

Mais, qui pourroit penser aux querelles diuerses,
Aux ennuis, aux soucis, aux estranges trauerses,
Aux fieures, aux tourmens, aux differens souspirs,
Dont les Amans chetifs bouillonnent en leurs ames?
On conteroit plustost les souspirs des Zephirs,
Et des Mers, & des Cieux, les vagues, & les flames!
  Aussi c'est à bon droict que cest antique Sage,
Qui connoissant Amour si diuers & volage,
Assigna sa naissance au discordant Caos:
Car au cœur amoureux ce n'est que glace & braise,
Tenebres, & lumiere, & trauail, & repos,
Confusion de vœux, espoir, doute, & malaise!
  Il est dit à bon droict aussi fils de Cyprine,
Qui d'escume nasquit sus l'amere marine:
Car il tient trop d'amer & aussi de la mer,
Soit par ses doux amars dont il nous ensorcelle,
Soit par son air riant quand il veut faire aimer,
Pour embarquer les cœurs en sa traistre nacelle.
  Et par raison aussi de trois diuerses pars,
On dit que de Vulcan, de Mercure, ou de Mars,
Amour prit sa naissance: ah! trop vrayes nouuelles!
Car il respire en Mars pertes, pleurs, volemens,
En Mercure, des cœurs larcins, fraudes, cautelles,
En Vulcan, fers, & feux, ialousie, & tourmens!
  Mais cest enfant Amour si superbe, & moleste,
Ne fust-il pas bannit de la troupe celeste,
Voyant que par ses traicts le dueil m'ostoit aux Dieux!
Mais qu'ils furent cruels de l'exiller en terre,
Car despuis ce guerrier qui veut rompre en tous lieux,
Aux humains par despit rend plus rude sa guerre.
  Ah! qui pourroit sçauoir l'estat des Amoureux?
Puis que de leurs tourmens ils sont si desireux
Que pour l'entretenir ils y mettent la vie!
Et de les voir si froids, & tout ensemble ardans,

Com

Comme à glas de Scithie, & à feux de Libie,
Hyuerner au dehors, & brufler au dedans!

Las! que peut on gaigner de ces bruflans defirs?
Que hontes, que remords, que glacez defplaifirs,
Et que perte de temps à cent regrets ialoufe!
Où bien fi lon y gaigne vn peu pour tant de pleurs,
Ah! c'eft vn gaing cruel comme l'Or de Thouloufe,
Qui porte à fon porteur la peine, & les malheurs!

Hé! que n'eft-il encor' pour me guerir d'aimer
Le renommé Rocher qui tomboit fus la mer?
Où d'vn faut dans les flots on efteignoit fa flame:
L'amant Deucalion guerit par ce moyen,
Helas! pour m'affranchir du foucy qui m'entame,
Ie ferois bien, Amour, ce faut Leucadien!

Amour, Amour! non non, Amour n'eft pas ton nom,
Prends vn nom qui foit propre au fer de ton renom,
Car tes faiéts, & ton nom ont trop de diferance:
Faits toy nômer Amer, mieux qu'Amour il te duiét,
Et puis rends toy cruel, & amer à outrance,
On ne fe plaindra pas de toy, ny de ton fruiét.

Amour, non, mais pluftoft amere inimitié!
Precipice d'honneurs, ennemy fans pitié,
Deffein fans iugement, & labeur fans merite:
Magafin de douleurs, d'erreurs, d'aueuglemens,
Artifan de foufpirs, enchanteur, hypocrite,
Ame de vains defirs, & de lafches tourmens!

Amour, Amour! non non, mais ignorant fçauoir,
Deshonneur piafant, & imprudent miroir,
Plaifir tref-douloureux, fucre plein d'amertume:
Trahifon defirée, incertain fondement,
Si i'erre en quelque poinét, ta flame ainfi m'allume,
Le crime en foit à toy, à toy l'amendement!

On chante qu'autresfois les neuf fçauantes fœur
Blafmant tes aétions, & tes traiéts agreffeurs,

T'arresterent captif, puis te mirent au large
Hé! qu'encore auiourd'huy ne tiens tu leur prison?
Où bien pour en sortir eusse tu pris en charge
D'vser à l'auenir quelques fois de raison.

L'as! si tost que le cœur est soubmis à ta loy,
Pour mourir en autruy il ne vit plus en soy!
Il laisse la vertu, l'honneur, & son estude!
Ses sens, & sa raison se querellent entre-eux,
Il se plaist en souspirs, en pleurs, en solitude,
Et n'a point de soucy qu'à viure langoureux!

Il resue incessamment, pensif & taciturne,
Son cœur est mort en luy, & son corps est son vrne,
Il erre en loup-garou, il va toute la nuict:
Au serain, à la pluye, au vent, à la gelée,
Pourquoy ces maux? pour voir la belle qui le nuit!
Où Fureur! la maison qui la tient recellée!

Faut-il donc pour aimer estre ainsi malheureux!
Faut-il perdre sa gloire! ô vous, chers Amoureux,
Voulez-vous pas fuïr ces amoureuses flames?
Seruirons-nous tousiours l'erreur, la cruauté?
Et voulons-nous pas rēdre, en desdaignant les Dames,
Elles en repentance, & nous en liberté!

Donc, ô saincte RAISON, ferme espoir des Amans,
A moy qui tant de fois ay souffers ces tourmens,
Donne la liberté, mon honneur s'y repose:
Iuges en ma faueur pour ensuiure le droict,
Et si l'Amour se plainct de n'y gaigner sa cause,
Qu'il se blasme plus fort de son peu de bon droict.

Ainsi parla Cleandre en grande violence,
Parmy quelques souspirs, à la saincte presence
De la Raison diuine, & de ses chastes sœurs,
Contre les durs effors si fiers, & rauisseurs,
D'Amour ce grand Archer, qui boüillonnant en l'ame
D'vn courroux allumé de colerante flame,
Ruminoit enflamé son defendeur discours,

Pour vaincre sa partie en sa cause d'Amours.
Cependant qu'au barreau les celestes Deesses,
Et dehors des Amans les diferentes presses,
Auditeurs reuerens de ce doux plaidoyé
En faueur de Cleandre auoient le cœur ployé:
Et mesmes les Amans auoient bien asseurance,
Qu'Amour en discourant au cours de sa defence
N'auroit pas de raisons si viues de vertu,
Pour n'estre en ce proces de tout poinct abatu,
Et qu'en toute faueur douce autant qu'equitable
Le Cleandre obtiendroit vn decret fauorable,
Veu que si viuement de raisons bien armé
Il auoit contre Amour ardemmant declamé,
Mais le fleuran du Ciel, Raison la Presidente,
Ayant toustours au cœur la pensée prudente,
Attendoit bien qu'Amour fourniroit vn discours,
Pour garentir l'honneur de ses lauriers d'Amours:
Dont durant ces pensers pleins d'attentes diuerses,
Amour tenoit l'Esprit en maints pas, & trauerses,
Autant par le despit, & desdain rigoureux,
Qu'il auoit des propos si fiers, & langoureux
De son Accusateur, comme pour les recherches
De suiects, pour garder de ruine, & de breches,
Son empire d'Amours, que ce plaignant Amant
Auoit batu si fort de plaincte, & d'argument:
Or ce fils de Cypris en si douce partie
Non moins grand Aduocat que puissante partie,
Vint adresser sa veuë, & sa parole aussi,
Aux yeux de la Raison, en discourant ainsi,
Tandis que tout autour l'abondeuse assistance,
Pour entendre son dire attendoit en silence,

A M O V R.

Bien-heureuse RAISON, Ame des beaux esprits,
Saincte immortelle fleur du celeste pourprix,

Astre, qui vers le Ciel va conduisant les ames:
Puisque de nos debats tu dois iuger icy,
I'espere autant de toy, de l'honneur pour mes flames,
Comme i'ay de grandeur, & de bon droict aussi.

    Donc auant que iuger enuers nos differens,
Ne t'arrestes pas tant aux termes apparens,
Comme à la verité dont tu as connoissance:
Car pour neant vn iuge est iuste, & bien sçauant,
Si auant que iuger, auec l'œil de prudence
Le proces iusque au fond il n'admire souuent.

    Mais qui doy-ie plustost deffendre, & proclamer
Mon pouuoir souuerain, ou bien perdre, & blasmer,
C'est Amant trop cruel, & ingrat tout ensemble?
Cruel, à rechercher des maux plus odieux, (tremble:
En blasmant ma grandeur sous qui tout marche &
Et ingrat à mes feux qui l'on mis dans les Cieux!

    Mais n'est-il pas cruel d'en vouloir contre moy!
Contre moy si grand Dieu que tout marche à ma loy!
Contre moy c'est Amour qui par tout a puissance
Soit de donner la vie, où de domter la mort,
Et n'est-il pas ingrat plein de mesconnoissance
De se plaindre de moy qui l'ay cherit si fort!

    I'ay fait voler son cœur par mes feux precieux
De l'humaine beauté vers la beauté des Cieux,
L'esueillant du sommeil des vulgaires pensées:
Et l'ay si bien espris de vertus, & d'honneur,
Qu'en retirant au Ciel ses ailes auancées
Il reconnu la gloire, & suiuit le bon-heur.

    Il a quicté par moy l'enuie, & l'auarice,
Et s'est rendu vaillant à tout braue exercice,
Pour plaire à la beauté Reine de ses plaisirs:
Par mes celestes feux il a meublé son ame
De sçiences, d'honneurs, & de nobles desirs,
Autant que d'amitié pour complaire à sa Dame.

Il deuint par Amour plus acort, & courtois,
Suiuant de sa maistresse & les yeux, & la voix,
Et modera l'ardeur de sa prompte ieunesse:
Et venant par Amour plus doux, & temperé,
Il perdit l'arrogance, & par plus belle adresse
Il se rendit le cœur plus ferme, & asseuré.

Auant que de l'Amour il eust senti la main,
Son courage voloit trop superbement vain,
L'obiect de la vertu ne doroit point ses peines:
Il marchoit d'vn desir sans connoistre sa fin,
Et curieux volage en erres incertaines
Il erroit sans arrest du soir iusque au matin.

Les ieux, les faux espoirs & les ennuis aussi,
Le rechargoient sans fin d'vn deuorant soucy,
Le rendant furieux, mal propre, & solitaire:
L'inconstance, & l'erreur estoient ses passetemps,
Et croyant de s'aimer, trop prompt, & volontaire,
A perdre sa ieunesse il employoit le temps.

L'Aueuglement d'esprit, la fole vanité,
Auoient en ses plaisirs leur empire arresté,
Il ne prisoit point Mars, ny Minerue la belle,
Il craignoit peu le Ciel, ny son foudre tonnant,
Et sans presque rien croire à la force eternelle
Rien qu'en terre il n'alloit ses penses adonnant.

Lors pour le retirer de si grandes erreurs,
Et par vn iuste effort luy perdre ses fureurs,
Ie fis que la vertu, les beautez & la grace,
Par vn de mes traicts d'or l'encheinerent d'Amour
Aux loix d'vne beauté, qui d'esprit & de face
Semble vn Ange de gloire, & vn Astre du iour.

Aussi ceste beauté dont son ame est atteincte,
Et par qui contre Amour il dresse tant de plaincte,
Le rauit dans le Ciel d'vn tel eslancement,
Que s'il n'auoit au cœur quelque fiel de nature

Il n'estimeroit pas vn seul poinct le tourment
Qui luy fait aquerir si requise auanture.

   I'ay fait que son Amour pour vn peu de labeur
A rendu sa maistresse au souspir de son cœur,
Et mis leurs cœurs en vn viuant comme d'vne ame:
Aussi pour voir d'Amour l'hõneur au plus beau poinct
Il faudroit voir ce cœur, & sa celeste flame,
Alors que contre Amour il ne s'esgare point.

   Mais y a-il bon-heur si parfaict en la terre,
Qui plus d'heureux pensers & de gloire enserre
Que l'Amant bien esprits des rais de la beauté?
Et se voit-il repos qui ne soit miserable,
Si des flames d'Amour il ne prend sa clairté!
Tant l'Amour est requis autant que desirable!

   Cest Amant trop leger en ses feux amoureux
Est venu de la sorte heureux auantureux,
Auanturant son cœur aux yeux de sa maistresse:
Où mariant son cœur en la felicité,
Par mon feu qui l'esprit au beau des Cieux adresse
A veu à son bon-heur ceder sa volonté.

   Aussi par le moyen de la flame d'Amour,
Et de ceste beauté desirer le beau iour,
Il s'est purifié des passions plus vaines:
Car les feux de l'Amour comme à l'or le fourneau
L'on despouillé du tas des pensées humaines,
Et l'on mis dans le Ciel en Alcide nouueau.

   Ainsi pour bien aimer, & pour vne beauté
Souffrir en son amour d'estre vn peu tourmenté,
Il a cherit le Ciel, & a blasmé la Terre:
Car les feux de l'Amour sont de si beau destin
Qu'ils dõnent plus de paix en portant plus de guerre,
Et du plus grand labeur font l'honneur plus diuin.

   Ainsi voilà, RAISON, la cause, & le moyen,
Dont ce vain Amoureux bandé contre son bien

ce

Se plaint tant de son mal, & blasme tant ma flame:
Voilà tout le suiect dont-il me peut blasmer,
Si i'ay commis offence à fauorir son ame,
Et si ie luy veux mal en le faisant aimer.

Mais ne dira il pas s'il n'aime la rancueur,
Que par les yeux si beaux dont ie blessa son cœur,
Il embrassa soudain l'amour de la sçience?
Qu'il en prisa plus fort l'eloquence, & l'esprit,
Et qu'ainsi qu'esueillé de claire experience
Il aprit mieux l'honneur des lors que ie le prit!

Ceste rare beauté dont-il se plaint si fort,
En accusant ma flame, & mon diuin effort,
De ses perfections à son ame embellie:
Mais s'il a quelque peine en gaignant si grand bien,
La rose entre l'espine ainsi se voit cueillie,
Ainsi l'honneur se donne a qui trauaille bien.
,, Ainsi par grand labeur on treuue la vaillance,
,, Ainsi le bien se garde auec grande prudence,
,, Ainsi par la prudence on vient au vray honneur,
,, Et ferme en cest honneur on paruient à la gloire:
,, Car au champ des vertus le prix, & le bon-heur,
,, Se recherche en labeur, & se treuue en victoire.

De mesme qu'vn Rempart qui mieux est defendu,
Et contre les assauts s'est plus ferme rendu,
A porte plus de gloire a celuy qui l'emporte:
Ainsi plus on supporte en Amour du tourment,
Et plus le bien d'Amour de longs souspirs apporte,
Plus l'honeur se fait grãd, & plus heureux l'Amant.
,, Iamais vn bien requis, vn thresor, vn honneur,
,, Ne s'aquiert sans tourmẽt, sans constãce, & labeur,
,, Car tout rare butin demande la vaillance:
Aussi pour se rauir aux thresars de l'Amour
Il faut treuuer par fois autant de la souffrance,
Comme de beaux desirs à les priser tousiour.

Car

Car rien n'eſt de ſi ſeur en ce bas Vniuers
A qui le changement ne donne de trauers,
Et meſmes en Amour où bat tant l'inconſtance:
Mais pour contrecarrer ces ſubiects de douleurs,
Il faut en la tourmente autant de patience,
Comme pour la conqueſte on auoit de valeurs.
    C'eſt pourquoy ſi l'Amāt a par fois des langueurs,
Qu'il ne m'acuſe pas de haine, ou de rigueurs,
Ains de l'humain deſtin l'inconſtance diuerſe,
Qui ne veut pas ſouffrir qu'en Terre longuement
Vn plaiſir ſoit viuant ſans vn peu de trauerſe,
Et rien de ſi puiſſant ſans quelque oppoſement,
    Mais pourquoy ceſt ingrat blaſme-il mon pouuoir?
Comme ſi le Laurier qui plus grand me fait voir
Fleuriſſoit de geiner mes ſubiects plus fidelles!
Car puis que ſur les Dieux Amour eſt triomphant,
Quel deſſein luy rendroit des fureurs tant cruelles,
D'outrager vn ſubiect qui point ne ſe defend?
    Las! quand ceſt Amoureux à l'Amour outragé,
En quelle horreur d'erreur s'eſtoit-il engage!
Quelle fureur d'horreur inſenſoit ſa penſée!
Puis qu'Amour eſt vn Dieu ſi grand & ſi puiſſant,
Qu'il tient ſur tout pouuoir ſa victoire auancée,
Et qu'autant qu'en tout propre il eſt tout fleuriſſant,
    Or ſi l'Amour eſt Dieu ſon acte eſt la bonté:
Car de faire autrement dement la Deité,
Et s'il n'eſt pas vn Dieu ſa puiſſance eſt bornée:
Mais puis qu'ō voit l'Amour faire la loy aux Dieux,
N'eſt-il pas grand, & bon ſur toute deſtinée,
Et n'eſt-il pas vn Dieu, & le plus beau des Cieux?
    Mais quel cōmencement, quel milieu, & quel bout,
Quelle Idée par tout, quelle part, & quel Tout,
Me pourra commencer, ſuiure, & finir l'hiſtoire?
Où pluſtoſt les grands mers où l'Amour m'a lancé

                              A diſcourir

A discourir d'Amour: car à dire sa gloire
C'est assez entrepris que d'y auoir pensé!
    Amour comme tout bon suiuant sa Deité
Ce qu'il n'a pas regarde, & le tient respecté,
Et l'ayant il souhaide à le tenir sans cesse:
Et sans se desuoyer d'vn vœu si beau vainqueur,
Du meilleur de son tout son cœur il luy adresse,
Et de mesme son tout du meilleur de son cœur.
    Amour est vn desir de bien, & de beauté,
Et rien qu'à ce suiect son esprit n'est porté,
Il suit tousiours le bon, & le beau tout ensemble:
Et sans ces deux ensemble il ne desire point,
Aussi ce beau si doux au bon du tout ressemble,
Mais plutost l'vn & l'autre ont vne ame en vn point.
    Ah! si l'on sçauoit bien quel iour nasquit Amour.
Les humains, & les Dieux, celebroient ce iour,
La terre, l'onde, l'air, & les flames celestes:
Car rien n'est de si bon aux hommes, & aux Dieux,
En Terre, en eaux, airs, Cieux secrets, ou manifestes,
Qu'il ne doiue à l'Amour son essence, & son mieux
    Ce gracieux Amour qui par tout s'achemine,
Est en sa belle flame vne fureur diuine,
Qui porte dans le Ciel l'Amoureux son subiect:
Où il le rend heureux d'vne sorte si belle,
Que vers les rais ardans de son aimé suiect
Il gouste en vn moment vne gloire eternelle.
    Et plus mille fois plus que la fureur de Mars,
La fureur de l'Amour est belle en toutes parts,
Car la fureur de Mars ruine en sa victoire:
Mais la fureur d'Amour commence, & entretient
La vie des humains, leur espoir, & leur gloire.
Et fait que du finy l'infiny se maintient.
    Mais pourroit-on aimer, & adorer du tout
Le Monarque diuin de cest immortel Tout,

Sans priser, & aimer ses œuures nompareilles?
Et venir de l'Amour de la creation
Aux yeux du createur, où par hautes merueilles
S'embraser tout d'Amour en contemplation.

Qui pourroit contre Amour auoir si grand effort,
Pour estre plus que luy sur toutes choses fort?
Quelle ardeur à son feu pourroit venir seconde?
Puis que vaillant vaincueur autāt que ieune & beau,
Il luita auec Pan qui denote le Monde,
Et heureux en rauit l'imperieux rameau.

Amour n'est rien qu'Amour, aussi son nom le porte,
Son aile dans le Ciel à tout moment emporte
L'Esprit qui de ses feux va souspirant l'ardeur:
Et l'adressant, heureux, vers la gloire infinie,
Il apprend que le Ciel, son cours, son esplendeur,
Se maintient par Amour en parfaicte harmonie.

Amour n'est rien qu'Amour, ses effaicts le font voir,
Et rien que par douceur il n'arme son pouuoir,
Aussi l'on l'a nommé parole precieuse,
Car y a-il de doux, de beau, d'exquis en Tout,
Qu'il ne tire d'Amour son ame glorieuse,
Comme toute partie est comprise en son tout.

Amour est tant Amour, que sans fin bien aimant
Il ordonne à deux fins son parfaict mouuement,
Dont l'vn va pour l'Amant, & l'autre pour l'Aimée:
Et sans aucun relasche en son trauail aimé,
Il ne tient pas moins l'ame en gloires animée,
Que le cœur en desirs ardamment allumé.

Amour tient en sa main l'accord & l'vnion,
Et de ces deux germains vient la perfection
Qui fleuronne en ses ans la Deesse Nature:
De sorte que le cœur qui parle contre Amour,
Offence la Nature, & par mesme auanture
Il nous veut tuer l'ame, & nous rauir le iour.

Pour

Pour obtenir au Ciel, & de mesme entre nous
La fortune tres-ferme, & les heurs les plus doux,
Il ne faut rien qu'aimer, aimer est toute gloire:
Car auec les labeurs d'vn Amour indomté
L'on gaigne en toutes parts la palme plus notoire,
Tant Amour brusle en force, & reluist en bonté.

    Mais quoy? en tout Amour il y a de nuages,
Qui nuagent l'esprit de maints espais ombrages,
Veu que le poinct d'Aimer est le poinct plus diuin:
Mais si le cœur aimant connoissoit à l'extreme
La beauté de l'Aimer, il enuiroit sans fin
La grandeur de l'Aimer en son amitié mesme.

    Amour est tant requis aux plus celestes biens,
Que pour plus l'honorer les grands Atheniens
Dresserent son image aupres de leur Minerue:
Comme voulans monstrer que sous ce Dieu vaincueur
Toute belle vertu s'agrandit & conserue,
Et qu'aux plus beaux sçauoirs Amour guide le cœur.

    Amour est si diuin de nom comme d'effaicts,
Qu'entre les noms diuins en honneurs tres-parfaicts
Son beau nom se redore, & s'emperle, & refrangé:
Car sa main conuenant aux douceurs de son nom
Par la beauté du nom rehausse sa loüange,
Et le nom par la main augmente son renom.

    Par grand heur, & faueur la fureur de l'Amour
Est venuë des Cieux en ce mondain seiour.
Pour sucrer de plaisirs l'amertume des hommes:
Mais combien les humains s'en doiuent-ils rauir?
Puis que sans interuale au grand Ciel où nous sommes
Les Dieux d'aimer Amour ne peuuent s'assouuir?

    Mais en l'ame reluist l'Amour, & la beauté,
Tant ses feux sont parens d'estroicte parenté:
Car on tient que l'Amour est l'action de l'ame,
Et que Venus est l'ame, ainsi par ce moyen

                                          Voy

Voy combien à son bien l'ame d'Amour s'enflame,
Et combien par Amour l'ame se veut de bien?

Amour de l'Vniuers est la forme & le père,
C'est luy qui nuict, & iour le conserue & tempere,
Comme il le sçeut former du broillassier Caos:
Où d'vn corps si confus d'ombrage, & de querelles,
En forma ce iardin, ce beau rond, ce grand clos,
Qui par ces grands beautez, Mōde le Mōde appelle.

C'estoit vn corps sans forme, & sans grace & sans
Mais Amour le perçant, diuin, en toute part,   (art,
L'anima de sa flame & le mit en lumiere:
Et depuis l'Vniuers honorant ce beau iour,
Comme en se souuenant de sa gloire premiere,
S'entretient tout en soy à la reigle d'Amour.

Amour, Amour pour tout , & Amour tout par tout,
Se comble tout, comblant de son tout ce grand Tout,
D'vn tour infinisé renouuellant sa Course:
Courant du bien au bien, & tousiours dans le bien,
Comme estant de soy-mesme & la cause & la source,
Bien que l'on sent par tout sans tout l'entendre bien.

Amour est vn desir de iouïr, & former
Le beau en la beauté qui l'embrase d'aimer,
A fin que de ce beau la beauté soit plus belle:
Ainsi le beau Soleil peinct aux cieux ses clairtez,
Comme de ses vertus cest Amour immortelle
En l'ame veut grauer le traict de leurs beautez.

Amour est le plaisir des hommes, & des Dieux,
Ceux-cy par son moyen s'acheminent aux Cieux,
Ces autres par son art enrichissent la Terre:
Où les plus Amoureux y luisent plus heureux,
Mais si le Ciel supporte ou difference, ou guerre,
Ce n'est rien qu'à si voir plus parfaict Amoureux.

Et c'est pourquoy l'on dit que la mere Cyprine
Eut naissance au banquet de la troupe diuine,

                                                  Car

Car Venus qui reluist de la mesme beauté,
Par ses rayons si beaux esleue les courages,
Et les porte en Amour vers la Diuinité
Autant par leur bon-heur que pour ses auantages.

Aussi l'on dit qu'Amour nasquit ce mesme iour,
Et que de la beauté soudain il eut d'Amour,
Ayant pour ses parens Penie, & l'Abondance:
Pour monstrer qu'il acquiert ce qu'il va recherchant.
Et que vers la beauté l'Amour tousiours s'auance,
Ainsi que vers l'Amour le beau va s'approchant.

Amour est comparable à ce grand Vniuers,
Qui composé d'effaicts & de suiects diuers,
En se plaisant au change est tousiours en son estre:
Car Amour en glissant au cours du changement,
Soit doux, cruel, & fier, & beau venant paroistre,
Amant demeure Amour en Amour constamment.

Amour sans la vertu perdroit ce nom si beau,
Son Carquois, & son arc, & son diuin flambeau,
Aussi, qu'est-ce qu'Amour que Vertu vnissante.
Vertu dont la grandeur faisant aux loix la loy,
Fait de deux ennemis vne paix fleurissante,
Et rend parfaict les cœurs par son celeste aloy,

Amour n'est que douceur, & mesme liberté,
Amour est du vray cœur la pure volonté,
Qui non moins qu'en bel ordre est en gloire tres-grāde.
Car de ses diuins feux esmeuuant le vouloir,
Vers les celestes biens l'esperance il commande,
Et ces biens immortels luy fait voir, & auoir.

La vertu n'est aussi qu'Amour bien ordonné,
Et prudent à preuoir Amour est adonné,
Et iuste à departir en tous lieux sa puissance:
Et fort à surmonter l'effort du changement,
Et aussi temperé vers son esiouyssance,
Et liber alencore à donner largement.

                              Amour

Amour d'vn vol si beau s'est mis dedans les Cieux,
Où il brille si grand, si beau, si glorieux,
Que les Anges plus hauts le desirent sans cesse:
Et sont en leur Amour en tout ardans Amours,
Où reluisans diuins d'immortelle richesse,
D'Aimer, & adorer ils s'enflamment tousiours.

  Mais, qui dedans les Cieux ne brusleroit d'Amour,
Voyant de la beauté la gloire & le beau iour?
Qui n'aimeroit aussi la beauté de ce Monde?
Puis qu'elle est vn rayon de la haute beauté,
Et du souuerain bien qui sur les Cieux abonde,
Non seulement sans fin, mais en infinité.

  Amour aux Astres beaux continue le cours,
Et puis aux Elemens par differens discours,
Mais par mesme suiect il rend leur beau durable:
Et leur donnant la paix en amoureux discord
Il fait quand l'vn se pert qu'vn autre est recouurable,
Et qu'en doux differens s'entretient leur accord.

  Côme les plus grands Dieux Amour eut des autels,
Tant ses pouuoirs en tout sont parus immortels,
Et si bien sa faueur tousiours brilla notoire:
A luy estoient sacrez les sacrez Thespiens,
Et Samos d'vn College honora sa memoire,
Et à luy reclamoit Sparthe, & les Candiens.

  Mais auant que se mettre au martial Estour,
Les valeureux Sparthains prians le Dieu d'Amour
Parfumoient son autel d'vn deuot sacrifice:
Puis qu'en ces durs combats, si cruels & sanglants,
L'Amour de son Païs, l'Amour de son office,
Rendoit les Cheualiers plus hardis & vaillants.

  Amour ame de Tout, de Tout est le vray maistre,
Et si Tout n'aimoit Tout, Rien Rien ne pourroit estre,
Amour gouuerne Tout, & à luy Tout respond:
Et sans auoir Amour rien ne demeure en force,

                                        C'est

C'est pourquoy ses flambeaux qui tout font, & refont,
Font plus foible le cœur qui plus contre-eux s'efforce.
  Aussi de cest Amour vient aux Intelligences
Puissance, bonneur, plaisir, Amour & diligences,
Meuuant tout en aimant, & s'aimant vers le beau:
Ainsi de tous les Cieux la force, & la lumiere,
L'influance, & le cours; l'ardeur & le flambeau,
Ont de leurs beaux effaicts Amour cause premiere.
  Tout est enclos d'Amour, en Tout Amour est clos,
Son pouuoir est par tout & par tout va son los,
L'Vniuers n'est qu'Amour d'Amour tousiours pl⁹ belle:
Mais estant tout Amour il n'est pas moins beauté,
Mais qu'est-ce que ce Monde? il est masle & femelle,
Dont l'Amour est la cause, & la proprieté.
  Amour si grand par tout est principe de vie,
C'est luy qui remply tout de douceur, & d'enuie,
Il repare Nature en sa belle saison:
Il soustient les humains & conserue leur race,
Il est de l'vniuers l'heureuse liaison,
Et principe de tout en tout grand il se place.
  Amour diuin en tout, en tout ses loix gardant
Sur la Necessité, diuin, va commandant,
Sur les Parques aussi il ordonne, & commande:
Car l'estre, la naissance, & le cours & la fin,
De la reigle d'Amour se tient & se desbande.
Se conserue & se rend vers son niueau diuin.
  Amour est vn grãd Dieu, puis qu'ë tout il fait voir
Del Empire d'Amour la gloire, & le pouuoir,
Et que par tout vaincueur tres-heureux il se treuue:
Et grand Demon aussi se fait connoistre Amour,
Puis qu'en tout-tout sçauant il tient tout en espreuue,
Et qu'il prend, & apprend à bien aimer tousiour.
  Amour liant les cœurs de son noble lien
En tous lieux fauorable est cause de tout biens

Et

Et suiect souuerain de ruiner la haine
Or la haine odieuse est cause de tout mal,
Ainsi donc tres-heureux qui pour Amour prend peine
Et qui pour bien aimer treuue doux son trauail.

　　Amour est le donneur de grace, & de vertu,
C'est le Ciel dont le beau de gloire est reuestu
C'est de l'alme beauté l'honneur & l'origine:
Et de la diligence vn maistre souuerain,
Et l'ame, & l'ornement de toute œuure diuine,
Et des libres desirs le saul celeste frein.

　　Amour est la belle ame à liberalité,
Car il ne s'esmeut point qu'au poinct de royauté,
Tousiours donnant à tous de ses thresors plus rares:
Enuers les affligez il vse de pitié,
Et des Scithes plus froids & des plus durs Barbares
Il conuerty la haine en tres-douce Amitié.

　　Amour est bannisseur des mauuaises enuies,
Et range les biens-nais aux plus certaines vies,
Et chasse les discords, les soucis, les ennuis:
Il est l'heureux autheur du sacré mariage,
Et seul, fermant de Mars les armes, & les huis,
Il fait d'vn temps de fer l'or fin du premier age.

　　Amour est dit l'Autheur de toute gentillesse,
De toute courtoisie, & vaillante noblesse,
Il est dit l'inuenteur des honorables arts:
Par luy le bergerot se plaist en son champestre,
Et par luy le soldat se roule aux fiers hazars,
Et par luy le grãd cœur tousiours grand veut paroistre.

　　Amour est tellement grand, & plein de bonté,
Qu'il se rend necessaire à la Diuinité,
Pour faire, & pour conduire vne œuure heureuse &
Car sans Amour vn Dieu ne peut estre animé (grãde.
De faire quelque chose où la gloire se rende,
Tant Amour iusque aux Dieux est requis, & aimé.

Aussi

Auſſi les Dieux ſans fin, & les ames auſſi,
Embraſſans de l'Amour l'agreable ſoucy
Se paiſſent de l'Amour, & d'Amour eſt leur gloire:
Les Dieux en ſont rauis en leur eternité,
Et les ames ſuiuant ce bien ſi meritoire
Volent, bruſlans d'Amour vers la Diuinité.

  Rien n'eſt bon ſans l'Amour, & iamais la bonté
Ne marche ſans Amour, où d'vn cours idomté
La bonté voit marcher ſes grandeurs admirables:
Auſſi l'ame eſt maligne en tout extremement
Si elle eſt ſans amour, heureux donc & loüables,
Ceux qui ſuiuant l'Amour ne viuent qu'en aimant.

  Amour banni les pleurs, & les ennuis funebres,
Auſſi l'ame qui n'aime eſt confuſe en tenebres,
En ire, en cruautez, en deſdains, en douleurs:
Car la flame d'Amour eſgaye & illumine,
Et chaſſant de l'eſprit toute cauſe de pleurs
Il rend heureux l'Amant, & au Ciel l'achemiue.

  Amour deſſus la mort eſleue ſon drapeau:
Car la vraye amitié ne craint point le tombeau,
Et outre le treſpas le vray Amour ſe porte:
Auſſi de l'ame Amour eſt la vie & le iour,
C'eſt pourquoy ſans Amour l'ame eſt aueugle, & mor-
Que dõc pour viure & voir l'ame viue en Amour, (te,

  Et ie diray bien plus que l'Amour eſt ſi fort,
Que ſur la plus grand' haine il plante ſon effort:
Car meſme l'ennemy de l'Amitié diuine
N'a pas en ſon pouuoir de la hair de tout poinct,
Car ceſt immenſe Amour toutes choſes termine,
Tant qu'on peut bien ſe hair, mais nõ ne l'aimer point.

  Par le moyen d'Amour la plus part des eſtoiles
Sont miſes dans les Cieux, tant les mains immortelles
De ce grãd Maiſtre Amour ſont douces en tous lieux:
Auſſi pour retourner vers ſon bel origine,

Il faut suiure l'obiect où se guident les yeux,
Et voler par Amour vers la beauté diuine.
      Par le moyē d'Amour pour l'amour de soy-mesme,
Ce grand Tout fut creé du grand Amour supreme,
Voyant reluire en soy de tout toute beauté:
Car pour se faire voir non moins Amant que maistre,
De ceux qui n'estoyent point qu'en sa mesmeité,
En aymant & creant mit l'Vniuers en estre.
      Amour est si royal d'esperance & d'effaicts,
Que tous ses beaux desirs vont en gloire parfaicts:
Amour est le sommaire, & l'offrande plus digne
De tout ce q̃ Dieu cherche en l'Ange & à l'Humain:
Car au cercle d'Amour la vertu plus insigne
Le parfaict des vertus surdore à pleine main.
      Amour dedans les Cieux si diuin se fait voir,
Que l'Amant bien-heureux tremble sous son pouuoir,
Car il y aime Dieu plus que non pas soy-mesme:
Car la beauté diuine attire tant d'Amour,
Que l'Amour de soy-mesme au pris de ce qu'on l'aime,
Est moins qu'vn Astre moindre au pris du Roy du
      iour
   Aussi l'Ange plus beau, plus haut, & plus heureux,
Est tousiours plus ardant de brandons amoureux,
Que l'Ange qui sous luy en plus bas ordre a place:
Car plus l'Ange est en gloire, & plus il est ardant
A s'embraser d'Amour vers la diuine face,
Et d'estre mesme Amour ses beautez regardant.
      Ainsi plus l'Ange est beau plus il aime ardamēt
La beauté des beautez, qui si abondament,
Plus qu'à ses compaignons a donné d'auantage:
Mais puis comme en miroir en soy-mesme admirant
La beauté qui sur tous luy donne son image,
Plus amant, & plus humble il monte en l'adorant.
      Mais l'extreme bon-heur qui d'inlassables mains
Peut combler à iamais le repos des humains,

N'eſt-ce à connoiſtre Dieu, & l'aimer tout enſemble?
Voyez donc ſi l'Amour n'eſt pas plein de bonté?
Puis qu'aux heureux du Ciel les mortels il aſſemble,
Par la beauté d'Amour, & l'Amour de beauté!

L'Obiect de la beauté ce n'eſt rien que l'Amour,
Et l'obiect de l'Amour tient au beau ſon ſeiour,
Tant l'Amour & le beau s'aiment par ſympathie:
Auſſi qui peut aimer ſinon que vers le beau?
Et qui peut eſtre beau en tout, ny en partie,
S'il ne ſent de l'Amour le celeſte flambeau?

Amour tout en Amour, en Amour tout enſemble,
Auſſi le nom Ama, qui ſignifie enſemble
Correſpond à bon droict à la vertu d'aimer:
Car les cœurs diuiſez par haineuſes querelles
Amour remet en vn, & d'vn doux enflamer
Il les rend amoureux en amours immortelles.

D'vn nœud ſi gordien Amour vni les Ames,
Et les touche ſi bien de ſympathiques flames,
Que ce n'eſt qu'vn eſprit qui reſpire en deux cœurs:
Et l'Amant de la ſorte en ſon ame enflamée,
N'a point autre deſir, ny plaiſirs, ny vigueurs,
Qu'à ſe voir transformer tout au tout de l'Aimée.

Et plus que la fureur d'Apollon, & d'Amon,
La fureur de l'Amour anime le poumon,
Et le faict reſpirer en halaine immortelle:
Car le bon Amoureux ſans ceſſe aime touſiour,
Et meſme apres la mort d'Amour ſans fin fidelle
Il porte auec ſon ame encore ſon Amour.

Amour voyant le beau ſe parfait de ſon mieux,
Auſſi le feu d'Amour ſe conçoit par les yeux:
Car de voir la beauté l'Amour deſcend aux ames,
Où grauant d'vn traict d'or le bel obiect aimé,
Il l'allume, diuin, de ſes ſacrées flames,
Dont pour aimer ſans fin l'Amant eſt animé.

P 2

Mais deuers la beauté l'Amour si ardant vole,
Que pour elle d'vn saut il s'en va sur le Pole.
Et pour elle il ne craint fers, flames, ny canon:
C'est pourquoy Ixion en son erreur extreme,
Par le moyen si grand des beautez de Iunon
De Iupin le mary il fut excusé mesme.

 Amour est vn plaisir si doux, & precieux,
Et vn pressant desir si beau delicieux,
Qu'il en est surnommé maladie sacrée:
Aussi le nom d'Amant ne conuient pas à tous,
Car l'Amant tient sa peine autant presque sucrée
Que les yeux de l'Aimé desirables & doux.

 Mais qui pourroit gauchir d'Amour si doux vain-
Et qui côtre ses traicts pourroit armer sõ cœur? (cueur?
Puis que rien n'est en tout qui n'adore sa force!
Rien n'est en terre, en l'onde, en l'air, ny sur les Cieux,
Qui ne sente le traict, l'attraict, le feu, l'amorce,
Donc par Amour diuers Amour reigne en tous lieux.

 Tout reconnoist d'Amour l'admirable science,
Amour exprime tout en son experience,
Il assaut tout, & tout cede à ses lauriers vers:
Le Ciel allant si promt courbe à ses mains diuines,
Les oiseaux parmy l'air, les poissons dans les Mers,
Les Animaux sur terre, & dedans les racines.

 Les Humains ses subiects adorant son Empire,
Et rauis de sa gloire en sçauent bien que dire
De ce diuin pouuoir qui les porte à l'aimer:
Et des vastes deserts les animaux plus braues
Lors que de ces flambeaux ils sentent s'allumer,
De libres qu'ils estoyent combien sont-ils esclaues?

 Iusques aux durs metaux Amour tient sa puissâce,
Car animant du Ciel le lustre, & l'influence,
Il les fait bourgeonner à grands rameaux rampans:
Et penetrant la terre en mainte heureuse sorte,

D'hu

D'humeur par doux accord ſes ardeurs deſtrempans
Tant d'arbres, & de fleurs aux humains il aporte.

L'Influance d'Amour meſme touche les marbres,
Et de ſes doux nectars elle arroſe les arbres:
Car Amour prend d'Amour le Myrthe, & l'Oliuier,
Et ſans maſle la Palme aucuns fruicts ne prouigne,
Et bien fort peu de fruicts rend le ſeul Amendrier,
Et l'Orme & le Peuplier font l'amour à la Vigne.

Meſmes dedans les Cieux tant d'Aſtres admirables
Eſpreuuent de l'Amour les flames deſirables,
Car leur cours, leur aſpect s'eſmeut tout par Amour:
Et d'vn ardant deſir plein d'amoureuſes flames,
L'aſpect de l'vnion ils cherchent tour à tour,
Et font l'amour des yeux auſſi bien que des ames.

Mais pour monſtrer qu'Amour eſt premier en tous
On dit qu'il a domté les plus braues des Dieux, (lieux,
Meſmes des le Roy noir iuſque au Dieu du Tonerre:
Auſſi ne treuuant rien pour plus le faire armer,
Il dreſſe contre ſoy ſon amoureuſe guerre,
Dont il s'aime & s'aimant il s'aime à tout aimer.

Ainſi c'eſt par Amour que les bois ſe font vers,
Et que les fleurs ſe font de tant de teincts diuers,
Que par plaine, & par monts tant d'animaux fourmil-
Que les Aſtres du Ciel ſont ſi rians & doux, 　(lent:
Que les eaux, & les vents ſur les champs s'eſparpillet,
Et bref: que tout Amour en aimant s'aime en tous.

Mais pour ſentir le bien qui vient d'aimer ſans fin,
Il faut touſiours conſtant aimer d'Amour diuin,
Et ſupporter la peine autant que la delice:
C'eſt pourquoy l'on a feinct pour la gloire d'aimer
Que deux fleuues ont cours aux beaux iardins d'Erice
Dont l'vn roule fort doux, & l'autre fort amer.

Et pour apprendre encor' qu'il y a du tourment
A ſe rendre en Amour heureux parfaictement,

On dit Amour fecond en miel, & amertume:
Car il n'eft pas raifon que pour vn fi grand bien
On fe trauaille peu, mais comme par couftume
Qu'apres vn fi beau prix on n'y s'efpargne rien.

    Auffi l'on feinct qu'Amour eft enfant de Cypris,
Qui diuine nafquit fur l'efcumeux pourpris:
Car auant qu'aborder en la gloire amoureufe
Il faut goufter d'amer, & comme fur Neptun
Treuuer maint vent contraire, & d'ame langoureffe
En grand peine & tourment voir maint flot importu.

    On feinct auffi qu'Amour eft engendré de Mars,
Pour aprendre aux Amans que maints preffans hafars
Se treuuent fans repos en l'amoureufe guerre:
Et que pour y gaigner le Laurier triomphant
L'effort n'eft pas moins grand qu'a domter vne Terre,
Et qu'il y faut eftre homme, & non pas vn enfant.

    On dit auffi qu'Amour eft le fils de Mercure,
Pour dire aux Amoureux qu'il faut beaucoup de cure,
D'efprit, de foing, & d'art pour gaigner en aimant:
Et que promt & veillant en feruice fideile,
Il faut la vigilance, & l'efpoir fermement,
A fin qu'au bel ofer la fin fe rende belle.

    On dit auffi qu'Amour eft fils du chaud Vulcan:
Car ainfi que le feu vers le Ciel fe refhau,
Ardant l'on doit aimer vers les beautez celeftes:
Et qu'ainfi que le feu fuit la corruption
L'amoureux doit fuir les changemens moleftes,
Et toufiours viure en feu vers la perfection.

    Mais on le dit par tout fils de Venus la belle,
Pour defcouurir qu'Amour n'a cœur, ame, ny aile,
Qu'à voler glorieux, au Ciel de la beauté,
Et que de la beauté l'Amour a fa naiffance,
Et qu'il fe rend heureux au rais de fa clairté,
Autant par le defir que par la connoiffance,

                                        Quand

Quand on chante qu'Amour desbrouilla le Caos,
N'est-ce pas exprimer ses vertus & son los?
Car si tost qu'en l'esprit le feu d'Amour se range,
L'erreur,l'orgueil,la nuict,dont il estoit confus,
Et vertus,en amours,en lumiere se range,
Tant Amour est parfaict aux effaicts de ses feux.

    Quãd on feinct q̃ l'Amour fut deschassé des Cieux,
N'est-ce pas declarer que par luy les grands Dieux,
Semblent aimer là haut d'vn Amour plus qu'extreme?
Mais en le deleguant en ce mondain seiour,
Qu'il semble qu'e aimãt l'hõme plus fort qu'eux mesme
Ils soient dedans les Cieux demeurez sans Amour!

    Quand on parle qu'Amour des belles sœurs fut pris,
C'est pour faire sçauoir que les plus beaux esprits
Semblent prendre l'Amour pour l'Amour mieux aprē-
Et qu'il va nud,armé de fiames & de traicts,   (dre:
C'est prescher que l'Amour simple & pur se doit rẽdre,
Et qu'il blesse de loing aussi bien que de pres.

    Peignant Amour ailé,mais de veuë voilée,
Voit-on pas que sa main sans fin en-arquellée
Sans arrest,sans respect conqueste hommes,& Dieux?
Et que le vray Amant aimant outre la lame
Doit aimer du penser aussi bien que des yeux,
Et plus que vers le corps auoir d'Amour en l'ame.

    Or Amour dans les Cieux n'est pas moins reclamé,
Comme enuers les humains puissant & renommé:
Car en tout il est grand de grandeur non commune,
Et reluist sur les Dieux en solaire flambeau
Le plus fort & sçauant,bien qu'il soit le plus ieune,
Le plus fier & plus doux,le plus vieux & plus beau
    Ie veux dire qu'Amour est vn autre Soleil:
Car si Phebus puisse en Astre nonpareil,
Amour braue par tout Roy des Dieux & des ames:
Que si Phebus eschaufe, aussi brusle l'Amour.

P 4

Si Phebus luiſt en feux, Amour eſclate en flames,
Si l'vn reuient ſans fin, l'autre dure touſiour.

Mais quoy? ce Dieu d'Amour, ce grand victorieux,
N'eſt pas moins triomphant qu'admirable en tous
Et plus que le Soleil en ſoleil il abonde: (lieux,
Car ſi ceſt Vniuers du ſoleil prend le iour
Les penſers plus diuins comme incompris au monde
Sont ardans & luiſans par les flames d'Amour.

Et plus que le Soleil ſortant de l'Orient
N'eſiouï Terre, & Ciel de ſon bel œil riant,
Amour eſgaye & peinct les deſirs & les ames:
Car le moindre nuau bande le beau ſoleil,
Mais à qui aime bien qui peut couurir les flames?
Puis que les yeux dormans elles ſont en reſueil.

Et plus que le Soleil Amour eſt admirable:
Car ſi ceſt œil brillant de ſon ray redoutable
Se rēd Roy des clairtez, & ſeul ſe marque aux Cieux,
Amour touſiours en l'ame eſt en gloire premiere,
Mais en la nuict le Ciel ſe dore d'autres yeux,
Et rien que de l'Amour l'ame n'a ſa lumiere.

Et plus que le Soleil Amour eſt grand & beau:
Car de ſes tours errans ce iournallier Flambeau
Donne lumiere & force au Ciel. & à la Terre:
Et l'Amour donne vie, & gloire & heur vaincueur,
Au cœur, à l'ame, aux Dieux où ſes traicts il deſſerre,
Tant Amour eſt ſoleil aux Dieux, à l'ame, au cœur.

Et plus que le Soleil Amour eſt nompareil:
Car d'affermir ſes yeux aux regard du ſoleil
La veuë ſe conſomme, & ſe pert eſclipſée:
Mais plus on voit Amour, & plus on s'en eſprend,
Plus l'ame bien aimante en gloire eſt auancée,
Et plus à le reuoir on s'eſprend, & ſe prend.

Mais comme le Soleil Amour eſt en ſa gloire:
Car rien n'eſt ſi bien veu que ceſt œil de victoire,

Et

Et rien tant que l'Amour a nos yeux n'est venu:
Mais rien n'est moins compris par trop viue laisance
Que ce pompeux Soleil, & rien n'est moins connu
Qu'Amour tant sõ pouuoir est clair, haut & immẽse.
RAISON, pense donc bien à l'honneur de mõ droict,
Qui comme d'vn grãd Dieu est tres-cõforme au droict,
Ie ne veux pas punir cest ingrat qui m'offence:
Mais ie remet sa peine, ainsi plaise à ton cœur,
A pardon plus humain qu'à seuere sentence,
,, Car l'Empire d'Amour a pour droict la douceur.

Ainsi disoit Amour plein de viue asseurance,
En s'asseurant le cœur du gaing de la sentence,
Veu les termes diuins qu'à la saincte Raison
Il auoit proposé parmy son oraison.
Aussi les auditeurs ayant l'ame alterée
Du discours dont Amour sa cause auoit monstrée,
Demeuroient en suspens, bien que contre leur cœur,
D'estimer quel parti resteroit le vaincueur,
Tant l'Amour à l'esprit ayant douce la langue
Auoit du miel Attique ensucré sa harangue.
Or la iuste Raison ayant d'esprit tendu
L'vn & l'autre discours posement entendu,
Et reueu sainement d'vne claire pensée
Les diuerses raisons en cause si pressée,
Tenoit ferme sa veuë, & son cœur vers les Cieux,
Se fondant aux subiects qui s'offroient à ses yeux,
Et repensant au but de la iuste balance,
Puis en prenant l'aduis de Force, & de Prudence,
Ses loyaux Conseilliers, & ses diuines sœurs,
Pour asseurer par eux ses iugemens plus seurs,
Sans respecter ny rang, ny puissance, ny plaincte,
Ains suiure l'equité sans fard, & sans contraincte:
Mesme en vn faict si grand comme celuy d'Amour,
Le plus haut, & secret de la celeste Cour,

Et le plus dificille en sa cause admirable
De recuoir à plein vn arrest equitable:
Elle restoit pensiue en repensant en soy,
Que le Reigne d'Amour, cest inuincible Roy,
Se gouuerne, & maintient de raison tresobscure,
Tant que pour ce respect digne de si grand' cure,
Elle estimoit les plus du Proces amoureux
Les plus dificulteux, & plus auantureux,
Pour estre bien iugez de sentence loyale
Sur tous les plus fameux de sa sale Royale,
Mais en fin esleuant son ame, & ses discours,
Elle iugea ainsi sur la cause d'Amours.

   Nous R A I S O N, presidente en ceste terre basse,
Par la bonté du Ciel qui toute chose embrasse,
Ayant bien entendu d'ame, & de iugement,
Assise au lis royal de nostre Parlement,
Les pleurs, & les souspirs, les peines, & les plainctes,
Dont l'amoureux Cleandre a despeinct ses coplainctes,
En se plaignant d'Amour & blasmant sa rigueur,
Pour deliurer par nous de ses flames son cœur,
Ayant bien remarqué d'ailleurs en afluance
Les excuses, les droicts, la grandeur, la puissance,
La bonté, la vertu, le droict, l'antiquité,
Et le tiltre diuin de ce Dieu redoubté,
Amour ce grand guerrier, qui d'autant de langage
Que son accusateur a dit son auantage,
Desir nous a poussé pour satisfaire au droict,
Qui par nous, & pour nous doit luire en tout endroict,
De donner vn arrest en cause si notoire,
A fin que tout le peuple y aprenne à sa gloire
Comme lon doit aimer pour bien aimer tousiours,
Et ne blasmer iamais les sainctes loix d'Amours.

   Donc de nostre pouuoir non moins tresprofitable,
Que raisonnable, & sainct, diuin & redoubtable,

Nous

Nous ordonnons donnons, mandons & commandons,
Que tout cœur bien espris des amoureux brandons
Ne recherche iamais de sortir du seruage,
Où lesloix de l'Amour ont soubmis son courage:
C'est pourquoy nous iugeons de nostre pur vouloir,
Qui tousiours equitable a diuin le pouuoir,
Que ce plaigneur Amant qui nous prie, & suplie,
De le sortir des fers où l'Amitié le lie,
Soit tousicurs tres-espris, & tousiours arresté
Des saincts feux de l'Amour, & de ceste beauté
Où l'Amour, & ses yeux, pousé de connoissance,
Dedierent son cœur aux loix de sa puissance:
D'autant qu'il n'est pas bon, tout cecy soit decret,
Puis qu'il viét d'vn endroict nō moins grād que secret,
Que l'Amant bien aimant cesse d'aimer sa Dame,
Bien que quelque douleur de desespoir l'entame,
,, L'Amoureux endurant se doit plaire à durer:
,, Car la gloire ne vient que pour bien endurer,
,, Aussi toutē grandeur est de mieux opportune
,, D'estre aquise par force & non par la fortune.
　　Nous ordonnons qu'Amour traictera desormais
Cleandre l'Amoureux d'vne plus douce paix,
Qu'il faira que sa Dame à ses vœux plus facile
Rendra douce sa peine, & son trauail vtile,
Et que le cherissant d'vn Amour mutuel
Elle haira l'audace, & le desdain cruel,
A fin qu'à l'auenir comme autresfois Cleandre
De cesser de l'aimer n'aille pas entreprendre:
,, Car il n'est iamais beau que lon cesse d'aimer
,, Ce qu'on aimoit si bien & plus ne l'estimer,
Nous voulons que l'Amour luy fasse ceste grace,
Bien qu'il ayt merité quelque peu sa disgrace,
D'auoir en son plaider à nos pieds desbandé
Si fort contre l'Amour rudement procedé:

,, *Mais plus vn Dieu est grand, & moins d'aspre ven-*
,, *Il se doit animer contre cil qui l'offence,   (geance*
,, *Horsmis si l'offenceur en meur entendement*
,, *A l'offencer tousiours pretende constamment.*
,, *Car alors la rigueur d'vne peine immortelle*
,, *Doit rouler sur le chef de l'ame criminelle:*
Mais enuers vn Amant batu de desespoir
De voir sa belle aimée opposer son vouloir,
Enuers vn tel Amant rechargé de tristesse,
De feux, & de glaçons, d'ennuis, & de detresse,
Quel iugement solide, & dessein bien porté
Peut viure en son esprit d'aimer si tourmenté?
C'est pourquoy quãd l'Amant poussé de son martyre
De sa Dame, & d'Amour il se trouble à mesdire,
Vn cruel chastiment ne le doit pas punir,
Veu que le mal luy fait tel langage tenir,
Mais il faut que le bien de quelque penitence
Luy aquiere la grace, & perde la vengeance,
C'est pourquoy en iugeant suiuant le droict diuin,
Qui n'acepte personne en son pouuoir sans fin,
Nous voulons que l'Amant pour espier la faute,
Dont il a offencé la Majesté tres-haute
Du souuerain Amour, par l'effort de sa voix,
S'en-aille des demain pour le cours de trois mois
En ce doux Renouueau viure loing de sa Dame,
Sans que pour compaignie il n'ay rien que la flame
Dont ses pensers d'aimer l'afligeront tousiours
De reuenir au iour de sa Nymphe d'Amours.
Et voulons que le lieu qui tiendra son absence
Soit aux Monts où l'Hyuer frissonne en abondance,
Aux termes Dauphinois si hauts & rigoureux,
Ie dis deuers ses bords deserts & froidureux,
A fin que par la neige, & par la solitude,
Son Amour soit son feu, son espoir son estude.

Or

Or pour mieux suiure Amour, que les cœurs desor-
Le trop extreme aimer ne recherchent iamais: (mais
Car de l'extreme ardeur des amoureuses flames
Les passions d'Amour affolent trop les ames,
Dont lon voit si souuent, mais presques tous les iours
Les Amoureux se plaindre, & maudire d'Amours,
Biē qu'ils ne voudroient pas au plus fort de leur peine
Mesdire d'vn Seigneur de grandeur si hautaine,
Mais estans agitez ils disent par malheurs
Non suiuant leur vouloir mais suiuant leurs douleurs.
Ainsi que le fieureux attaché dans la couche,
Où de soif, & d'erreur ayant pleine la bouche,
Resue, & discour errant non suiuant ses esprits,
Mais son mal, où son cœur se fantasque & tient pris.
Et qu'aussi d'autre part la Nef par trop chargée,
S'eslate, ou se confond dans les eaux submergée,
Les Amans sont ainsi de trop de feux pressez,
Dont parmy tant d'erreurs on les voit oppressez.
     Nous defendons aussi l'Amour qui violente,
Violente les cœurs de sa flame bruslante:
,, Car l'Amour violent fort souuent dure peu,
,, Et trop souuent aussi pert les sens en son feu.
     Or en ce doux decret qui rend plus chere, & belle,
Ceste heureuse sentence en Amours tresfidelle,
Nous voulons, entendons, & ordonnons aussi,
A fin que toute erreur se retire d'icy,
Que tout fidelle Amant aura la mesme gloire
Dont d'vne part cleandre à gaigné la victoire,
,, Parce que la vertu qui fait le vray Amant:
,, Doit aquerir d'Amour le fruict de son tourment.
     Nous ordonnons aussi pour assoupir les plainctes,
Dont maint legers Amãs dressent de causes feinctes,
Et pour l'honneur aussi, le respect & la loy,
Où lon doit reuerer la grandeur de la foy,

A fin qu'on ne la rende au train des marchandiſes
Suiecte à vente, à change, à pris & à repriſes,
Qu'auant qu'vn Amoureux aux mains de la beauté
Iure, & preſte ſerment d'aimer en loyauté,
Et que iamais le temps, les lieux, ny l'inconſtance,
Ne le reuolteront de ſon obeiſſance,
Qu'il connoiſſe tresbien l'eſprit, & les beautez,
Du ſuieᶜt où ſon cœur porte ſes libertez,
,, Car le parfaiᶜt aimer qui va d'ame diuine
,, De l'œil de connoiſſance à ſon bel origine.
Mais ſi l'Amant promet ſans ceſte cauſé
De ſeruir ſon Aimée en immortalité,
Nous deſchargeons ſon cœur du crime d'inconſtance,
Si quelques iours apres pouſſé d'impatience,
Ou bien d'vn autre Amour par gloire, ou par deſir,
Il change de ſuieᶜt, & ſuit autre plaiſir.
    Or ſi ſans bien cōnoiſtre & des yeux, & de l'ame,
Vn Amant ſe ſoit pris en l'amoureuſe flame
Et qu'il treuue ſans trefue au beau ſuieᶜt aimé
Le deſdain, le refus, le deſpiᶜt enflamé,
Que de mille rigueurs ſa Dame trop cruelle
Le charge ſans pitié d'vne peine immortelle,
Nous voulons par raiſon que par cinquante iours
Il demeure conſtant en ces tourmens d'Amours,
Et ſi plus que ce temps ſa Dame continuë
De payer ſon Amour de rigueur continuë,
Que plein de braue cœur, & de noble deſdain
Il quiᶜte ceſte Dame, & ſon ioug inhumain,
Sinon nous le iugeons, s'il a l'ame obſtinée
De ſe tenir aueugle en ſes feux encheinée,
Qu'il eſt tref-inſensé, lunatique & mutin,
Et qu'on le doit mener droiᶜt à ſainᶜt-Mathurin,
Le purger des erreurs, tranchées & taillades,
Dont ſes ſens en Amour ſont tombez ſi malades,

Et

Et là qu'en la langueur de sepmaines de iours
On guerisse son cœur, & ses foles Amours.
    Nous deffendons aussi par diuine ordonnance,
Et ordonnons aussi de pareille deffence,
Que nul tant soit-il grand soit de noms, ou d'arrois,
N'aye a mettre son cœur aux suiects ou les loix
Données des grands Dieux, ont deffendu aux ames
D'aporter les souspirs des amoureuses flames:
Sinon que la beauté de l'esprit genereux
Fust le royal obiect de leurs feux amoureux:
Car ainsi l'amitié peut-estre legitime,
Au lieu que par les loix son ardeur se suprime.
Or bien qu'il semble à voir que cest article icy,
Soit comme superflu, & trop obscur aussi,
De dire sans toucher ce que les loix escrites
Ont des-a prohibé sur les feux illicites,
Toutesfois pour l'honneur de l'Empire d'Amour
Il est treuué fort bon le rescrire en sa Cour,
Mais en termes plus clairs, pour rauir tout pretexte
Aux cœurs malicieux qui corrompent le texte
Par gloses, par rapports pleins d'extorcation,
Donques nous deffendons de pure intention
Les seruices d'Amour, & leurs gloires fatales,
Aux subiects d'Hymenée, & aux ames vestales.
,, Or d'autant que la loy vient de l'ordre des Dieux,
,, Elle fait voir leur force & leur sceptre en tous lieux,
,, Pour maintenir la Terre a l'honneur de leur gloire:
Voilà pourquoy, Amour pour plus grande victoire,
Consent fort librement, & iuste, m'a permis
    Qu'en son Estat si doux ces decrets i'aye mis,
Qu'il veut, & qu'il entend, de mesme que i'aspire
Qu'ils soient veus, & soient creus par tout ce bel Em-
Or à ceux qui seront de ces loix transgresseurs, (pire,
I'ordonne sans mercy les soucis oppresseurs,

Les

Les pertes , les ennuis , les mornes doleances,
Les remords deuorans , les tristes repentances,
Qui par cruels malheurs au profond de leur sein
Les presseront sans cesse à fourmillant essein.
Mais à ceux qui deuots , croiront ce que i'ordonne
Le myrthe, & le laurier ils auront pour couronne,
Et se rendront heureux en la Terre, & aux Cieux,
Pour s'estre bié soubmis aux saincts decrets des Dieux :
,, Car pour aller aux Cieux, & à leur gloire atteindre
,, Il faut garder les loix , les aimer, & les craindre,
,, D'autât que par les loix les grâds Dieux sôt seruis,
,, Comme par leurs faueurs bien aimez , & suiuis.
    Ainsi parla Raison à leures mieux dorées,
Qui s'ouurans respandoient des odeurs asseurées,
Dont toute l'Audience en auoit les esprits
D'vne double merueille & rauis , & espris,
Chascun se complaisant de la douce sentence,
Autant que des decrets mis en son ordonnance.
Mais si ce beau iuger à Cleandre duisoit,
D'vne part vn article à ses vœux desplaisoit,
De se voir par l'absence inhumaine , & cruelle,
Triué par si long temps des beaux yeux de sa belle,
Mais Filisel d'ailleurs apres ce iugement
S'estima plus heureux pour aimer constamment.
    Or l'illustre Raison ayant fini son dire,
Voicy venir du Ciel à tres-volande tire
Vn beau Char piolant en gemmes, & en or,
Et rayé haut , & bas du Solaire thresor
De rayons penadans de tant viue lumiere,
Que tout œil à ses dards affubloit la paupiere,
Dont par tant d'esplendeur que ce Char flameroit
En ferme aueuglement le peuple demeuroit.
Ce Char estoit tiré par sept superbes Aigles,
Qui le portoient isnel par asseurées reigles,

Ces

Ces Oyseaux en leurs teincts sombreux , & canellez,
De certains rais ardans se pimpoient riolez,
Or la iuste Deesse,& ses douces germaines,
Amour & les beautez les Nymphes souueraines,
Monterent dans le char qui par vn doux chemin
Paué de clairs nuaux, bleu, vert, iaune & pourprin,
Apres ces promts Coursiers de carriere en-ailée
Les porta, radieux dans la Sale estoilée,
Tandis qu'en bas le peuple apres ce clair retour
Reprit la douce venë, & prisa mieux l'Amour.

FIN DES ILLVSTRES
AVANTVRES.

NIHIL NISI AD SVPREMVM.

TRA

TRADVCTIONS
DE L'ARIOSTE.

Du 11. Chant.   *Iniustissimo Amor.*

Tres-iniuste Amour, pourquoy si raremēt
Nous rends-tu les desirs ardans esgale-
  ment?
Qui te cause, cruel, que si cher tu desires
Le discordant vouloir en deux cœurs que tu mires?
Tu ne m'adresses point au gué plus doux, & seur,
Et tu me vas poussant au plus grand & obscur,
De qui veut mon amour tu retires mon ame,
Et de qui me veut mal tu me poinds, & m'enflamme.

 Tu fais que l'Angelique à Renaud semble belle
Quand laid, & desplaisant cest amant semble à elle:
Et quand ce Cheualier luy sembloit doux & beau
Luy la haïssoit en tout, & blasmoit son flambeau:
Ore en vain il s'afflige, & se trauaille en peine,
De voir son grand amour payé de mesme haine:
Car elle le hait tant, & luy veut mal si fort,
Que bien plustost que luy elle aimeroit la mort.

Du ix. Chant.   *Duca era di Zelanda.*

Duc estoit de Zelande, & il flottoit alors
Pour guerroyer le More aux Biscaydes bors,
En sa plus douce fleur sa beauté, sa ieunesse,

Et

Et mon cœur inconnu de l'amoureuse preſſe,
Me rendit ſa captiue auec bien peu d'efforts,
Auſſi pour le ſuiect qui paroiſſoit dehors,
Ie crois,& le croyant le vray ie croy de croire.
Qu'il m'aime, & qu'il m'aimoit d'vne amitié ſincere.

Du XI. Chant. *Era il bei viſo,*
Sa belle face eſtoit tel que ſe manifeste
Quelque fois au Printemps la campaigne celeſte,
Quand la pluye deuale,& qu'en vn meſme temps
Autour d'vn brun nuau le Soleil peint les champs:
Et comme vn Roſſignol rend ſa chanſon aimée
En ſi douce ſaiſon par la verte ramée,
Ainſi baigne ſa plume en ſes pleurans ruiſſeaux,
Amour, & s'eſiouyſt en ſes aſtres iumeaux.

Au feu de ſes beaux yeux les traicts d'or il enflâme,
Puis en ſon pleur luiſant il eſteignoit leur flamé,
Qui par vermeilles fleurs & blanches deſcendoit,
Et les ayant trempez ſoudain il les dardoit
Vers le ieune Amoureux que ny maille, ny targe,
Ne pouuoient garentir d'vne ſi viue charge,
Ains tandis qu'il miroit l'œil,& le poil ſi doux,
Sentoit bleſſer ſon cœur ſans connoiſtre ſes coups.

Du X. Chant. *Gardateui d'aquesti,*
Gardez-vous bien de ceux qui ſous l'Auril nouueau
De leur belle ſaiſon le viſage ont ſi beau,
Qui vers eux preſtement vient,& auſſi toſt paſſe
Tout deſir comme vn feu qui de paille s'embraſſe:
Ainſi que le Chaſſeur le Lieure va ſuiuant
Au froid, au chaud aux Mots,& aux bords plus auät,
Tout ſoudain qu'il l'a pris ne l'a plus en eſtime,
Mais ſinon qu'au fuyant droit ſa chaſſe il anime.

Du XX. Chant. *Dicendo che.*
Diſant que le deuoir nullement ne luy ſemble
Que tant de Cheualiers s'en allaſſent enſemble:

Mais

Mais bíẽ que Cerfs, & Dains, Estourneaux & Pigeõs
Et tout bestail qui craint s'en vont à legions:
Mais l'Aigle, & le Faucon hautains en asseurance,
Qui du secours d'autruy n'ont point leur esperance,
Ours, Tygres & Lyons vont tousiours vn à vn,
Comme ne craignans point la puissance d'aucun.

TRADVCTIONS DE VERS
ESPAIGNOLS.

D'vn Romance qui se commence

Dos contrarios me hazen guerra
Mayores que fuego y yelo, &c.

E V x contraires me font la Guerre,
Plus grands que la glace & les feux,
Les pensées dedans les Cieux,
Et la fortune sur la Terre.

Ma constance l'Amour emplace
En tant haute place, qu'helas!
Auec elle ne se peut pas
Ioindre mon auanture basse.

La fortune dessus la Terre,
Et les pensées dans les Cieux,
Sans espoir, & conseil de mieux,
Font qu'ainsi ma vie s'atterre.

Mon ardeur est bien violente:
Mais Amour a tel le pouuoir
Que par sa force, & son sçauoir,
Il la fait durer permanente.

Mais les regards dessus la Terre,
Et les pensées dans les Cieux,
En me combattant en ces lieux
Ne me vainquent pas en leur guerre.

Mais

Mais qui voit douleur si terrible,
Et desir sans espoir aimant,
Qui sans vn poinct de changement
Pretend vne chose impossible!

Et ceste trop durable guerre
Commandent que viue en ces lieux,
Les pensées dedans les Cieux,
Et la fortune sur la Terre.

Si el Amor causa el dolor.

Si l'Amour les douleurs apporte,
Et elles la fin de nos iours,
Comme puis-ie de ceste sorte
Viure, & m'entretenir d'Amours?

Si mia vida es vuestra vida.

Puis que ma vie est rostre vie
Deux vies ne sont qu'vne en nous:
Mais vous la mienne ayant occie
Vous estes homicide de vous.

De piedras puedem dezir,

De pierres nous pouuons bien dire
Nos cœurs estre faicts de tout poinct,
Le mien à souffrir du martyre
Le vostre à ne le sentir point.

Responce.

Par les douleurs la mort se liure,
Et d'Amour les douleurs ont iour:
Mais de la vie vient l'Amour,
Ainsi d'Amour vous pouuez viure.

Nos vies sont deux ie m'affie,
Tesmoing nostre si grand discord:
Si donc ie vous ostoy la vie,
Ie ne me donroy pas la mort.

Mais si nos cœurs estoient de pierres
Veu le combat qui dure entr'eux:

Sortiroit-il pas de leurs guerres
Du bruit, des esclats & des feux?
  D'autres accidens plus notoires
A ces suiects se font bien voir:
Car vostre cœur combat d'espoir,
Et le mien triomphe de gloires.

IMITATION DE LA COM-
plaincte d'vne Amante & ennemie, au
huictieme Liure d'Amadis
de Gaule.

STANSES.

A M Y par trop aimable, & cruel ennemy,
  Pourquoy d'vn mesme temps l'Amour
    auec la haine
  Me possede le cœur entier, & à demy,
A te donner repos, & te liurer de peine?
Ah! Lisuard, doux & fier, si i'auoy le pouuoir
  De te donner la mort, & te remettre en vie,
  En l'vn i'honnoreroy mon ire & mon deuoir,
  Mais en l'autre plus doux mon amoureuse enuie.
La mort appaiseroit en ton sang respandu
  Les bouillantes fureurs de ma iuste vengeance:
  Et l'esprit en ton sein par mes amours rendu
  Te rendroit du tout mien pour moins de recompence.
Ton refus rigoureux, & ton cruel effort,
  De haine, & de vengeäce, & m'esleue, & m'éfonce:
  Mais helas! ie te doy la grace & non la mort,
  Tant se fait meriter le doux de ta responce.
Et puis le grand pouuoir de tes rares beautez
  Me vient gaigner d'Amour & des-rompt mes vi-
  Si bien que ie ne puis en ces fatalitez   (ctoires;
                                              Auoir

Auoir moins d'amitié que tes yeux ont de gloires.
Haine, & vous Amitié, pourquoy si fermement
  Me tenez-vous le cœur en vos diuerses chaines?
  Puis que ie sens par vous mesler confusement
  Mes flames en glaçons, & mes gloires en peines!
Vous Pardon, & Vengeance à quelle occasion
  M'octroyez-vous au cœur grandeur auec foiblesse?
  Veu que si differante en mon affection
  Ie pardonne & poursuis, ie gueris & ie blesse!
Et vous amer & doux, vous Rigueur & Pitié,
  Qui d'vn contraire effort auez place en mon ame,
  Que ne suis-ie à l'honneur de mon inimitié
  Homme autant valeureux côme amoureuse femme!
Las! où suis-ie reduicte? ô rigueur de mon sort!
  Ie ne puis esperer du Ciel, ny de la Terre:
  Voulant donner la vie on m'apporte la mort,
  Et presentant la paix on m'annonce la guerre!
Quel aduis puis-ie suiure en ces diuersitez,
  Veu que la seule mort à l'honneur de mon frere
  Doit rompre la prison qui tient mes volontez,
  Et vengeant mon iniure à sa mort satisfaire.
Mais las! le grand Amour dont Lisuard a mon cœur
  A ses fieres erreurs doit seruir d'oubliance!
  Et veut que son bel œil mon desiré vaincueur
  Me donne plus d'amour que sa dextre d'offence.

STANSES.

AH! que ie souspire d'Amour
  Parmy le frais de ces fleurettes!
Dés le retour de ce beau iour
En attendant mes Amourettes,
Où de mes flames plus secrettes
Moissonnant leurs riches odeurs,
Aux œillets & roses tendrettes
Ie fay connoistre mes ardeurs.

Ce Verger si plaisant à tous,
Aux yeux si doux & admirable,
Ne m'est point gracieux, n'y doux,
Sans ta presence desirable:
Sans ta beauté si delectable,
Clairamont, Amant tres-aimé.
Qui seul à mes yeux agreable
Tient mon cœur d'amours enflamé.
　　Les Nymphes aiment leur seiour
Pres de ceste Font cristaline:
Mais plus doux est l'œil & l'amour
De Clairamont à Lauriline,
Et si par faueur plus benine
Il l'a vient voir à ce matin,
Alors comme en gloire diuine
Vn Ciel luy sera ce iardin.
　　Herbes, & fleurs, & Arbrisseaux,
Souhaitez sa douce arrinée,
Et vous Rossignols, chers oyseaux,
Chantez pour la rendre auancée:
Tandis que d'Amour si blessée
Ie souspire apres son retour,
Et que de ses feux oppressée
Ie le presse de mon Amour.

F I N.

BIBLIOTHEQUE DE L'ARSENAL

www.ingramcontent.com/pod-product-compliance
Lightning Source LLC
LaVergne TN
LVHW050954200726
843508LV00001B/56